本书受到“集安高句丽王都研究
（项目编号：19VGH002）”的资助

自安山城

——2004、2007～2009、2013年考古发掘报告

吉林省文物考古研究所
通化市文物管理所 编著

科学出版社
北京

内 容 简 介

本书介绍了通化市自安山城2004年、2007 ~ 2009年、2013年三个发掘阶段所获得的考古发掘成果。通过对自安山城考古发掘资料的分析、比对、研究，提出对山城的年代、地位、性质、功能等方面的新认识，并运用植物考古、金相学等方法和技术手段对获得的植物遗存和铁器进行分析检测，开展多学科研究。研究表明自安山城的始建年代应不晚于5世纪，废弃年代约为7世纪初；是一座兼具驻守和聚落功能的城址。自安山城的发掘为高句丽城址研究提供了新的素材，也为研究高句丽时期的建筑理念、构造技艺以及城内居民的生产生活提供了重要的基础资料，对研究高句丽军事防卫体系、势力的扩张、山城的建筑技艺及高句丽中、晚期历史都具有重要的学术价值。

本书可供从事考古学、历史学、文化遗产保护研究的学者、教师和学生参考、阅读。

图书在版编目（CIP）数据

自安山城：2004、2007 ~ 2009、2013年考古发掘报告 / 吉林省文物考古研究所，通化市文物管理所编著. —北京：科学出版社，2024.8

ISBN 978-7-03-070061-2

Ⅰ. ①自… Ⅱ. ①吉… ②通… Ⅲ. ①考古发掘 - 发掘报告 - 汇编 - 通化 -2004 ②考古发掘 - 发掘报告 - 汇编 - 通化 -2007-2009 ③考古发掘 - 发掘报告 - 汇编 - 通化 -2013 Ⅳ. ① K872.343

中国版本图书馆CIP数据核字（2021）第206475号

责任编辑：王琳玮 / 责任校对：邹慧卿

责任印制：肖 兴 / 封面设计：刘可红

科学出版社 出版

北京东黄城根北街16号

邮政编码：100717

http: //www.sciencep.com

北京汇瑞嘉合文化发展有限公司印刷

科学出版社发行 各地新华书店经销

*

2024年8月第 一 版 开本：889×1194 1/16

2024年8月第一次印刷 印张：12 1/4 插页：31

字数：350 000

定价：258.00 元

（如有印装质量问题，我社负责调换）

《自安山城：2004、2007 ~ 2009、2013年考古发掘报告》编委会

凡　　例

一、编 号 系 统

1. 探方（探沟）编号

2007年探方的编号方式为：发掘年度+遗址名缩写+T+序列号，如07TZT1。探沟的编号方式为：发掘年度+遗址名缩写+TG+序列号，如07TZTG1。

2008年开始，发掘探方统一编号，编号方式为：发掘年度+遗址名缩写+T+东西方向编号+南北方向编号，如探方08TZT0101。探沟的编号方式为：发掘年度+遗址名缩写+TG+序列号，如08TZTG1、09TZTG2等。

2. 遗迹编号

遗迹编号方式：zj（转角）、C（础石）、D（柱洞）、F（房址）、H（灰坑）、J（井）、Q（墙）、Z（灶）、YD（烟道）、YC（烟囱）

3. 器物编号

出土器物编号方式：发掘年度+遗址名缩写+出土探方（沟）或遗迹号+出土层位号+序列号，如07TZTG1①：1、08TZT0203②：1、04TZF1①：1等。

二、出土遗物介绍方式

对于各探方（沟）地层出土的遗物标本，按照器类、器形进行介绍；遗迹中出土的遗物标本，以遗迹为单位，按照出土层位及器类分别介绍。

目　　录

插 图 目 录

图 版 目 录

第一章 综 述

第一节 地理形势与自然环境

通化市地处吉林省南部，长白山西南麓。位于东经125°17′～126°44′，北纬40°52′～43°01′。南北长约238、东西宽约108千米，面积约1.5万平方千米。东与白山市八道江区接壤，北与辽源市的东丰县、吉林市磐石、桦甸两个县级市毗邻，西与辽宁省的宽甸、桓仁、新宾、清原等县相连，南滨鸭绿江与朝鲜民主主义人民共和国慈江道相望。通化市区北距长春约305千米，西距沈阳约285千米，西南距丹东约334千米。通化市地势东南高西北低，三分之二以上的面积为山区，属长白山系。南枕老岭山脉，北卧龙岗山脉，两山脉呈东北—西南走向，将全市划分为3个地形带。从东南—西北，由复杂山地地形逐渐向丘陵、平原地形过渡。最高海拔为老岭山脉东秃顶子1589米，最低海拔为集安市凉水朝鲜族乡杨木林村108米。全市属中温带湿润气候区，年平均气温5.5℃，四季气候变化分明。域内山峰连亘，河流纵横，水利资源丰富，分归鸭绿江、松花江水系：龙岗山脉以北为松花江水系；老岭山脉以南为鸭绿江水系；龙岗山脉以南至老岭山脉为鸭绿江支流浑江水系，浑江蜿蜒曲折贯城而过与鸭绿江汇合[1]（图一）。

自安山城坐落在吉林省通化市北郊，距通化市中心约4千米。中心坐标东经125°58′12.70″，北纬41°46′05.52″，海拔486米。山城修筑在山水环抱，地势相对独立的山丘上，山势东高西低，平面呈不规则四边形，南北略长、东西窄，最高海拔533.7米，最低海拔400.3米。城内地势西部、北部较为平缓，南部为较为陡峻的坡地和冲沟，东部略高于西部。坡度较缓的区域可区分出若干台地，遗存主要分布于这些台地及其周边。城内植被以天然阔叶次生林和人工栽植的针叶树为主。阔叶树有杨、柞、椴、榆、水曲柳、黄檗、胡桃楸等，针叶树种主要为落叶松，另有林下灌木毛榛等（图版一、图版二）。

山城所处的自安山属于长白山系的龙冈山脉元宝顶山西侧的丘陵山地。龙岗山脉北起吉林省桦甸市红石砬子镇附近西流松花江左岸，南至辽宁省新宾满族自治县和大伙房水库上游，东北西南向延伸，长约250、宽20～30千米。为辉发河与西流松花江、浑江分水岭。北接威虎岭，南接辽宁省鞍山市千山，山势高大，西麓为吉东低山丘陵区的东界。海拔800～1200米，相对高度500～700米，山顶多和缓。中段吉林省靖宇县、辉南县间有著名的龙岗火山群，火山锥与火山口湖星罗棋布，山间有大片熔岩台地和熔岩充填谷地。第三纪玄武岩构成少数山顶，

[1] 通化市地方志编纂委员会：《通化市志》，中国城市出版社，1996年，第13页。

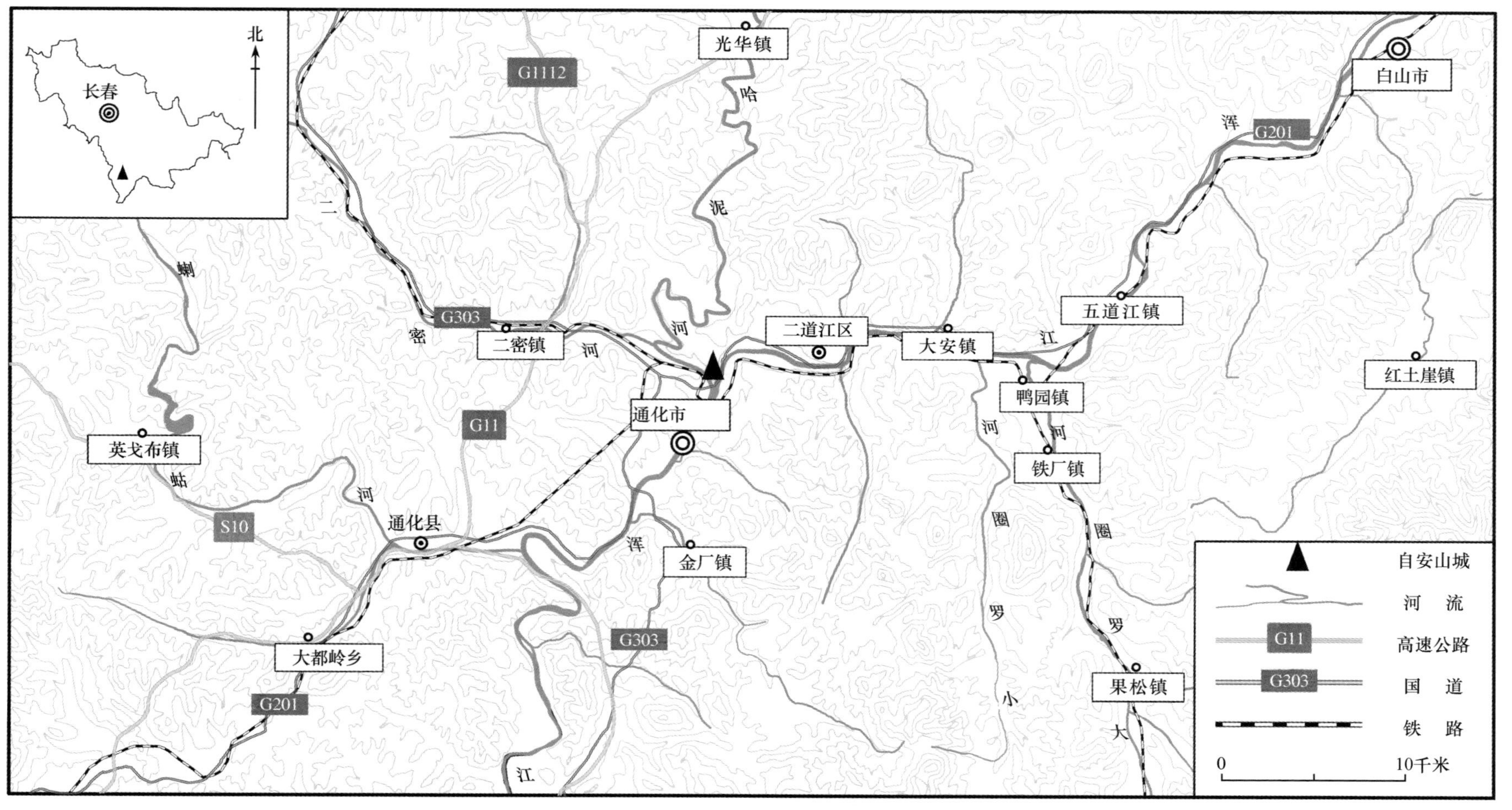

图一　自安山城位置示意图

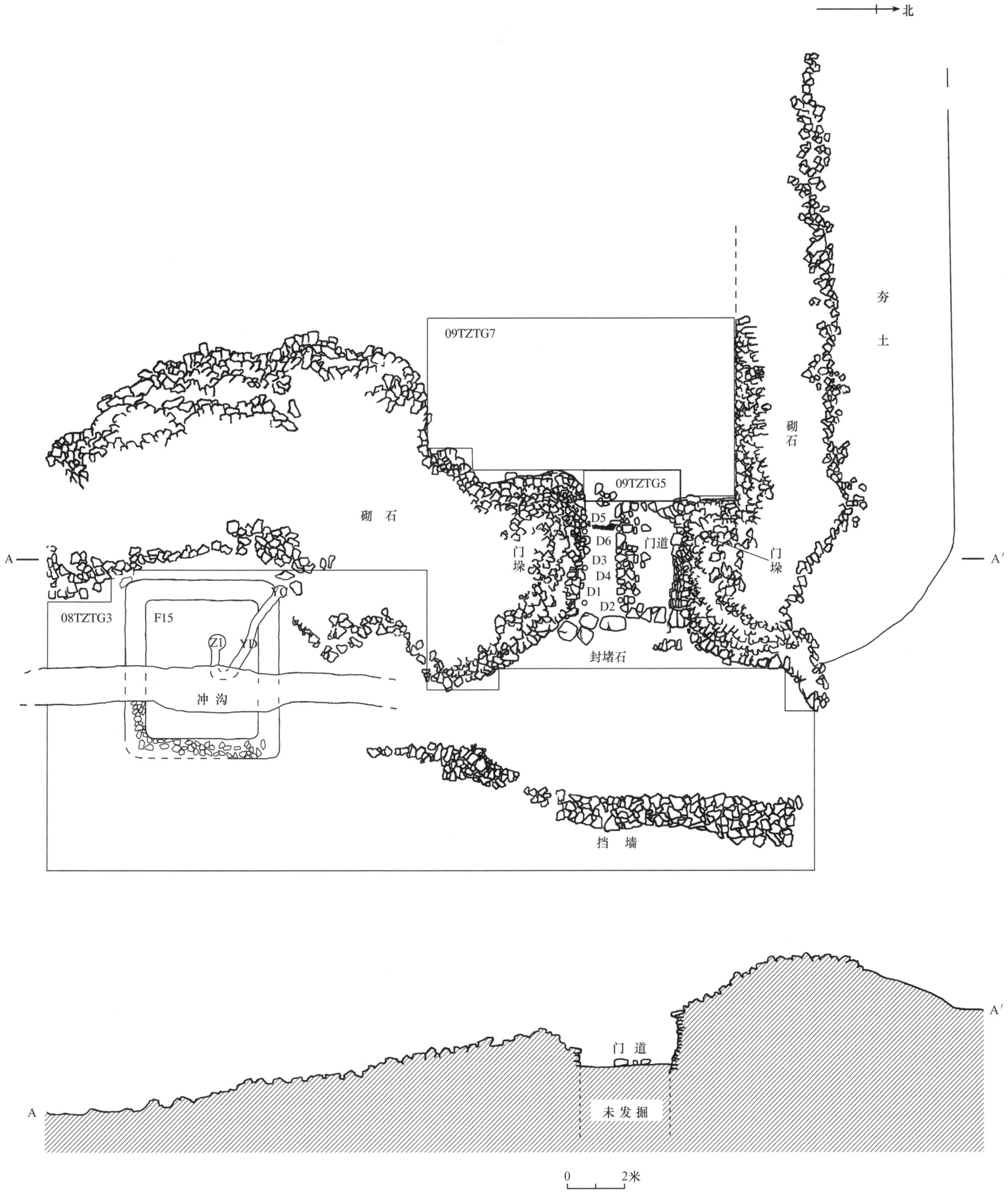

图一〇　三号城门址平、剖面图

多成熔岩方山，如大四方顶子，海拔1233.3米。南段受一统河、三统河分割，形成一系列东北—西南向支脉。主要山峰有岗山（海拔1347米）、大顶子（海拔1265.5米）和五斤顶子（海拔1251米）等。受北东向断裂构造控制，新构造运动上升明显并有强烈的火山活动。山体岩石主要为太古界鞍山群变质岩，间有寒武系、奥陶系变质岩，侏罗系火山岩，中段有大片第三纪和第四纪玄武岩[1]（图版三）。

山城东南侧为鸭绿江的主要支流浑江[2]（古称沸流水、盐难水、佟家江[3]等），浑江自东北向西南流经吉林省的白山市、通化市及辽宁省的桓仁、宽甸两县汇入鸭绿江。浑江源出吉林省白山市北部哈尔雅范山（一说三岔子以上为河源区，主要支流有西南岔河、西北岔河和东北岔河。3条支流分别发源于长白山系龙岗山脉南麓的大板石岭、三长旗岭和枫叶岭，汇于三岔子后称浑江）。流经白山市城北，左纳红土崖河、大罗圈河；至通化市境城东右纳哈泥河、蝲蛄河，左纳青沟子河、保安河、大苇沙河等；流经集安市与桓仁满族自治县交界处，右纳富尔江，左纳新开河；回荡进入辽宁省宽甸县与吉林省集安市交界处汇入鸭绿江。干流全长445千米，流域面积15044平方千米。

山城西临哈泥河[4]（也称哈密河、哈民河或哈尔民河），源出龙岗山脉南麓柳河、靖宇、辉南三县交界附近的高山湿地黄花甸子，海拔882米。其东北与西流松花江支流蒙江为邻，西北为辉发河支流三统河，东北与西北两侧分水岭海拔约970米，东南邻浑江干流，分水岭平均海拔1140米，西南与浑江另一支流喇蛄河为界，分水岭海拔830米。流域大致可分为源头段和上、中、下游四个自然段，通化县光华镇以上为上游，光华镇以下至桃园水库库尾为中游，桃园水库库尾至哈泥河入浑江河口为下游。自东北向西南流经柳河县的凉水河子镇、孤山子镇和通化县的兴林镇、光华镇、二密镇以及通化市二道江区的二道江乡和东昌区的环通乡等7个乡镇的部分村屯，于通化市经济开发区自安村汇入浑江。哈泥河全长137千米，流域面积1489平方千米（图版四）。

第二节　历史沿革

旧石器时代晚期通化地区已有人类活动。通化县大安镇旧石器时代洞穴遗址发现大量的古生物化石、骨器，以及尖状器、刮削器等遗物和人类用火遗迹，均证明这里是旧石器时代人类生活居住的遗址。

新石器时代，位于通化市郊金厂镇的万发拨子遗址第一期早段遗存（距今6000～5500年）和晚段遗存（距今5500～5000年）反映的定居农业经济和渔猎采集经济并存现象表明通化市浑江流域是古代人类生活较为理想的场所。

[1] 吉林省地方志编纂委员会：《吉林省志·自然地理志》，吉林人民出版社，1992年。

[2] 通化市地方志编纂委员会：《通化市志》，中国城市出版社，1996年，第42页。

[3] 《钦定盛京通志》卷二十七《山川三》“佟家江条”。

[4] 《奉天通志》卷八十《山川十四》“哈泥河”条。

周武王克商，商王朝贵族箕子率众出走朝鲜，在辽东地区建古朝鲜侯国。

战国时期，燕昭王派遣秦开东击朝鲜，直至鸭绿江边，通化一度隶属燕国统辖。

秦统一中国时，燕人卫满亡命长白山迤西，广收中原流民建立卫氏朝鲜，通化在其辖境之内。

汉武帝元丰三年（公元前108年），汉王朝出兵灭卫氏朝鲜，在其地设乐浪、真番、林屯、玄菟四郡，通化县属玄菟郡。

汉孝元帝建昭二年（公元前37年），夫余人朱蒙（又称邹牟、东明）率众南下，在浑江中下游一带联合当地居民建立高句丽王国，臣服于中原各王朝。从此之后，这一带的居民逐渐形成高句丽族。

汉元始三年（公元3年），高句丽第二代王琉璃明王迁都国内（今集安县城）。在此以后400余年中，通化县一直是靠近高句丽京畿的重要地方。427年高句丽再迁都平壤后，这里仍属高句丽的辖境。

唐高宗总章元年（668年），高句丽灭国。唐王朝在辽东故地及高句丽旧壤设安东都护府，通化隶安东都护府下辖的哥勿州都督府。

唐武周圣历元年（698年），东北另一支少数民族——靺鞨族兴起，建渤海国。渤海国极兴盛时，有五京十五府六十二州，通化隶西京鸭绿府的正州。

后唐天成元年（辽耶律亿天显元年暨926年），辽灭渤海，通化属东京道辽阳府统辖。

金代，在东北设路、府、州、县制，并行猛安、谋克之法。通化县属东京路辽阳府婆速府路所辖。

元代隶辽阳行省辽阳路。

明代，这里是建州女真人居住的地方，属奴儿干都司建州卫统辖。据有人考订，建州女真甲部曾居快大茂附近。

清初，属兴京府。顺治年间划旺清门以东至长白山为禁区、这里因此荒芜了100余年。清光绪三年（1877年），清政府设通化县（治所在今通化市大庙沟），管理长白山区的开发。

第三节　工 作 概 况

自安山城的发现不晚于清末，在清末编著的《通化县乡土志》[1]、民国时期编著的《通化县志》[2]等地方史志中均有著录，称作“石头城”或“山城子”，俗称“高丽城子”。

自安山城的文物保护工作始自20世纪80年代，以调查、测量工作为主。21世纪初开始有计划地进行考古工作，并编制保护规划。

1983年春，通化市文化局文物志编写组会同市文化馆以及地区文管会办公室的同志，对山城进行了第一次考古调查，因山城所处为自安村集体薪柴林地，遂将之命名为自安山城。同年

[1]　《通化乡土志》，清宣统元年（1909年）修。

[2]　李春雨：《通化县志·卷一·土地古蹟六十七》，奉天作新印刷局，1927年。

6月，进行了第二次调查，并对山城进行了测量、拍照，调查结果收入《通化市文物志》，认为自安山城可能始建于汉代，与“汉设四郡”相关；高句丽时期可能又做了较大修筑，作为北道上的重要守备城；以后历代多有沿用[1]。

1984年11月，通化市人民政府将自安山城公布为市级文物保护单位，同时划定保护范围。1985年，通化市文物普查队对自安山城再次进行考古复查和测绘。

1988年和1989年，吉林省文物考古研究所柳岚、邵春华和通化市文物管理委员会办公室的杨立新对山城进行了两次详细的考察和测量，指出自安山城并非高句丽山城，应是一座汉代山城，可能是赤柏松古城的守备城；城内出土的大量细泥灰陶片是典型的汉代器物，未发现后代的遗物，可能其后的历史时期没有沿用[2]。

1999年2月，吉林省人民政府将该山城公布为第五批省级文物保护单位。

2004年5月，吉林省文物考古研究所与通化市文物管理办公室对山城进行了较为细致的考古调查与试掘，并编制了《通化市自安山城申报全国重点文物保护单位申请书》。发掘者研究认为自安山城为第二玄菟郡故址[3]。

2004年6月，由吉林省文物考古研究所、通化市文物管理委员会办公室与中国人民解放军总装备部勘察测绘研究总院合作完成了城址地形图的测绘和制作。

2005年，根据国家文物局统一部署，吉林省高句丽遗址保护领导小组办公室制定了《吉林省境内高句丽遗址保护方案》。“方案”中包括通化市自安山城考古发掘项目。2006年，该方案经国家文物局审核，于2007年开始实施。

2006年5月，国务院将自安山城核定并公布为第六批全国重点文物保护单位。

2010年，经国家文物局批准，对山城的三号城门址、四号城门址、三号排水涵洞进行了保护性回填和封护。

2012年，《自安山城保护规划》《自安山城遗址本体保护总体设计方案》获得国家文物局批复。按照批复要求，2013年自安山城文物本体保护工程开始实施，工程涵盖范围包括山城西城垣大部、二号城门址、一号排水涵洞、蓄水池及“点将台”周边区域。后续保护工作也在按照“规划”和“方案”的要求有序开展。

2019年11月5日，自安山城被吉林省文物局公布为第二批吉林省省级考古遗址公园。

第四节 发掘经过

经国家文物局批准，2004年5月至2013年10月，吉林省文物考古研究所会同通化市文物管理委员会办公室先后对自安山城进行了三次考古发掘和配合性清理工作（图二）。

[1] 吉林省文物志编委员会：《通化市文物志》，1986年。

[2] 柳岚、邵春华、杨立新：《吉林通化市汉代自安山城调查与考证》，《博物馆研究》1991年第3期。

[3] 王志敏：《高句丽故地与第二玄菟郡考》，《东北史地》2010年第5期。

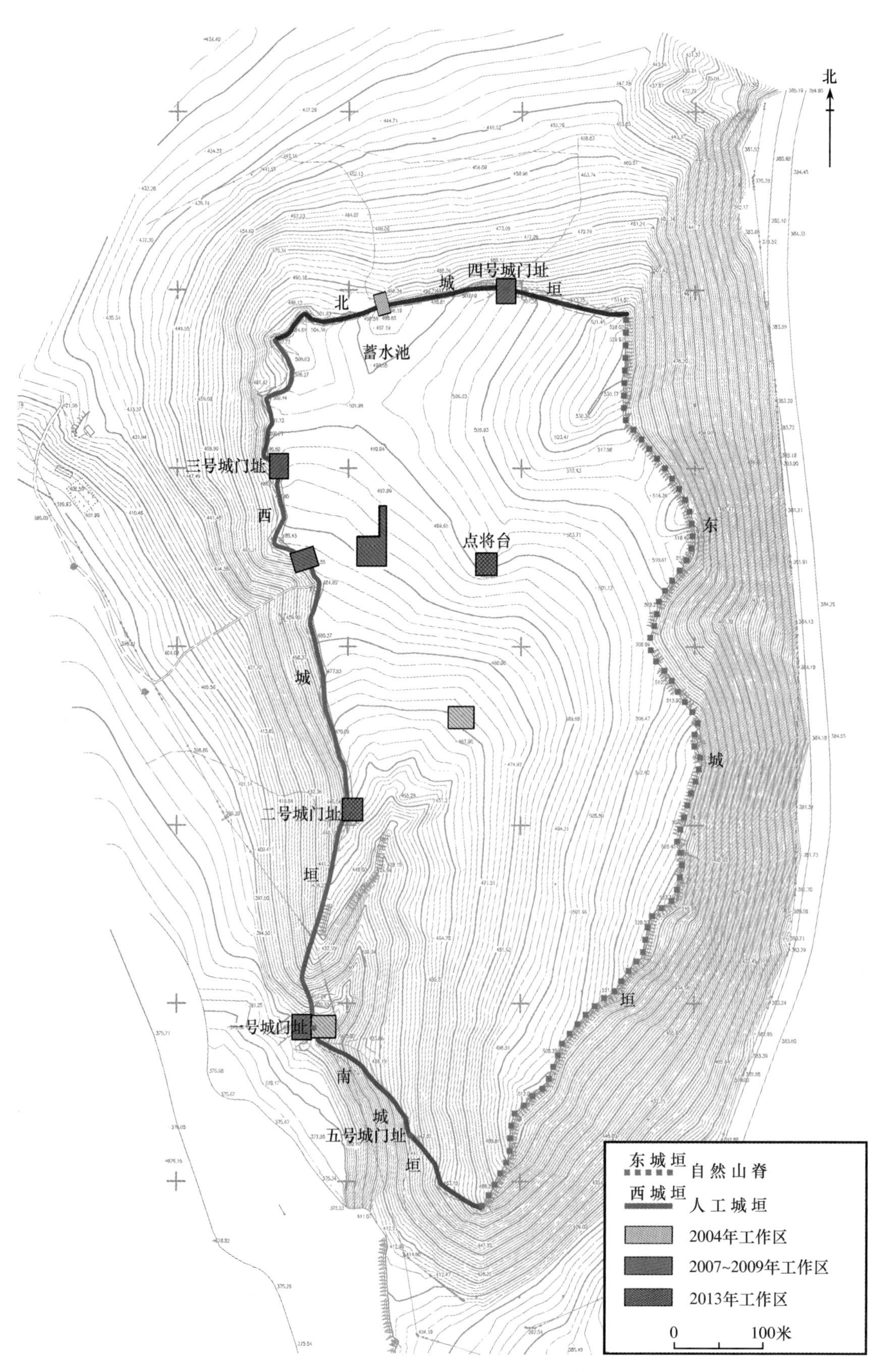

图二　自安山城各年度发掘区位置示意图

一、第一次发掘

2004年5～6月，以自安山城申报全国重点文物保护单位为契机，吉林省文物考古研究所与通化市文物管理委员会办公室对山城进行了较为细致的考古调查、测绘与试掘[1]。

根据调查情况，在北城垣西段蓄水池北侧布设2米×5米探沟一条，发现一号排水涵洞，随之进行扩方，直至将一号涵洞清理完毕。北城垣东段的一条探沟和西城垣中段的两条探沟仅发掘至城垣的倒塌堆积便停止工作。

在一号、二号、三号城门址门垛的位置布1米×4米探沟六条，清理至发现砌筑较为整齐的城垣砌石时即停止工作。对一号城门址因长期水流冲刷裸露的门道部位进行了清理，发现了二号排水涵洞和门道下部的砌石。

在城内南部，西南距二号城门址约170米，北距“点将台”175米的区域，发现房址2座，出土了陶器、铁器等遗物。

二、第二次发掘

2006年，按照《吉林省境内高句丽遗址保护方案》的安排，自安山城被纳入吉林省高句丽遗存保护后续项目，拟定进行为期三年（2007～2009年）的主动性考古发掘。

2007年8～10月，发掘范围包括一号城门址周边、三号城门址局部、西城垣中部、城内中部。对西城垣中部“阶梯状”城垣表面进行了清理，未发现明确的石砌城垣迹象；对一号城门址西南侧的土堆周围进行了清理，推测可能与城门址设施有关；对三号城门址的门道部位进行了清理，发现门道北侧保存有较为规整的砌石；城内发掘共布正南北向探方（沟）六处，并进行了部分扩方，发掘面积1000余平方米。发现大型院落基址1处、房址2座、灰坑3座。

2008年8～10月，发掘范围主要集中于三号城门址和城内中部接近西城垣处。发掘面积约1000平方米。对三号城门址的门道继续进行清理，发现了门道和封堵迹象，对废弃堆积进行了局部清理；城内以2007年发掘区的西南角为基点，按照正南北向进行了重新布方。城内的发掘基本弄清了院落基址的分布范围及周边房址的分布状况。

2009年7～10月，除继续2007、2008年度的发掘工作外，为探明西城垣的保存状况和构筑方式，并了解城垣堆积与城内堆积的关系，在西城垣e1段布探沟三条，编号为09TZTG1～09TZTG3；在发掘三、四号城门址时，为探明内侧土筑城垣的结构，于三号城门址北侧布探沟一条，编号为09TZTG4；为了探明城门址门道下部地层堆积状况，于三号城门址门道西口（外口）和四号城门址门道北口（外口）分别布探沟一条，编号为09TZTG5、09TZTG6。另外在清理三号城门址外侧瓮城和四号城门址的门道及内侧瓮城时，也各自布探沟一条，编号为09TZTG7、09TZTG8。

［1］ 通化市文物保护研究所：《吉林省通化市自安山城调查报告》，《北方文物》2010年第3期。

通过发掘，发现了西城垣中部的三号排水涵洞；对三号城门址和四号城门址的始建、改建、废弃各过程中的堆积层次、成因及变化有了较为详细的了解；在城内发掘区清理出10余座房址。

三、第三次发掘与清理

2013年5～10月，为配合自安山城文物本体保护工程的实施，对西城垣大部、二号城门址、一号排水涵洞、蓄水池、“点将台”周边区域进行了清理。确认了西城垣的形制、构造方式和残损状况；对二号城门址进行了全面发掘；对蓄水池和“点将台”的范围也有了初步认识。

第二章　城垣、城门与排水涵洞

第一节　城　　垣

21世纪初，结合对自安山城的测绘和发掘，结合以往的调查成果，调查工作进一步深入，获得了很多新的认识。

自安山城平面不甚规则，略呈长方形（南北长、东西窄），周长2753米，面积约36万平方米。山城为较典型的簸箕形[1]（又称为抱谷式、包谷式、仰盆式、栲栳峰式）山城，城垣依山势而建，充分利用自然地理形态，蜿蜒曲折，山势越低，墙体越高。东侧由山城东北角至东南角，山势陡峻，山体坡度多在85°左右，高度近150米，以此为天然屏障，未见修筑人工城垣。山城东南角至西南角一号城门址，仅发现一条高于地表1米多的土石垄，其上部杂草丛生，石块垒砌痕迹不明显。西城垣墙体大多深埋于土石之中，湮没于杂草灌木之下；西北角附近一段外侧石砌墙体已坍塌殆尽，露出内侧夯土结构，并形成一处平整的台地；中段外侧发现石砌的墙体残迹，部分墙体残存内侧梭形石，该段墙体顶部稍高于城内地表；此处的山体有一处内凹明显，现今形成一道小型冲沟，冲沟顶端与西墙相接处，应与进出城通道或排水系统有关；接近西南角一段的墙体地表已难觅踪影，暴露出陡峭的山体。北城垣保存状况稍好，大部分墙体尚高出现代地表1米余，外侧石砌部分多已坍塌成斜坡，顶部尚可见部分砌石痕迹（图三）。

一、北　城　垣

北城垣东起城址东北角，西至城址西北角，全长约442米。该段城垣所处山势东西两端较高，中部较为低洼，与山下盆地相对高差60～70米，城垣外侧坡度为35°～65°。以四号城门址为界，分为东（a）、西（b）两段。a段自城址东北角至四号城门址，b段自四号城门址至城址西北角。

1. a段

此段城垣方向略呈西北—东南走向，长约160米。山势呈东高西低，相对高差约20米，墙体砌筑于山脊之上。现存外侧墙高2～3米，内侧高0.5～1米，城垣顶部较为平缓，宽约3米。城

[1]　魏存成：《高句丽遗迹》，文物出版社，2002年。

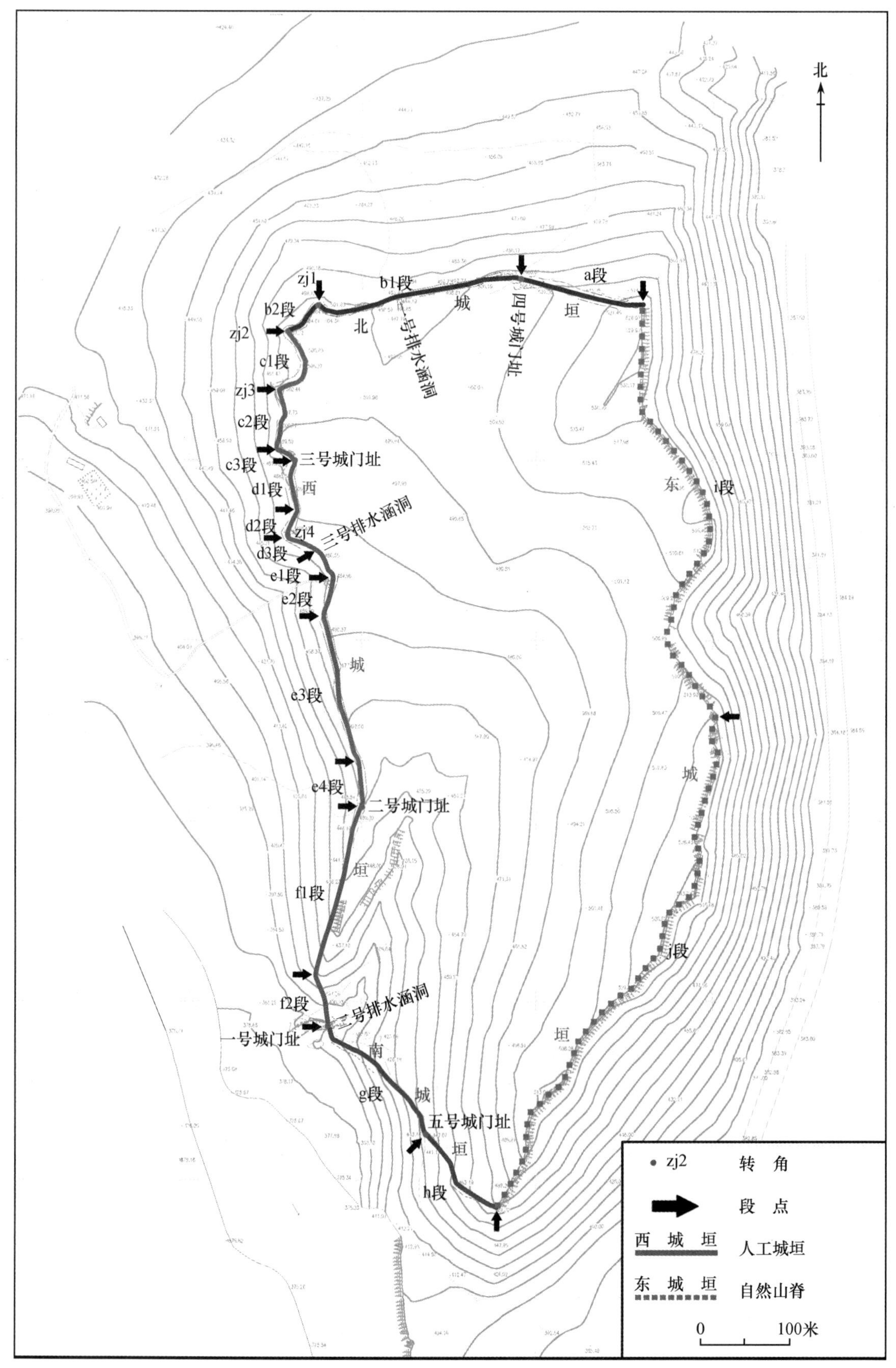

图三　自安山城城垣分段示意图

垣外侧基本倒塌殆尽，仅保存少量砌石迹象，所用面石为楔形石[1]，多已脱落，露出内部用梭形石[2]或条形石“干插”[3]的砌石结构。城垣内侧为缓坡，土石混筑，未见砌石迹象，高0.7～1.5米。在该段墙体东端（即城址东北角），保留有一处平台，平面近方形，面积约30平方米，高出北城墙约1米，可能作为瞭望台使用。该瞭望台居高临下，东侧为浑江，山体落差极大，于其上东望，浑江干流、二道江区尽收眼底。北侧山坡颇为平缓，连接城址北侧山间盆地。

2. b段

此段城垣基本呈东西走向，长约282米，地势两端高中间低，最低处建有一号排水涵洞。由四号城门址开始，城垣向西略偏南延伸约240米（b1）后依山体边缘向西北呈弧形弯折，形成一处凸出的转角（zj1）后折向西南，延伸约42米（b2）至城址西北角，城址西北角也是一处向西偏北方向凸出的城垣转角（zj2）。b1段墙体保存状况较好，外墙高3～5米，均为石砌，墙体上部大多已经坍塌呈斜坡状。局部区域石砌墙体下部保存较好，外墙面石尚保留5～11层，残存高度1～2米，内侧石砌结构完好。内侧墙体不见砌石迹象，以土石混合筑成缓坡状，高1～2.2米。b2段墙体西南端为城址西北角，东北端为一处凸出的城垣转角。城垣内侧有一处平台，与城垣顶面平齐，土石混筑，略呈长方形，面积百余平方米，为城址西北角的制高点，应为瞭望台，与东北角瞭望台相呼应。西侧山下的哈泥河谷和北侧的山间盆地尽收眼底。

二、西　城　垣

西城垣最北端与北城垣相连，构成城址西北角，最南端至一号城门址，全长852米。城垣所处山势北高南低，最高处为城址西北角，最低处为一号门址。城墙西侧坡度约65°，与山下盆地相对高差70～80米。墙体沿山坡顶部砌筑，自北向南，以三号城门址、三号排水涵洞、二号城门址至一号城门址为界，分四段（c～f）。c段自城址西北角至三号城门址；d段包括三号城门址至三号排水涵洞一段；e段含三号排水涵洞至二号城门址之间；f段即为二号城门址至西城垣最南端的一号城门址。

1. c段

此段城垣长约182米，走向依山体边缘变换，较为复杂。自城址西北角始，城垣进入一处向东凹进的扇形山坳中，先向东南呈圆弧形延伸，再弧向西南，长约90米（c1），绕过一处城垣转角（zj3）后向南延伸70余米（c2），又以近90°转向东行22米（c3），直至三号城门址。c1段城垣呈半圆形，中部弧顶现有一小型豁口，有一条小路可通山下；豁口以北墙体外部的砌石部分已全无踪迹，露出内部的夯土；豁口南侧的墙体残高1.5～2米，石砌部分坍塌严重，残留部

[1] 楔形石，是指制作成平面呈三角形楔子状的石块。

[2] 梭形石，是指制成梭状的石块。

[3] “干插”，是指石块砌筑时，不使用黏合剂，直接依靠石块间的咬合、挤压，使各种石块形成一个整体的砌筑方式。

分“干插”的梭形石，最外侧的面石已全部遗失；墙体顶部与城内堆积齐平。城址西北角与zj3间直线距离约68米，二者呈掎角之势扼守该处山坳。c2段城垣北半段墙体倾颓殆尽，仅见有一片斜坡状石堆；南部约10米长一段城垣坐落于基岩之上，岩壁高1.5～2米；其上墙体底部还保留有2～4层楔形面石，内侧的“干插”结构也较为完整，顶部坍塌成斜坡状；内侧墙体为土石混筑，呈缓坡状，残高0.5～1.5米。c3段城垣详见三号城门址的北侧翼墙。

为了解c2段城垣的结构，布探沟09TZTG4予以解剖，以其北壁剖面为例，该处墙体大体分为内外两个部分：外侧为石砌结构，上部已坍塌殆尽，下部砌筑于基岩之上，残存三层面石；内侧墙体为夯土结构，残高约1.65米，可分九层：第1层为深灰色淤积土层，较为松散，包含大量植物根系，夹杂少量较大的碎石块，厚35～50厘米；第2层为深黄褐色土，较为致密，纯净夹杂少量极碎的料姜石块，厚0～39厘米，仅分布在该段墙体的东侧斜坡部位；第3层为深黑色土，较为致密，湿度大，较为纯净，厚0～25厘米，分布于墙体内侧斜坡的下段；第4层为浅灰色土，极为致密，未见分层现象，最厚处约70厘米；第5层为黄褐色土，致密，分层不明显，含大量小碎石块，厚16～34厘米；第6层为浅黄褐色土，微泛白色，夹杂大量碎石粒，分层不明显，厚约45厘米；第7层为灰褐色土，厚约40厘米，极为致密，夹杂少量碎石颗粒，有较明显的分层现象，可分为6个亚层，层与层之间有交错现象，每小层厚约6厘米；第8层为黄褐色土，极为致密，纯净，厚0～20厘米；第9层为红褐色土层，极为致密，包含少量石灰岩块，厚12～18厘米，其下即为基岩。根据土质土色和堆积层次可判断，第1层为表土层；第2、3层为墙体的倒塌堆积；第4层为墙体内侧的护坡；第5～7层为夯土墙体；第8、9层为夯土墙基；其下为山体基岩。从此剖面可知该处内侧墙体应大体呈斜坡状，包括墙基、墙芯、护坡等三部分。除第7层墙芯夯土层次较为明显外，其余部位夯土层次不明。所用土质极为细腻、纯净，可能经过筛选。内侧夯土与砌石部分接触面较为竖直，应是将夯土断面进行修整后，再进行外侧石砌部分的修筑。外侧石砌墙体与内侧夯土未发现明确交错现象（图四；图版五）。

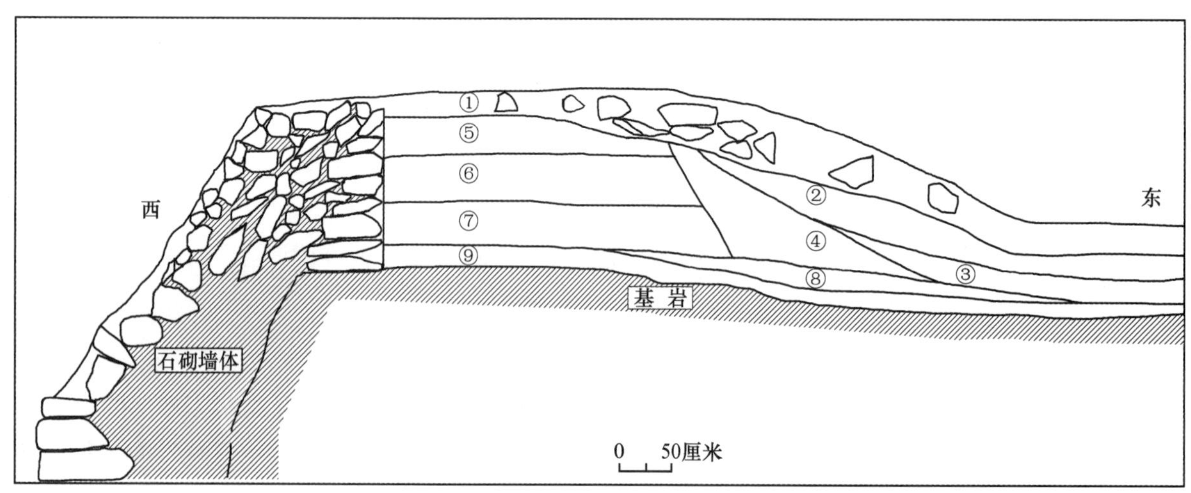

图四　c2段城垣（09TZTG4北壁）剖面图

2. d段

此段城垣长138米。自三号城门址开始，城垣向正南延伸58米（d1）后折向西南约42米

（d2），再转角向东近38米（d3）即为三号涵洞。d1和d2段城垣外侧部分倒塌严重，仅可见沿山坡分布的大量石块；内侧墙体基本与墙内地面齐平或略高。d2和d3段连接处的城垣转角（zj4）残高3.6米，为半平顶的圆丘形，底部建于生土上，残留有楔形面石2～4层，逐层收分。底部3层间收分较大，8～10厘米，越往上收分程度与周边城垣趋于一致；顶面为平敞的台地，面积百余平方米；结合两侧地势，该处转角明显向西凸出于山体，视野开阔，应是一处重要的瞭望、守御节点。d3段城垣保存状况较好，残高4～6米，城垣基础大多为致密的生土或风化碎屑层，部分直接开凿基岩砌筑。墙基外侧多用大型块石砌筑，内侧以长条形或梭形石块“干插”拉结；墙体中下部残留少量楔形面石，上部面石损失殆尽，仅存内侧“干插”结构；墙体顶面残留有砌筑平整的层面；再向上为厚0.8～1.2米的灰色淤积土堆积。

为了解d3段城垣结构，布探沟09TZTG1进行解剖，以其北壁剖面为例，残存的墙体可分为两部分，即外侧的砌石和内侧的培土。外侧砌石部分修筑于基岩上，并开凿有基槽，墙基以1层大型块石砌筑于基槽内，上部砌筑2～4层长条形块石，共同构成墙底基石，石材长0.8～1.2、宽0.4～0.6、厚0.2～0.5米。上部墙体外侧多为楔形石包面，其间夹杂少量块石，内侧以长条石或梭形石拉筋，缝隙填塞碎石块，层层叠压。外侧包石残存4～9层，从下至上每层略有收分，上层一般内缩约1厘米。石砌墙体顶部外侧均已坍塌，上部残存宽1.2米的铺石，石材多为块石，表面平整，是否为原墙体的顶部尚无证据。内侧墙体未发现砌石，仅保留斜坡状培土迹象，培土为黄褐色砂土，夹杂大量风化岩石颗粒，较为致密，可能经过夯打，无分层现象。培土顶面与外侧残余石砌墙体上部平面基本持平（图五；图版六）。

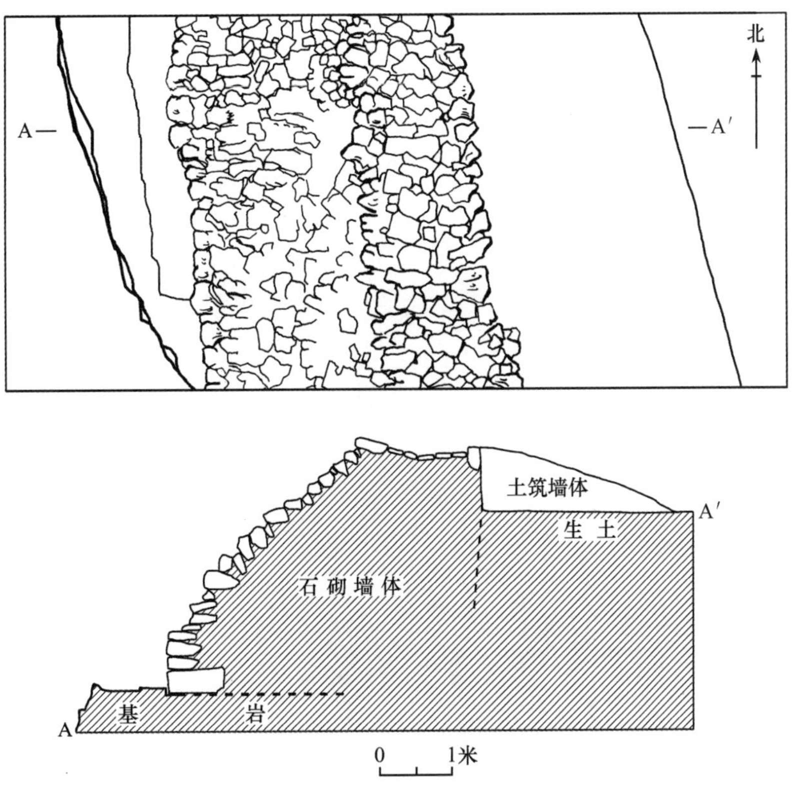

图五　d3段城垣（09TZTG1）剖面图

3. e段

此段城垣长约321米，自三号涵洞先向东南延伸约40米（e1），折向西南近55米（e2）后，继续向东南直线延伸176米（e3）转向正南约50米（e4）直至二号城门址。e1段城垣局部保存较好，残高约3.5米，除顶部外侧坍塌外，下部墙体的结构保存完好，保留楔形面石7～9层。e2和e3段由于靠近现代村落，长期人为拆损，保存状况极差，仅残留少量散碎石块。e3段北部部分区域坍塌散落的石块都已不见，城垣走向只能根据现存山坡边界确定；南段大部城垣外侧砌石已基本坍塌，内侧“干插”结构已露于地表；偶见有基础坐落于山体基岩的墙体部位还残留有少量楔形面石；墙体顶部与现代城内地表基本平齐，较为平整。e4段城垣为较为特殊的“双面式”结构，西侧立面倒塌严重，砌石结构与其他段一致；东侧立面为不连续的自然岩石断面，高1.2～1.5米；顶面较为平整、坚实，宽约5米。e2段城垣的外立面结构保存较为完好，布探沟2013TZTG1予以清理，以其东壁和北壁为例介绍墙体结构和外侧倒塌堆积状况。东壁面尚保留砌筑较为完好的墙面石七层。底部用体型较大的块石作为基础，块石基础砌筑于生土上的基槽中，上部逐层垒砌打制较为规整的青灰色楔形石作为墙面石，内部用不规则块石或长条形、梭形石块干砌，层层咬合。从探沟北壁的剖面可观察出墙外有七层堆积：第1层为灰褐色土，其中夹杂大量石块，不乏楔形石、块石等可作为墙面石的石块，该层从城垣顶部一直延伸至坡脚，厚5～68厘米。第2层为黄褐色土层，较为松散，包含少量小石块，倾斜分布于城垣外侧，厚3～30厘米。第3层为灰褐色土，夹杂大量石块，倾斜分布于城垣外侧，紧贴墙面石，石块之间有大量空隙，厚15～30厘米。第4层为黄褐色土层，包含少量散碎石块，仅分布在靠近城垣砌石的少部分区域，厚0～34厘米。第5层为浅灰色土层，较为松散，厚9～20厘米，出土陶甑、铁钉、铁锅等遗物。第6层为灰褐色土层，较为松散，纯净，厚8～22厘米。第7层为黑褐色土层，较为致密，未见其他包含物，厚15～26厘米。第7层下为黄褐色夹杂大量风化岩块的生土层。从各层堆积的性状及包含物分析，第7层为城垣的起建层位，开挖有打破第7层和生土的基槽；第4～6层应为城垣使用期间的堆积，包含废弃物和淤积土；第3层向上应是城垣的倒塌堆积和间歇层，城垣可能已经废弃并因人为或自然力影响开始倒塌（图六；图版七）。

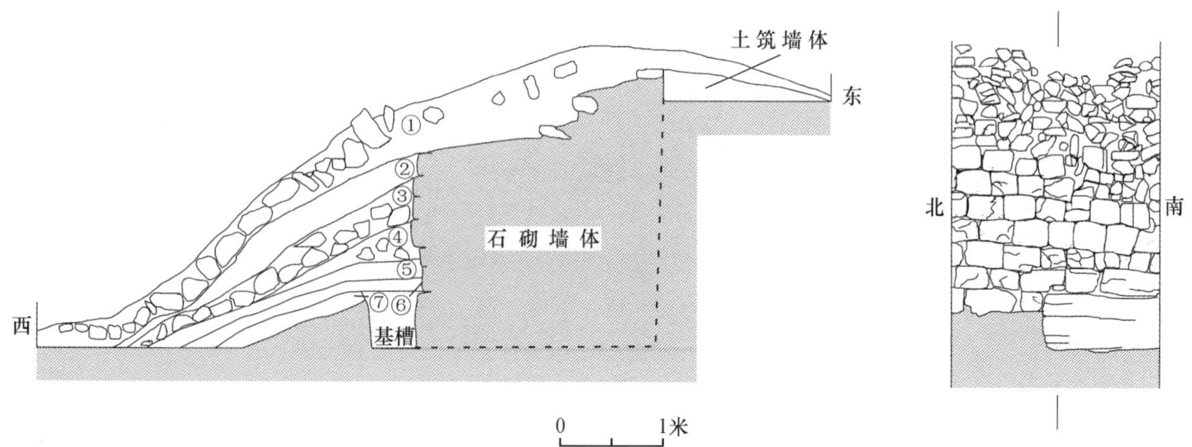

图六　e2段城垣（13TZTG1）砌石和外侧堆积剖面图

出土遗物：

陶甑　1件。

B型　13TZTG1①：1，甑底。夹砂灰陶。残。底面均匀分布密集的小圆孔，孔为两面穿凿。残长12.7、残宽11.2、厚1.12、孔径1.76厘米（图七，1）。

铁钉　1件。13TZTG1①：3，铁质。完整。扁环形，外壁有三条竖凸齿，铸制。最大外径8.8、内径5.8、高4.4、壁厚0.5厘米（图七，2）。

铁锅　2件。13TZTG1①：2，铁质。残。外侧贴附横沿。残长17.8、残高4.8、壁厚0.4～0.5厘米（图七，3）。13TZTG1①：4，完整。侈口，斜腹微弧，平底。外腹中部有两道凹弦纹。口径23.5、底径14.2、高8厘米（图七，4）。

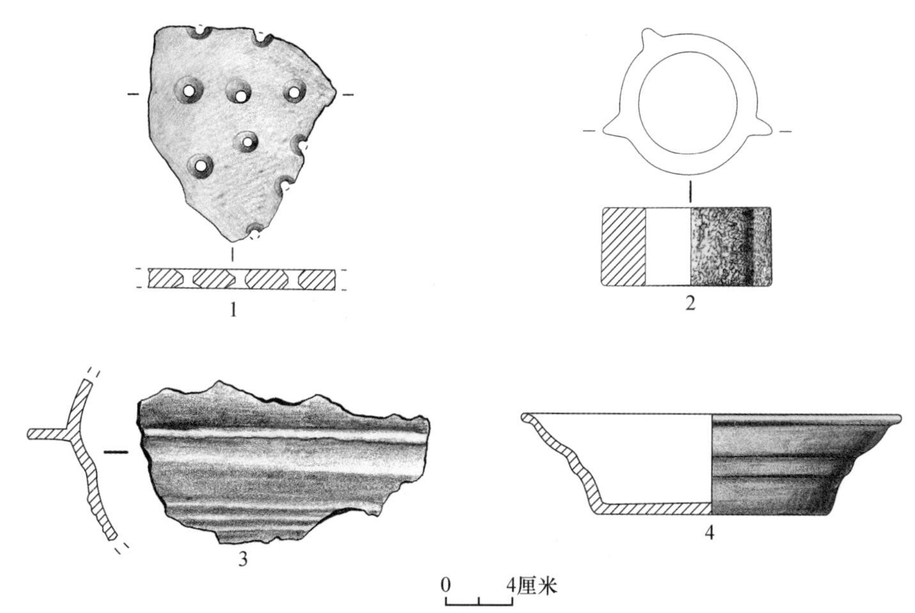

图七　13TZTG1①层出土遗物

1. B型陶甑（13TZTG1①：1）　2. 铁钉（13TZTG1①：3）　3、4. 铁锅（13TZTG1①：2、13TZTG1①：4）

4. f段

此段城垣长259米。自二号城门址开始，城垣以略偏西南的方向延伸约209米（f1）至山脊末端，转向南偏东延伸50余米（f2）至一号城门址。f1段城垣凸出于山脊之上，最高处保留近4.5米墙体；城垣的石砌部分已被破坏，现存为一条石块散乱堆积的石垅，仅在墙基部分偶见有砌筑的楔形石或块石；内侧墙体呈缓坡状，土石混筑，最高处近1米。f2段城垣砌筑于山脊向山谷转换的山坡上，在接近山脊末端有一坐北朝南的断崖，城垣紧贴着断崖的西侧沿山坡脊棱向一号城门址修筑，此处山体落差较大，靠近一号城门址处的城垣损毁较为严重，现仅存墙基。

三、南　城　垣

南城垣实际位于山城的西南侧，即一号城门址至城址东南角，地表仅残存一道土石混杂的凸棱，呈西北—东南走向，长约303米。以五号城门址为界分为两段（g、h）。g段自西北端的一号城门址向东南沿陡峭的山脊攀爬至五号城门址，长约175米。此段城垣沿山脊修筑，南侧极为陡峭，下临哈泥河。h段沿山坡向东南延伸128米至城址东南角。此段多沿斜坡修筑，靠近城址东南角处又转回山脊之上。城址东南角为城址的最南端，顶部较为平坦，有一定的活动面积；周边地势除北侧城内稍平缓外，其余三面均为陡峭的山坡；南侧山下为浑江与哈泥河汇流处的三角洲；作为南端的制高点，总览浑江和哈泥河河谷，是一处理想的天然瞭望点。在半山腰处有一条自北而南穿过五号城门址通往城外台地和三角洲的道路，道路西侧为较陡直的崖壁，东侧坡顶为h段城垣。

四、东　城　垣

东城垣起自城址东北角止于东南角，长约1156米，地表未发现人工砌筑的城墙，应是以山脊为城垣，以悬崖峭壁作为山城的天然屏障，峭壁下即为浑江，自北而南紧贴山脚处直至山城南端与哈泥河汇流。山顶与浑江江面海拔高差100～150米，以二号城门址东北向相对应的山峰为界，大体分为两段（I、J）。自城址东北角开始约570米为I段，山脊略呈W形，先向南延伸120米左右，后转向东南行约160米，再折向西南近140米，再转回东南约150米。J段山脊大体为西南向，自西南城角至两段分界处，约长586米，有数处弯度不大的曲折（图版八）。

第二节　城　门　址

山城共发现城门址5处，北城垣中部1处，西城垣南、北各1处，南城垣中段1处，东城垣未见门址。城门作为城址的出入孔道，多位于山体周边平缓沟谷谷口、山坳或缓坡的顶端，下部的沟谷、缓坡稍加修整就可作为出入通道使用。

一、一号城门址

一号城门址位于城址西南角，东距五号城门址175米，北距二号城门址259米。门址的南北两壁遭到破坏，形制不明。门向为228°，现存豁口宽约5.8米，北侧墙体外侧残高3.68米，内侧残高3.4米，南侧墙体外侧残高4.34米。门道地面下铺砌多层石块，所用石材形体较大，表面修凿平整。门道向内发现一石砌排水涵洞，即二号排水涵洞（图版九）。

在城门址前方20余米处有两个南北对称的近圆形土丘，两丘顶部中心相距约26米。土丘直径约20米，北侧土丘残高5.13、南侧土丘残高5.94米。通过断面观察，土丘起建于一层黑灰色土之上，堆积层次较为明显，堆积物以风化碎山岩为主，质地较为松散。由于山洪的冲刷，北侧土丘的南部已被冲去近二分之一，并形成一道断面，断面上部为斜坡状，下部较为竖直。土丘北侧通过一条宽约4米的低矮土垄可与门址两侧城垣相接（图版一〇）。

由于一号城门址处在城内通向城外的自然冲沟的沟口，常年遭受山洪冲刷，因此未对一号城门址进行全面系统发掘，仅根据2004年和2007年的局部清理资料很难推断出城门的完整形制。根据地表现存迹象推测，一号城门址结构应为“外瓮内门”结构，城门外侧现存的两座土丘应是瓮城两侧翼墙的墙垛，土垄则是翼墙的内部堆筑墙体，外侧包砌石材由于自然流失和人为拆除，已经消失无踪。

经一号城门址所处位置北行由平缓的山谷可进入城内；南行出城则可到达哈泥河边，顺流进入浑江水道，逆流则入哈泥河谷；水陆交通较为便利，因此一号城门址应是城址南侧的主要出入通道（图八）。

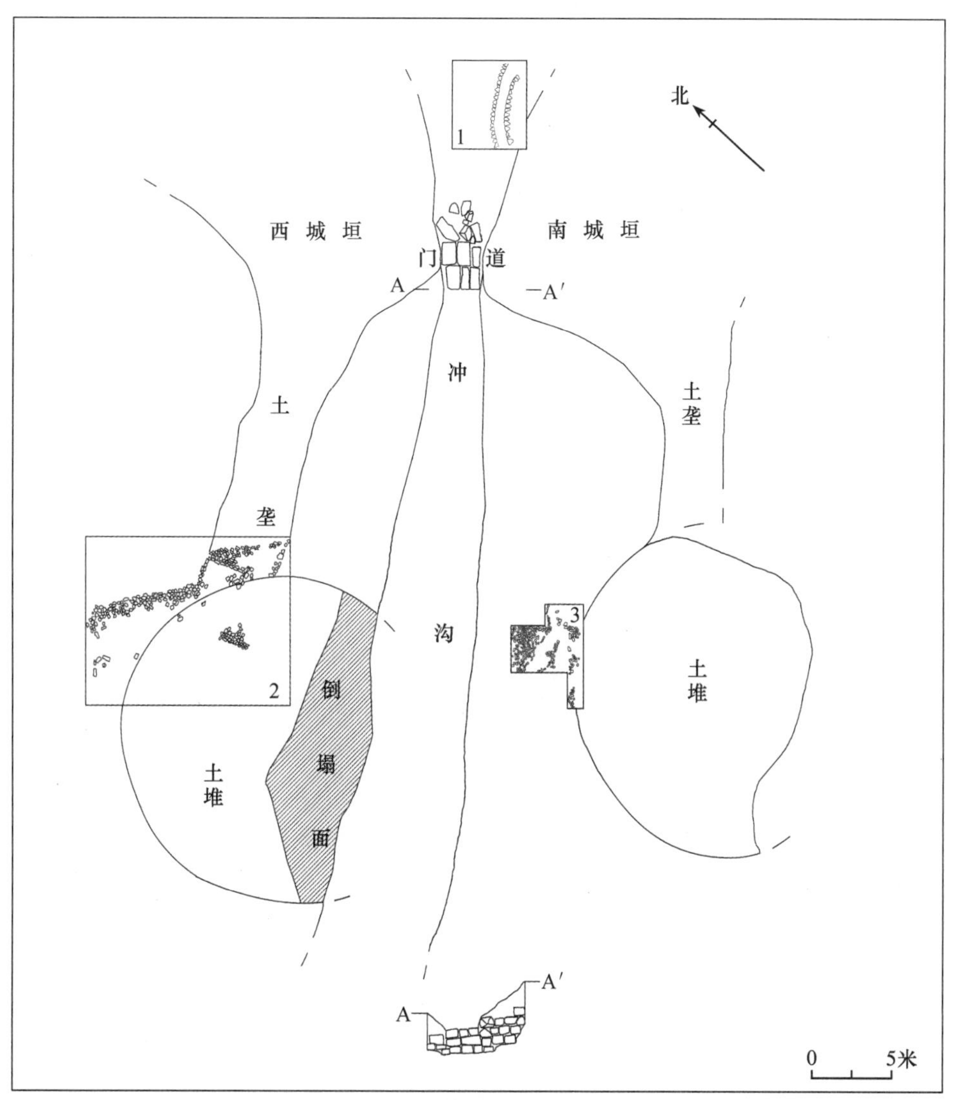

图八　一号城门址平面示意图

1. 2004年探沟；2、3. 2007年探沟

二、二号城门址

二号城门址位于西城垣南段，南距一号城门址约259米，北距三号城门址460米左右。城门址南侧城垣外侧残高3.86米，内侧残高0.91米；北侧城垣外侧残高3.9米，内侧残高2.01米。现存为一上大下小的豁口；该门址所处的位置山势较高而陡峭，有一条盘道通向山下台地，现为当地群众进入城内的一条重要通道（图版一一）。

2004年的试掘中确认门址基础保存较好，门道外宽内窄，呈喇叭口状，宽度为1.6～1.82米，仅存外缘两侧门垛基础角石，均以块石呈直角垒砌，左右对称。门道两侧残存两个大型石堆，上部杂草丛生，仅可看到数块大型石块，应为门垛内部砌石。2013年对门址进行了全面清理。

门址发现于第2层下，平面大体呈工字形，是由门道、两侧门垛、内侧的门塾和外侧瓮城四部分构成。

门道呈凸字形，门向270°，总长4.06米，可以分为两个部分：靠近外口的部分南北长2.13、东西宽1.45米；靠近内口的部分南北长2.89、东西宽2.65米。门道外口处发现有埋设地栿的迹象，地栿为木质，已烧毁，残存宽约10厘米的红烧土凹槽，两侧均有小块石固定的迹象。地栿两端各有一块大型块石，表面平整，可能用于安放门枢础石。门道平面大部有铺石，在距门道外口1.08米范围内设有铺石。铺石为板石，大体分为南北向的五排，表面平整，有火烧痕迹。

南侧门垛残存一层砌石，外壁面以块石或楔形石砌筑，内侧垒砌条石、块石，逐层叠压，缝隙用小石块填实。北侧门垛外侧砌石大多遗失，仅东西两端残余基础部分的块石。

门塾位于门道向城内延伸区域的两侧，与门道、城垣共同围成一处长方形区域，南北长5.25、东西宽3.13米，地面大部为踩踏极为致密的黄色土，未见铺石。南北两侧墙体均使用楔形石或块石砌筑墙面，内侧为长条形石或梭形石干插挤紧。北侧墙体残长3.15米，残余砌石3～6层，内侧直接砌筑于基岩之上，在最东端残余向北侧的转角基础，再向北与基岩部分连接，并以基石自然立面作为城墙的内缘。南侧墙体仅残留约2米长的砌石墙体，其余部分仅残留墙基底部的散碎石块。

外侧瓮城呈长方形，南北长5.14、东西宽2.8米，东侧地面高于西侧，用楔形石或块石砌筑成四级台阶状，最东侧一级表面与门道面齐平。两侧墙体亦均有砌筑较为平整的墙面，北侧残余砌石4层，南侧残余砌石2层，砌石逐层收分，在瓮城外口分别向两侧转折。

该门址所处的位置山势较高而陡峭，从山脚到门道垂直高差近90米，坡度约75°，利于防御，但出入并不便利。结合其形制推测，该门址应不是城址使用时期出入的主要通道，可能为临时性的便门（图九）。

三、三号城门址

三号城门址位于西城垣中部偏北段，地表可见一个长期踩踏形成的小豁口，豁口宽1.7米，两侧各有一乱石堆，北侧门垛的砌石部分露出地表。门外为较平缓的斜坡，有羊肠小道通

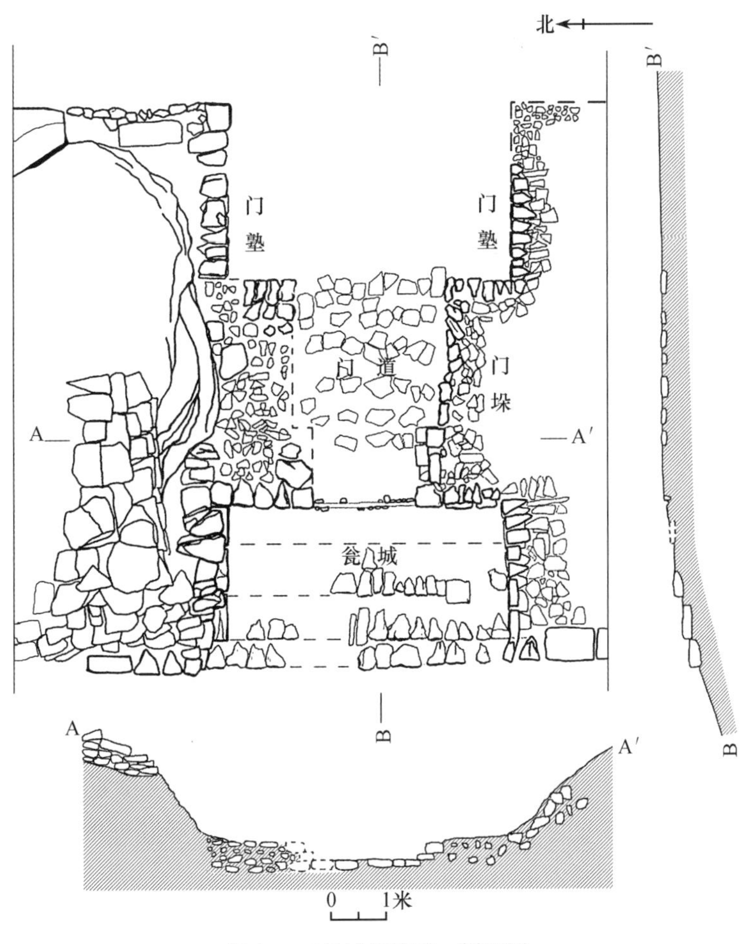

图九　二号城门址平、剖面图

向山下。地势北高南低，北距城址西北角182米，南距二号城门址460米。南侧城垣外侧残高3.71、内侧残高0.87米；北侧城垣外侧残高6.02、内侧残高4.01米（图一〇；图版一二）。

三号城门址平面呈凸字形，门向268°，可分为门道和外侧瓮城两大部分。在清理门道上部的杂草后，未直接向下清理，而是在门道西端出口外侧布探沟，编号为09TZTG5（图一一）。从探沟东壁剖面来看，门道处的堆积从上至下可分为12层：第1层为黑褐色土层，富含腐殖质和植物根系，厚11～22厘米；第2层为灰褐色土，夹杂大量石块，有长条形块石和楔形石等，门道处堆积较厚，应为倒塌堆积，厚15～70厘米；第3层为灰褐色，包含大量经火烧过的碎石块、木炭等，发现数块大型块石将门道东、西两端封堵，其下发现一层踩踏面痕迹，厚6～9厘米；第4层为黄褐色土，夹杂少量石块、木炭屑，极为致密、平整、坚实，下部略向下凹，厚0～17厘米；第5层为灰褐色黏土，夹杂烧土和灰烬，呈锅底状，分布均匀，厚2～4厘米；第6层为黄色土，较为纯净，夹杂少量石块，厚0～16厘米；第7层为黄褐色土，夹杂少量石块、烧土粒，厚2～11厘米；第8层为灰褐色土，夹杂大量散碎石块、烧土粒，厚5～11厘米；第9层为黑褐色黏土，包含大量木炭粒、烧土粒、灰烬，厚2～4厘米；第10层呈红褐色，包含大量烧土、烧石、木炭颗粒，厚5～11厘米；第11层呈黄褐色，极为坚硬，残存少量路土，厚2～4厘米；第12层灰褐色土层，较为致密，较为纯净，夹杂风化山石碎屑，下为基岩和黄褐色生土。门道堆积呈斜坡状伸入瓮城。通过对剖面的分析，推测门道大约经历了六次毁坏，五次建造、改建，直至废弃封堵，宽度从初建时的2.7米逐渐缩小。通过对第3层下发现的门道进行清理可知，门道呈长条形，宽约1米。东口高西口低，表面为黄褐色砂土，部分区域经火烧呈红色。两侧为砌石，南侧砌石保留5层，高约0.7米，外壁砌石为楔形石；北壁砌石仅剩一层，为稍加修凿的块石。两侧壁间发现6处立柱迹象（编号为D1～D6），立柱为木柱，烧毁后炭迹清晰，直径约15厘米，左右各三，一一对称。立柱部分石壁砌成凹字形，木柱即立于石壁凹进处地面的柱洞中。结合上部倒塌堆积中包含大量木炭的现象，推测门道上部应有木质建筑。门道东口发现四块未经修整的大型块石，紧压在门道踩踏面上，将门道封堵，其上为倒塌堆积。

外侧瓮城是由门道、两侧门垛、两侧城垣等部分围成的，瓮城亦随门道的变化有所改变，但总体形制变化不大。门垛位于门道两侧，石砌，外侧以楔形石或块石平面朝外，逐层砌筑，内侧以长条石或梭形石作为拉筋，缝隙填塞小型石块。砌体外形规整，较为稳固。北门垛西壁保存较好，尚存砌石9层。南侧门垛保存较差，砌石多向外侧倾斜，残余砌石2～4层。

门垛两侧衔接城垣的部分，中部为土筑或土石混筑，外侧以楔形石、条石、梭形石包边，形似门址的两翼，因此称为“翼墙”。北侧翼墙依托城垣向东转折的部分，随山势呈东西走向，东端向南转折，连接门道北侧门垛。墙体外侧为石砌墙体，顶端外侧已坍塌；石砌墙体内侧为夯土墙体，略呈斜坡状，其结构见前述09TZTG4北壁剖面（参见图四）；内外侧墙体顶端结合处残存以块石铺筑的平面，平面东侧边立石挤靠，可能是墙顶的通道遗迹。据此现象推测，该处墙体上部外侧可能构筑有“女墙”，已坍塌（图版一三）。

南侧翼墙为凸出于城垣向西砌出的类似于“马面”的结构，东端与南侧门垛相连；外侧石砌部分坍塌严重，仅存底部一层砌石；内侧墙体为土石混筑，即黄色黏土中掺杂大量风化岩石颗粒，较为低矮。

在三号城门址的内侧城里和南侧墙体之上，发现了挡墙和房址等与城门址相关的设施（图版一四）。

挡墙呈南北走向，略有曲折，仅残余一层石砌墙基。墙体横亘于三号城门址内侧，将入城通道分为南北两股，向北可进入城内，向南则通向建于门址南侧墙体之上的房址，房址编号为F15。

F15　北侧距三号城门址约12米，发现于第1层下，开口距地表10厘米，被一条南北走向的冲沟破坏。房址平面为圆角长方形，长6、宽5.5米。残余东侧墙体，以碎石和黄色黏土混筑，其余三面墙体仅残余地基部分，为黄色黏土筑成，宽约0.8米。门道辟于北墙东端，门向355°。室内未发现居住面，存灶址一处（Z1），位于室内中央，圆形圜底，残留下部红烧土堆积，直径约0.5、深0.2米，其北部引出一条弯曲的烟道（YD），穿过房址北墙通入紧邻西北墙角的烟囱底坑内（YC）。烟囱底坑呈圆形，直径0.37、深0.18米。房址门口朝向三号城门址内侧隔墙与城墙之间的夹道，其所处位置与三号城门址紧密相关，可能与三号城门址的日常警戒有关（图一二）。

三号城门址外侧下山方向山体坡度较缓，是通向城西河边台地的主要通道。瓮门的结构本身就体现了门址的重要性，城内哨所和挡墙的设立又进一步提升了城门址的警戒、防御能力。

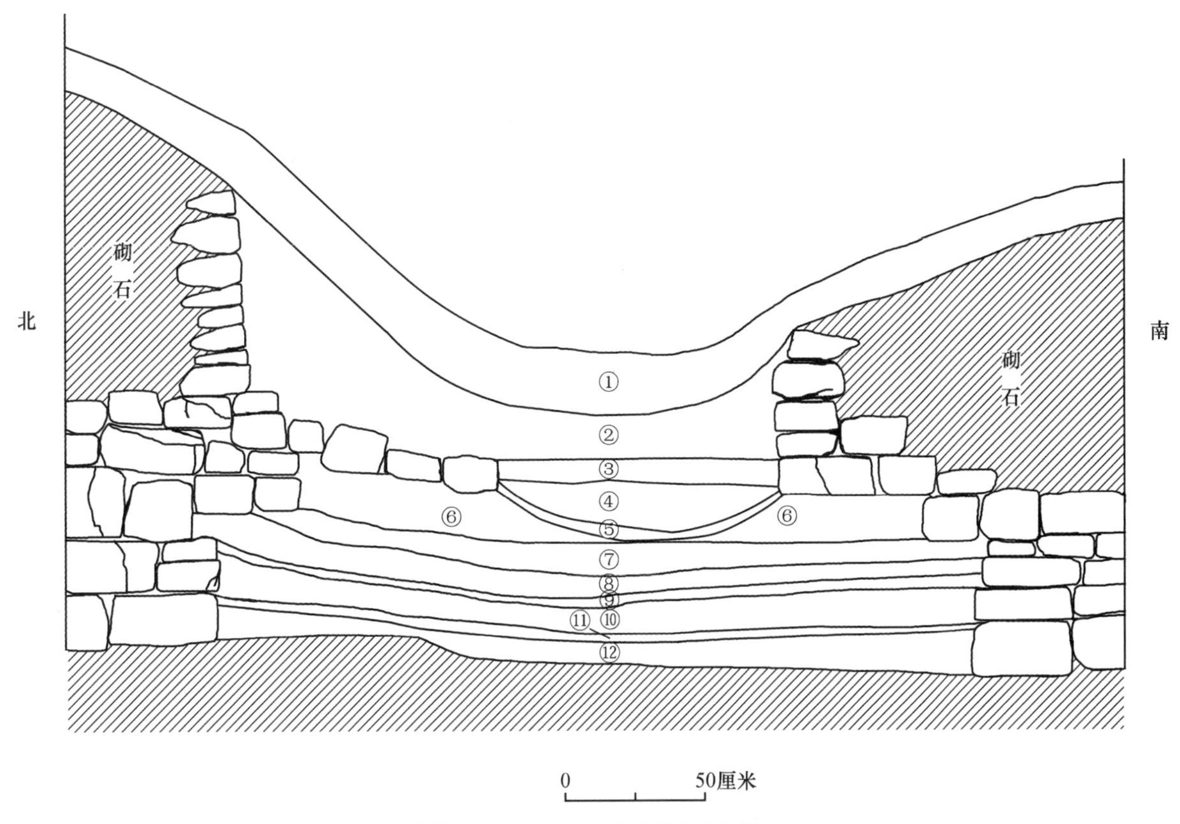

图一一　09TZTG5东壁地层剖面图

除了对城门址及其附属结构进行发掘外，2008年和2009年还分别对三号城门址门道内外两侧进行了发掘，布设探沟两条，编号为08TZTG3（内侧）和09TZTG7（外侧）。

08TZTG3　位于三号门门道内侧，方向正南北，发掘面积（6.5×20）平方米。地层堆积可分为两层：第1层，黑色淤积土，较为松散，颗粒较细，略含砂，富含水分和腐殖质，厚10～15厘米，发现陶片和铁器。第2层，浅灰色土，较为致密，颗粒较大，含砂，包含少量红烧土颗粒和炭粒，厚10～20厘米，出土陶片、石器等遗物。

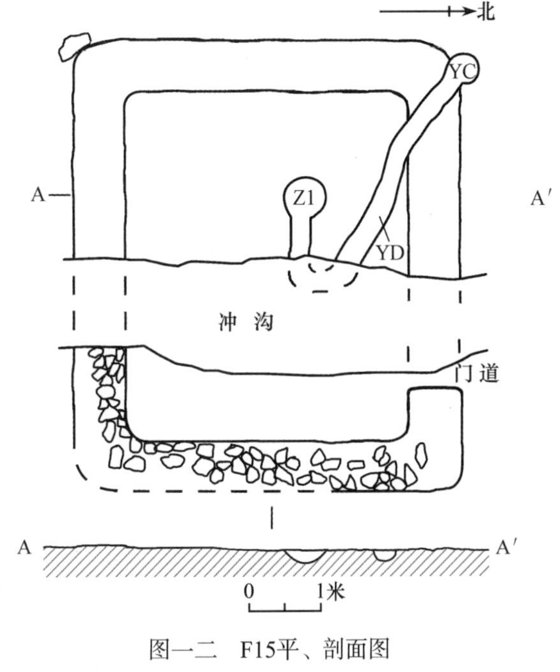

图一二　F15平、剖面图

出土遗物：

陶片按陶质可分为夹砂、泥质、夹砂夹云母三种，以夹砂陶为主；按陶色可分为灰色、灰褐色、黑褐色、红褐色、黄褐色、黑皮等，以灰褐色和黑皮数量较多；可辨器形有侈口罐、敛口罐、瓮、壶、钵等，铁器有铁镞、梭形器、马蹄铁等。

侈口罐　8件。均为大口罐。

Ab型　1件。08TZTG3②：6，口沿。残。泥质灰胎黑皮陶。侈口，圆唇，折沿外缘微盘，短束颈下划有一周浅凸弦纹带。轮制。口径42.1、残高8.3、壁厚0.6～0.8厘米（图一四，4）。

Ba型　2件。08TZTG3①：2，口沿。残。泥质灰陶。素面。侈口，平沿外缘略盘，斜方唇。轮制。口径32.9、残高4、壁厚0.3～0.5厘米（图一三，2）。08TZTG3①：4，口沿。残。夹砂灰胎黑皮陶，胎芯呈黑色。素面。侈口，平沿，方唇。轮制。口径38、残高9.6、壁厚0.6～0.8厘米（图一三，4）。

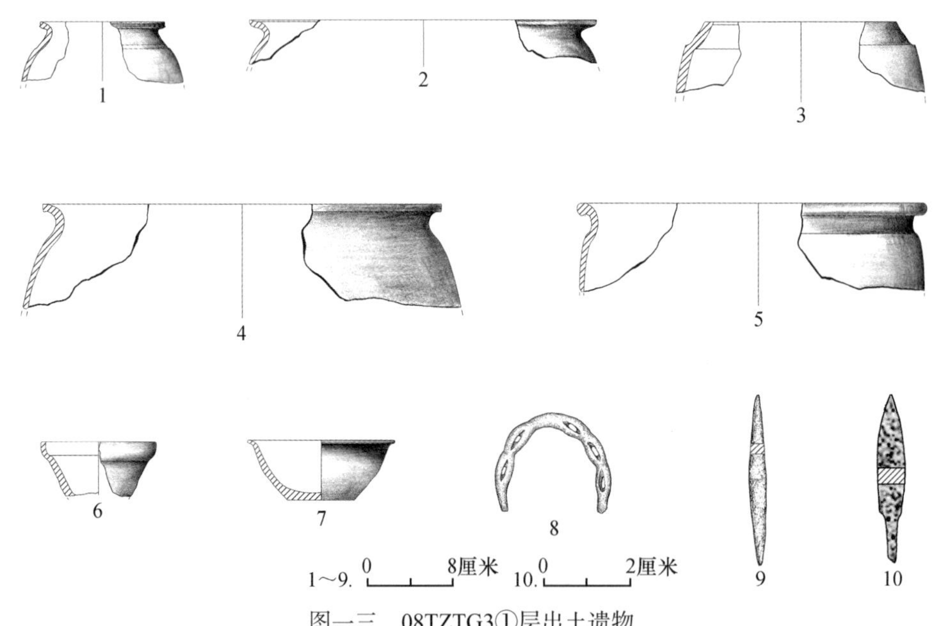

图一三　08TZTG3①层出土遗物

1. Bb型侈口罐（08TZTG3①：3）　2、4. Ba型侈口罐（08TZTG3①：2、08TZTG3①：4）　3. C型敛口罐（08TZTG3①：6）　5. D型侈口罐（08TZTG3①：1）　6、7. 陶钵（08TZTG3①：5、08TZTG3①：7）　8. B型马蹄铁（08TZTG3①：10）　9. 铁梭形器（08TZTG3①：9）　10. B型铁镞（08TZTG3①：8）

Bb型　2件。08TZTG3①：3，口沿。残。夹砂黑胎红褐陶。素面。侈口，平沿，重尖唇。轮制。口径11.9、残高5.7、壁厚0.3～0.5厘米（图一三，1）。08TZTG3②：9，口沿。残。泥质灰陶。侈口，圆唇。素面。轮制。口径28.3、残高3.9、壁厚0.8～1厘米（图一四，3）。

C型　2件。08TZTG3②：1，口沿。残。泥质灰胎黑皮陶，黑皮脱落。素面。侈口，圆唇。轮制。口径22、残高5.4、壁厚0.6～0.8厘米（图一四，1）。08TZTG3②：2，口沿。残。夹砂黄褐陶，胎芯局部呈灰色。素面。侈口，圆唇。轮制。口径17.6、残高3.5、壁厚0.5～0.7厘米（图一四，2）。

D型　1件。08TZTG3①：1，口沿。残。夹砂夹云母灰胎红褐皮陶。侈口，圆唇，折沿，短竖颈，直腹。素面。轮制，口径32.4、残高8.1、壁厚0.5～0.7厘米（图一三，5）。

敛口罐　1件。

C型　08TZTG3①：6，口沿。残。夹砂灰陶。素面。敛口，斜方唇。轮制。口径18、残高6.5、壁厚0.8～1厘米（图一三，3）。

陶瓮　2件。

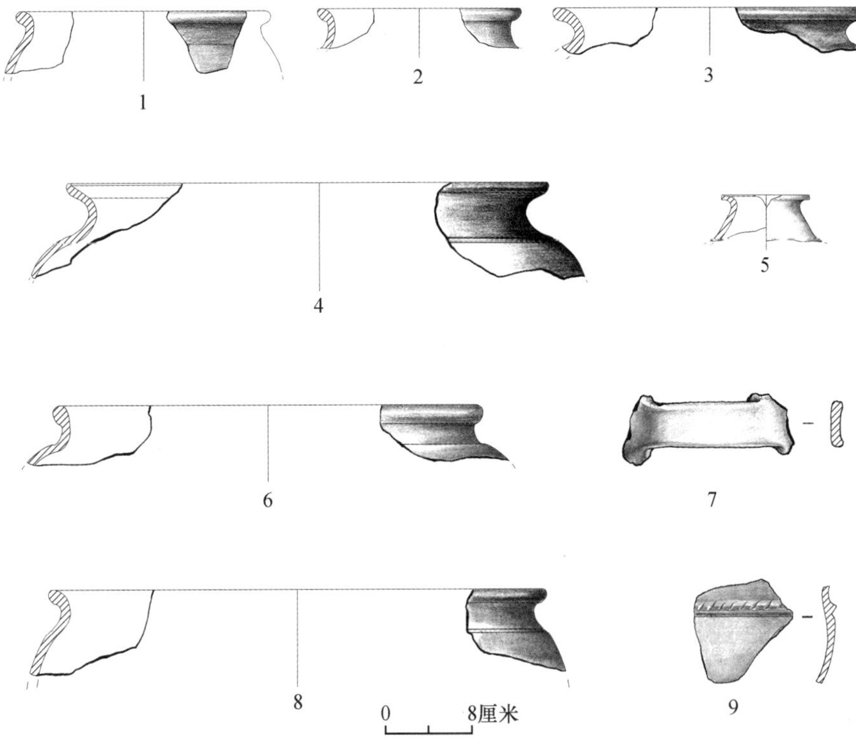

图一四　08TZTG3②层出土陶器

1、2. C型侈口罐（08TZTG3②：1、08TZTG3②：2）　3. Bb型侈口罐（08TZTG3②：9）　4. Ab型侈口罐（08TZTG3②：6）　5. 壶（08TZTG3②：3）　6. B型瓮（08TZTG3②：4）　7. 器耳（08TZTG3②：7）　8. A型瓮（08TZTG3②：5）　9. 纹饰陶片（08TZTG3②：8）

A型　1件。08TZTG3②：5，口沿。残。泥质灰陶。侈口，圆唇。短束颈下划有一周浅弦纹带。轮制。口径43.5、残高7.3、壁厚0.8～1厘米（图一四，8）。

B型　1件。08TZTG3②：4，口沿。残。夹砂红褐胎灰褐皮陶。素面。侈口，圆唇，卷沿，短束颈。轮制。口径37.1、残高4.9、壁厚0.5～0.8厘米（图一四，6）。

陶壶　1件。08TZTG3②：3，口沿。残。夹砂夹云母红褐胎黑皮陶。素面。口稍侈，方唇，平沿外缘略上翘呈盘状。轮制。口径8、残高4.1、壁厚0.4～0.6厘米（图一四，5）。

陶钵　2件。08TZTG3①：5，残。夹砂夹云母灰陶。素面。盘口微敛，抹角方唇，斜腹。轮制。口径10.8、底径6、残高5、壁厚0.4～0.9厘米（图一三，6）。08TZTG3①：7，残。夹砂灰陶。素面。敞口，尖唇，斜腹，平底。轮制。口径14、底径6.3、高5.4、壁厚0.5～1厘米（图一三，7；图版三六，1）。

器耳　1件。08TZTG3②：7，残。夹砂黄褐胎黑皮陶。横桥形，上窄下宽。素面。手制。跨度12.5、面宽3.9、壁厚0.7～0.8厘米（图一四，7）。

纹饰陶片　1件。08TZTG3②：8，属陶器颈肩部残片。夹砂黄褐胎黑皮陶。短颈下方凸出一周绳纹带。轮制。残长9、残宽8.9、壁厚0.5～0.7厘米（图一四，9）。

铁镞　1件。

B型　08TZTG3①：8，铁质。完好。矛形锋，锋截面呈矩形，长2.7厘米。铤呈四棱形，长1.2厘米（图一三，10）。

铁棱形器　1件。08TZTG3①：9，铁质。稍残。长15.8厘米，最宽处14、最厚处13厘米。截面呈矩形，宽度和厚度由四棱器身中部向两端递减，至端处呈尖状（图一三，9；图版四二，3）。

马蹄铁　1件。

B型　08TZTG3①：10，铁质。完好。C形，上有五个长方形钉孔，内侧平，外侧磨损严重。锻制。通长22、宽0.7～1.8、厚0.3～0.9、孔径9.4厘米（图一三，8；图版三九，1）。

09TZTG7　位于三号城门址门道外侧的瓮城内，接近西侧门道口，方向正南北，发掘面积（7×12）平方米。地层堆积可分为四层：第1层为表土层，为黑灰色，富含腐殖质，夹杂大量经火烧过的石块、木炭等，石块有长条形块石和楔形石，应为倒塌堆积，出土陶片和铁器；第2层为灰褐色黏土，夹杂少量石块、烧土粒，出土陶片、铁器、铜器、石器等遗物；第3层为黑褐色黏土，包含大量木炭粒、烧土粒、灰烬，出土少量陶片；第4层呈红褐色，包含大量烧土、烧石、木炭颗粒，出土陶纺轮和铁器等遗物；第4层下为瓮城地面。

出土遗物：

出土陶器按陶质可分为夹砂、泥质、夹砂夹云母三种，以夹砂陶为主；按陶色可分为灰色、灰褐色、黑褐色、红褐色、黄褐色、黑皮等，以灰褐色和灰色数量较多；可辨器形有侈口罐、敛口罐、直口罐、叠唇罐、瓮、甑、钵、器盖、纺轮等，铁器有铁镞、铁钉、铁刀、铁甲片、蹄铁等，玉石器有砺石、玉环等。

陶侈口罐　5件。均为大口罐。

Ba型　1件。09TZTG7①：9，口沿。残。泥质黄褐胎黑皮陶。侈口，抹角方唇中部划有浅凹弦纹一周，折沿边缘略盘，短颈。轮制。口径33.7、残高3.2、壁厚0.4～0.5厘米（图一五，6）。

Bb型　3件。09TZTG7①：6，口沿。残。夹砂黄褐陶，胎芯泛灰。侈口，方唇中部及折沿边缘各划有浅凹槽一周，短直颈，鼓肩，肩颈部划有浅凸棱一周。轮制。口径16、残高3.6、壁厚0.5～0.8厘米（图一五，1）。09TZTG7①：8，口沿。残。泥质灰陶。侈口，圆唇，卷沿，短颈上划有竖条纹，溜肩。轮制。口径22、残高8.3、壁厚0.6～0.7厘米（图一五，4）。09TZTG7②：4，口沿。残。夹砂红褐陶。侈口，尖唇，卷沿，短颈。素面。轮制。口径40、残高4.1、壁厚0.7～0.8厘米（图一六，2）。

C型　1件。09TZTG7②：2，口沿。残。泥质灰陶。侈口，圆唇，卷沿下侧划有浅凹槽一周，短直颈。轮制。口径32.8、残高5.7、壁厚0.8～1厘米（图一六，1）。

陶敛口罐　2件。

B型　09TZTG7①：2，口沿。残。夹砂灰胎黑皮陶。敛口，方唇，广肩。素面。轮制。口径18、残高2.6、壁厚0.7～0.8厘米（图一五，5）。09TZTG7①：3，口沿。残。夹砂黄褐胎黑皮陶。敛口，方唇，短直颈，鼓肩。素面。轮制。口径22、残高3.5、壁厚0.7～0.8厘米（图一五，7）。

陶直口罐　1件。

B型　09TZTG7②：9，口沿。残。夹砂灰陶。直口，方唇，短颈下划有浅凸弦纹一周。轮制。口径17.9、残高4.7、壁厚0.8～0.9厘米（图一六，4）。

陶叠唇罐　1件。

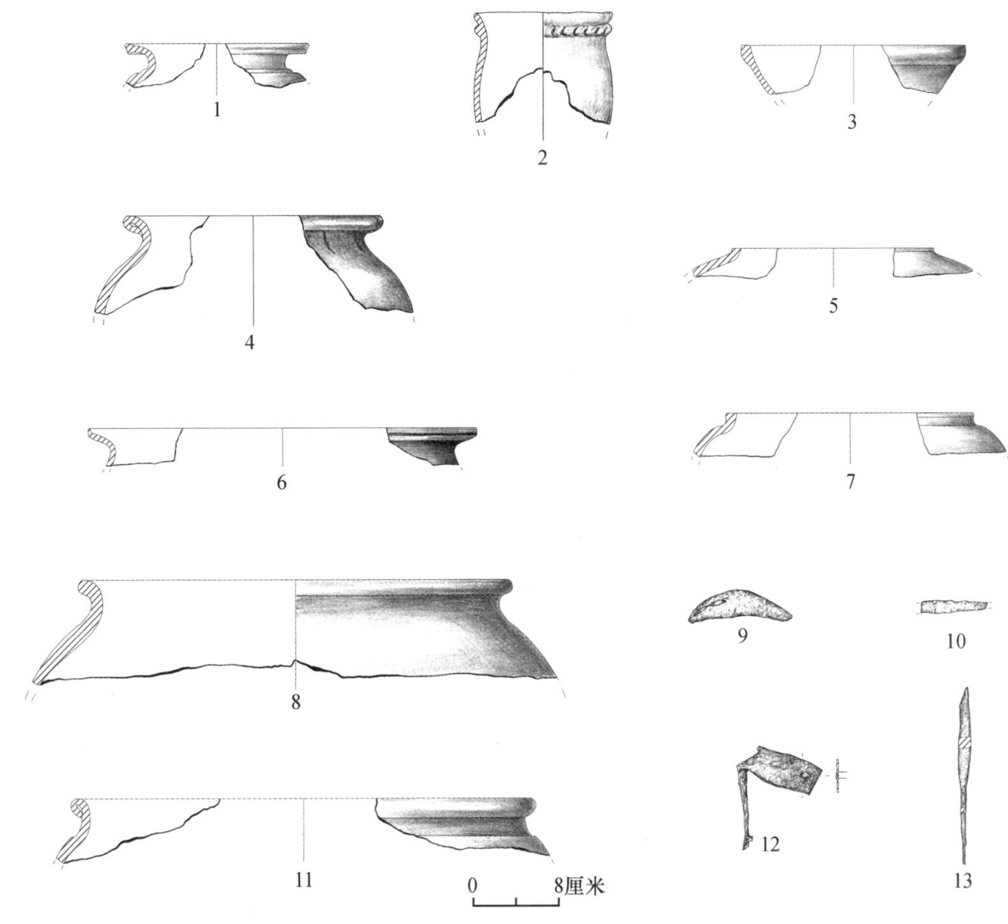

图一五　09TZTG7①层出土遗物

1、4. Bb型陶侈口罐（09TZTG7①：6、09TZTG7①：8）　2. A型陶叠唇罐（09TZTG7①：7）　3. 陶钵（09TZTG7①：5）　5、7. B型陶敛口罐（09TZTG7①：2、09TZTG7①：3）　6. Ba型陶侈口罐（09TZTG7①：9）　8、11. B型陶瓮（09TZTG7①：1、09TZTG7①：4）　9. A型蹄铁（09TZTG7①：10）　10. 铁刀（09TZTG7①：11）　12. 铁箍带（09TZTG7①：12）　13. F型铁镞（09TZTG7①：13）

A型　09TZTG7①：7，口沿。残。夹砂红褐陶。器体受热不均，局部呈黑色。侈口，重唇，下部有刻划纹，直腹微鼓。素面。手制。口径12、残高9.6、壁厚0.5～0.7厘米（图一五，2）。

陶瓮　7件。

A型　3件。09TZTG7②：5，口沿。残。夹砂黄褐胎黑皮陶。侈口，尖唇，卷沿，束颈，鼓肩。素面。轮制。口径52、残高5.7、壁厚0.6～0.8厘米（图一六，3）。09TZTG7②：10，口沿。残。夹砂红褐胎黑皮陶，黑皮有脱落。侈口，抹角方唇，卷沿，束颈。素面。轮制。口径48、残高4.6、壁厚0.7～0.9厘米（图一六，8）。09TZTG7③：1，口沿。残。泥质灰陶。侈口，圆唇，卷沿，短颈，鼓肩稍折。素面。轮制。口径29.4、残高4.7、壁厚0.7～0.8厘米（图一八，1）。

B型　4件。09TZTG7①：1，口沿。残。泥质灰陶。侈口，圆唇，卷沿，短颈上刻有戳印纹，溜肩稍折。轮制。口径40、残高8.7、壁厚0.7～1.3厘米（图一五，8）。09TZTG7①：4，口沿。残。泥质灰胎黑皮陶，胎芯呈灰色，黑皮脱落。侈口，圆唇，卷沿，短颈，肩稍折。

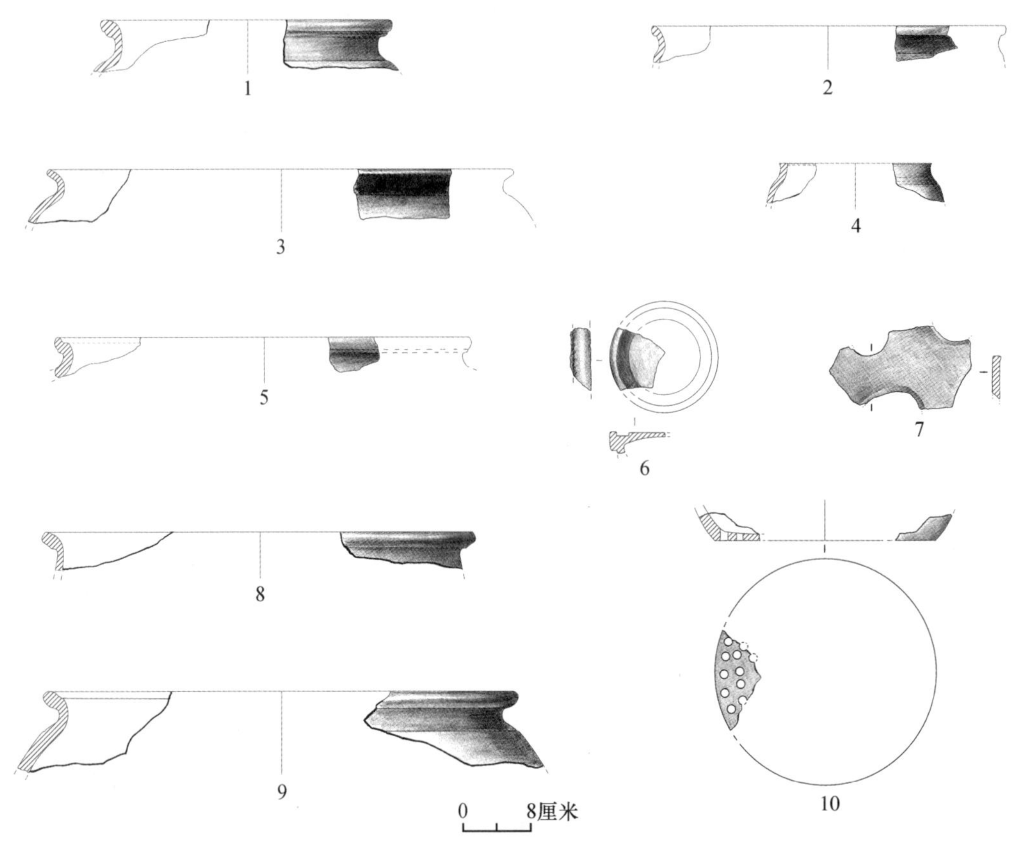

图一六　09TZTG7②层出土陶器

1. C型侈口罐（09TZTG7②：2）　2. Bb型侈口罐（09TZTG7②：4）　3、8. A型瓮（09TZTG7②：5、09TZTG7②：10）　4. B型直口罐（09TZTG7②：9）　5、9. B型瓮（09TZTG7②：1、09TZTG7②：3）　6. 砚台（09TZTG7②：12）　7. A型甑（09TZTG7②：8）　10. B型甑（09TZTG7②：23）

素面。轮制。口径42、残高5.2、壁厚0.7～0.9厘米（图一五，11）。09TZTG7②：1，口沿。残。泥质红陶，胎芯泛灰。侈口，方唇，折沿边缘略盘，口沿外侧下方划有凸棱一周，短颈。轮制。口径46、残高4.2、壁厚0.9～1.3厘米（图一六，5）。09TZTG7②：3，口沿。残。夹砂灰胎黑皮陶。侈口，圆唇，卷沿，短颈，鼓肩，肩颈部划有浅凹弦纹一周。轮制。口径52、残高8、壁厚0.8～1.3厘米（图一六，9）。

陶甑　2件。

A型　1件。09TZTG7②：8，甑底。残。夹砂灰陶。平底有圆形穿孔，多由单面穿凿。素面。轮制。残长16.5、残宽9.7、壁厚0.8厘米（图一六，7）。

B型　1件。09TZTG7②：23，甑底。残。泥质灰陶。平底有圆形小穿孔，孔单面穿凿。斜腹下方划有浅凹弦纹一周。轮制。底径24、残高2.8、壁厚0.7～1.2厘米（图一六，10）。

陶钵　1件。09TZTG7①：5，口沿。残。泥质灰陶。敞口，方唇，卷沿外凸，斜腹。素面。轮制。口径20、残高4.2、壁厚0.4～0.6厘米（图一五，3）。

陶器盖　1件。09TZTG7③：3，残。夹砂夹云母灰褐陶。敞口，尖唇，顶部较平。素面。手制。口径29.6、残高2.8、壁厚0.5～1厘米（图一八，2）。

陶纺轮　1件。09TZTG7④：53，完整。夹砂黄褐胎灰皮陶。圆形，一面平，一面略凹，中有圆形穿孔，一面穿凿。素面。轮制。直径8、孔径1.5、壁厚1～1.1厘米（图一八，4）。

纹饰陶片　2件。09TZTG7②：6，残。夹砂灰胎黑皮陶。弧形。素面。手制。残长7.2、残宽6.2、壁厚1.1～1.3厘米（图一七，1）。09TZTG7②：11，残。泥质黄褐胎灰皮陶。器表布满菱形网格纹。轮制。残长9.4、残宽5.7、壁厚0.9～1.2厘米（图一七，2）。

圆形陶片　1件。09TZTG7②：7，残。泥质黄褐胎黑皮陶。圆形，面略凹。素面。用陶器器壁残块打制而成。径5.4、厚0.8厘米（图一七，3）。

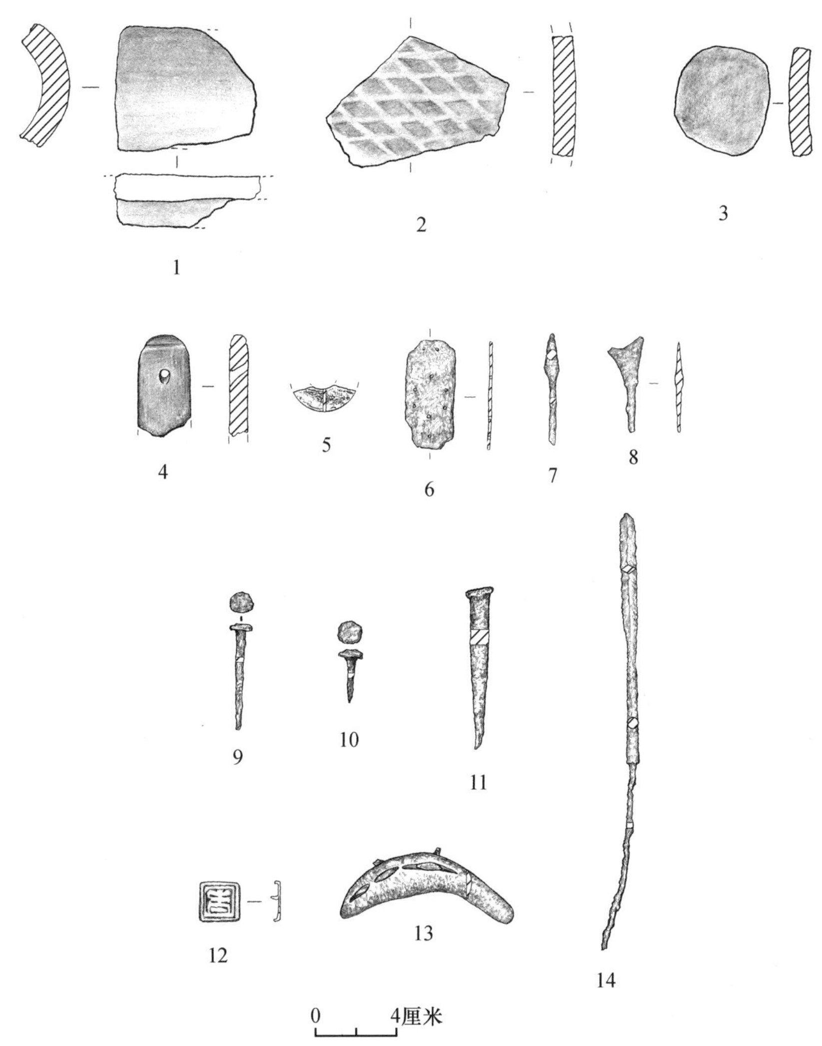

图一七　09TZTG7②层出土遗物

1、2. 纹饰陶片（09TZTG7②：6、09TZTG7②：11）　3. 圆形陶片（09TZTG7②：7）　4. 砺石（09TZTG7②：19）　5. 玉环（09TZTG7②：24）　6. 铁甲片（09TZTG7②：16）　7. F型铁镞（09TZTG7②：14）　8. E型铁镞（09TZTG7②：22）　9、10. A型铁钉（09TZTG7②：13、09TZTG7②：15）　11. B型铁钉（09TZTG7②：18）　12. 铜饰件（09TZTG7②：21）　13. A型蹄铁（09TZTG7②：20）　14. Ab型铁镞（09TZTG7②：17）

陶砚台　1件。09TZTG7②：12，残。泥质灰陶。浅盘状，器表边缘有凹槽一周，底部下方刻有斜线纹。轮制。底径12.9、残高2.5、壁厚0.4～1.6厘米（图一六，6）。

陶器底　1件。09TZTG7③：2，残。夹砂夹云母灰胎黄褐皮陶。圆形平底，斜腹。素面。

轮制。底径19.5、残高11.5、壁厚0.5～0.9厘米（图一八，3）。

铁镞　45件。

Aa型　22件。09TZTG7④：1，铁质。残。矛形锋镞，菱形长锋，圆形关，方锥形铤已弯曲，镞身表面有一层防锈层。铸制。锋长8.3、宽1.1、厚0.6厘米，关长5.7、直径0.5～0.8厘米，铤残长4.6、最宽处0.4厘米（图一九，7；图版四六，1）。09TZTG7④：2，铁质。残。矛形锋镞，菱形长锋，圆形关，方锥形铤已弯曲，镞身表面有一层防锈层。铸制。锋长6.9、宽1.3、厚0.5厘米，关长6、直径0.8～1厘米，铤长17、最宽处0.5厘米（图一九，8；图版四六，2）。09TZTG7④：3，铁质。残。矛形锋镞，菱形长锋，圆形关，方锥形铤稍弯曲，表面有一层防锈层。铸制。锋长6.9、宽1、厚0.4厘米，关长6.1、直径0.7～1厘米，铤残长8.5、最宽处0.4厘米（图一九，9；图版四六，3）。09TZTG7④：6，铁质。较完整。矛形锋镞，菱形长锋，圆形关，方锥形铤已弯曲，表面有一层防锈层。铸制。锋长7.1、宽1.1、厚0.4厘米，关长6、直径0.8～1厘米，铤残长2.6、最宽处0.7厘米（图一九，11；图版四六，4）。09TZTG7④：12，铁质。残。矛形锋镞，菱形长锋，圆形关，四棱形铤已严重扭曲为

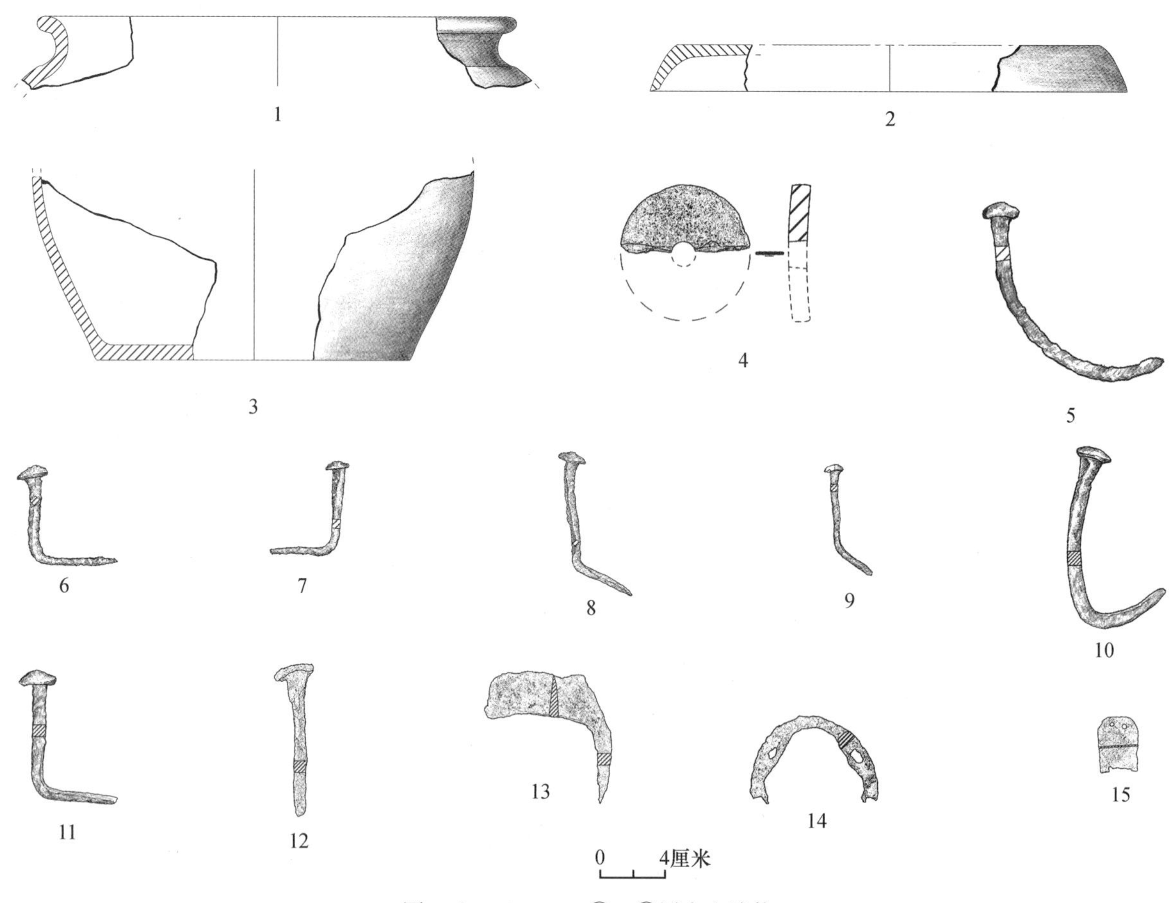

图一八　09TZTG7③、④层出土遗物

1. A型陶瓮（09TZTG7③：1）　2. 陶器盖（09TZTG7③：3）　3. 陶器底（09TZTG7③：2）　4. 陶纺轮（09TZTG7④：53）　5～12. A型铁钉（09TZTG7④：9、09TZTG7④：10、09TZTG7④：11、09TZTG7④：17、09TZTG7④：20、09TZTG7④：22、09TZTG7④：23、09TZTG7④：49）　13. 铁刀（09TZTG7④：50）　14. B型蹄铁（09TZTG7④：52）　15. 铁甲片（09TZTG7④：51）

不规则螺旋环状。铸制。锋长8.2、宽0.9、厚0.5厘米，关长4.6、直径0.6～0.9厘米，铤长17、最宽处0.8厘米（图二〇，2；图版四六，5）。09TZTG7④：13，铁质。完整。矛形锋镞，菱形长锋，圆形关，方锥形铤已弯曲。铸制。锋长7.5、宽0.8、厚0.4厘米，关长6.1、直径0.5～0.8厘米，铤长10.2、最宽处0.6厘米（图二〇，3；图版四六，6）。09TZTG7④：14，铁质。残。矛形锋镞，菱形长锋，圆形关，方锥形铤已弯曲。铸制。锋长6.1、宽1.1、厚0.5厘米，关长6.8、直径0.5～0.7厘米，铤长9.2、最宽处0.4厘米（图二〇，4；图版四六，7）。09TZTG7④：18，铁质。完整。矛形锋镞，菱形长锋，圆形关，方锥形铤已弯曲。铸制。锋

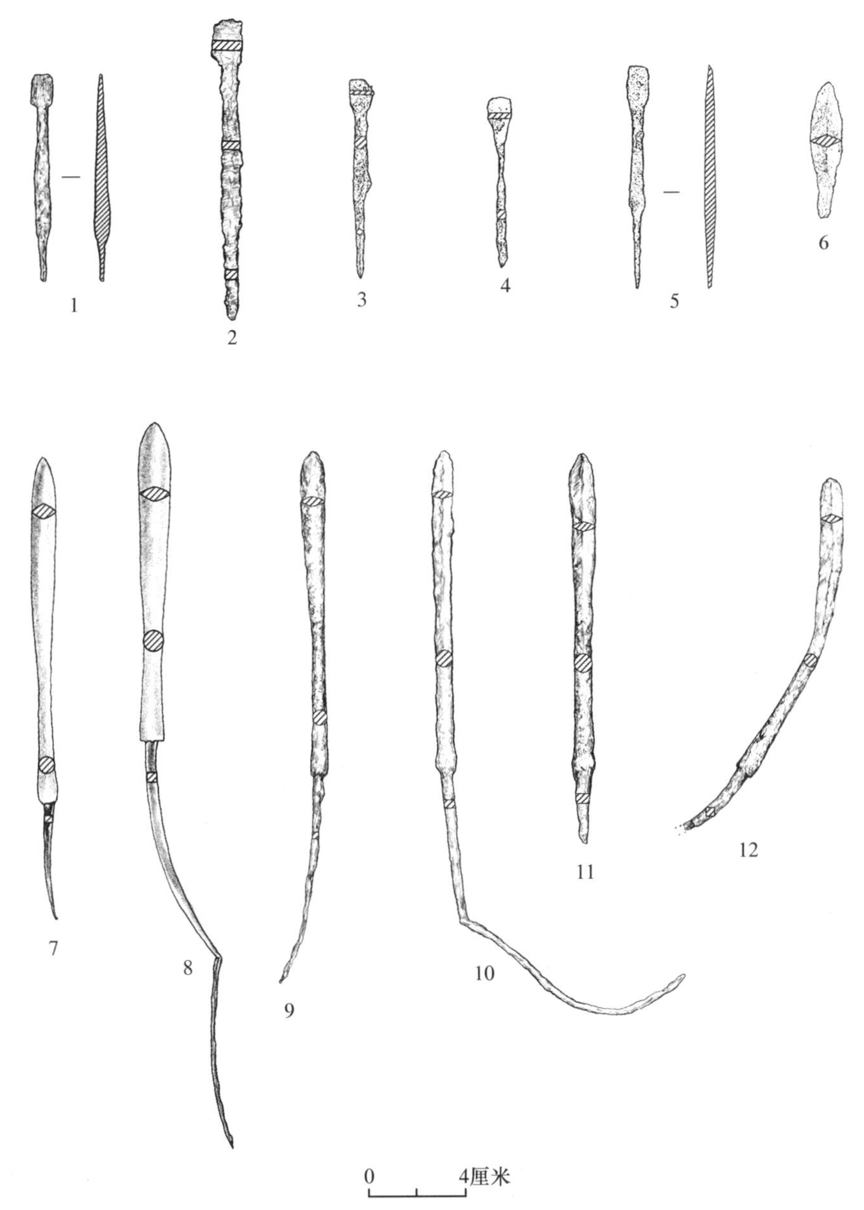

图一九　09TZTG7④层出土铁镞

1～5. C型（09TZTG7④：4、09TZTG7④：15、09TZTG7④：30、09TZTG7④：46、09TZTG7④：47）
6. B型（09TZTG7④：48）　7～9、11. Aa型（09TZTG7④：1、09TZTG7④：2、09TZTG7④：3、09TZTG7④：6）
10、12. Ab型（09TZTG7④：5、09TZTG7④：7）

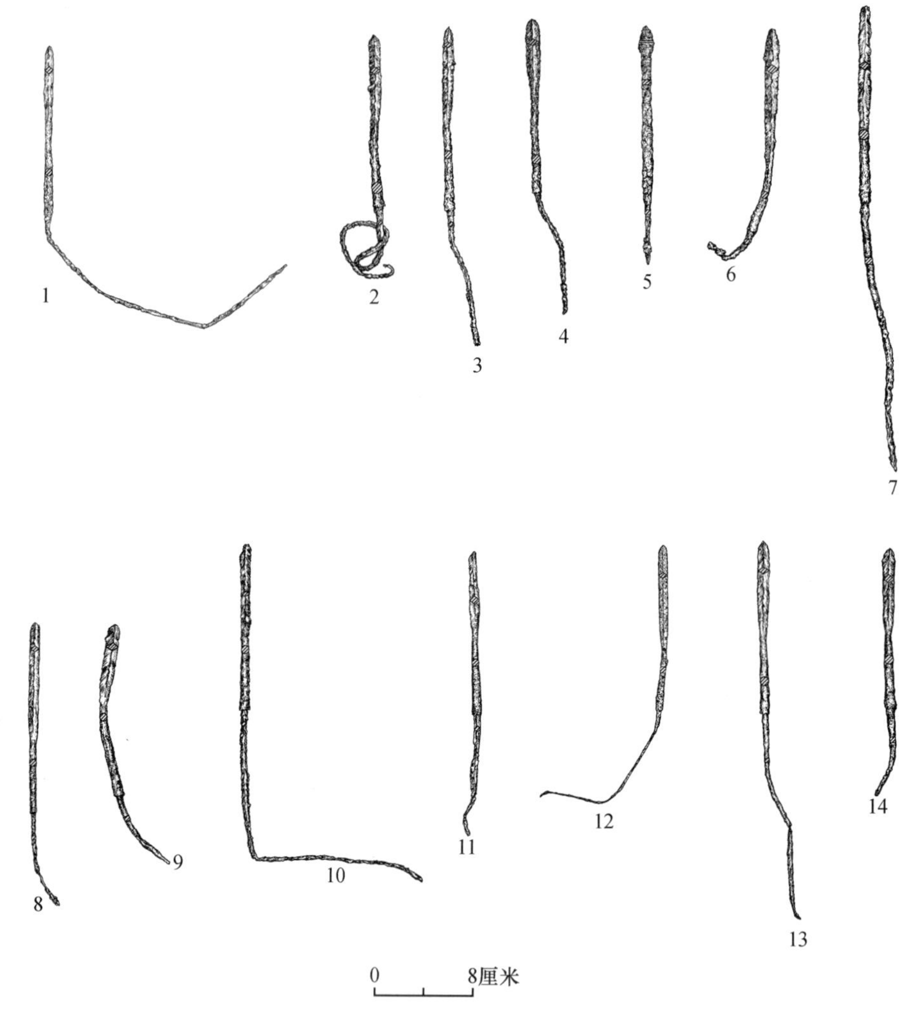

图二〇　09TZTG7④层出土铁镞

1、7、9、11、13、14. Ab型（09TZTG7④：8、09TZTG7④：19、09TZTG7④：24、09TZTG7④：26、09TZTG7④：28、09TZTG7④：29）　2～4、6、8、10、12. Aa型（09TZTG7④：12、09TZTG7④：13、09TZTG7④：14、09TZTG7④：18、09TZTG7④：21、09TZTG7④：25、09TZTG7④：27）　5. C型（09TZTG7④：16）

长9.8、宽1.1、厚0.6厘米，关长5.5、直径0.5～0.8厘米，铤长4.7、最宽处0.6厘米（图二〇，6；图版四六，8）。09TZTG7④：21，铁质。完整。矛形锋镞，镞尖微残，菱形长锋，圆形关，方锥形铤已弯折。铸制。锋长8.5、宽0.8、厚0.4厘米，关长5.9、直径0.5～0.6厘米，铤残长7.3、最宽处0.4厘米（图二〇，8；图版四七，1）。09TZTG7④：25，铁质。残。矛形锋镞，镞尖微残，菱形长锋，圆形关，方锥形铤已弯曲。铸制。锋残长6.8、宽0.9、厚0.4厘米，关长5.6、直径0.6～0.9厘米，铤长24.3、最宽处0.5厘米（图二〇，10；图版四七，2）。09TZTG7④：27，铁质。残。矛形锋镞，菱形长锋，圆形关，方锥形铤已弯曲，镞身表面防锈层呈黄白色锈蚀状，已脱落。铸制。锋长7.8、宽0.7、厚0.4厘米，关长4.5、直径0.4～0.6厘米，铤长12.9、最宽处0.3厘米（图二〇，12；图版四七，3）。09TZTG7④：31，铁质。完整。矛形锋镞，菱形长锋，圆形关，方锥形铤稍弯曲。铸制。锋长10.7、宽0.8、厚0.5厘米，关长3.6、直径0.6～0.8厘米，铤长6、最宽处0.6厘米（图二一，1；图版四七，4）。

09TZTG7④：32，铁质。残。矛形锋镞，菱形长锋，圆形关，四棱形铤已稍折。铸制。锋长8.3、宽0.9、厚0.4厘米，关长6.1、直径0.6～0.8厘米，铤残长2.9、厚0.2、最宽处0.5厘米（图二一，2；图版四七，5）。09TZTG7④：34，铁质。完整。矛形锋镞，菱形长锋，圆形关，方锥形铤。铸制。锋长5.6、宽0.7、厚0.4厘米，关长3.1、直径0.4～0.6厘米，铤残长7.6、最宽处0.4厘米（图二一，4；图版四七，6）。09TZTG7④：35，铁质。残。矛形锋镞，菱形长锋，圆形关，方锥形铤。锋长5.8、宽0.5、厚0.2厘米，关长3.6、直径0.3～0.4厘米，铤残长3.4、最宽处0.3厘米（图二一，5；图版四七，7）。09TZTG7④：36，铁质。残。矛形锋镞，菱形长锋，圆形关已折，方锥形铤，表面有一层防锈层。铸制。锋长9.5、宽0.8、厚0.6厘米，关长5.7、直径0.5～0.8厘米，铤残长7.3、最宽处0.5厘米（图二一，6；图版四七，8）。09TZTG7④：37，铁质。残。矛形锋镞，菱形长锋，圆形关，方锥形铤，弯折严重。铸制。锋

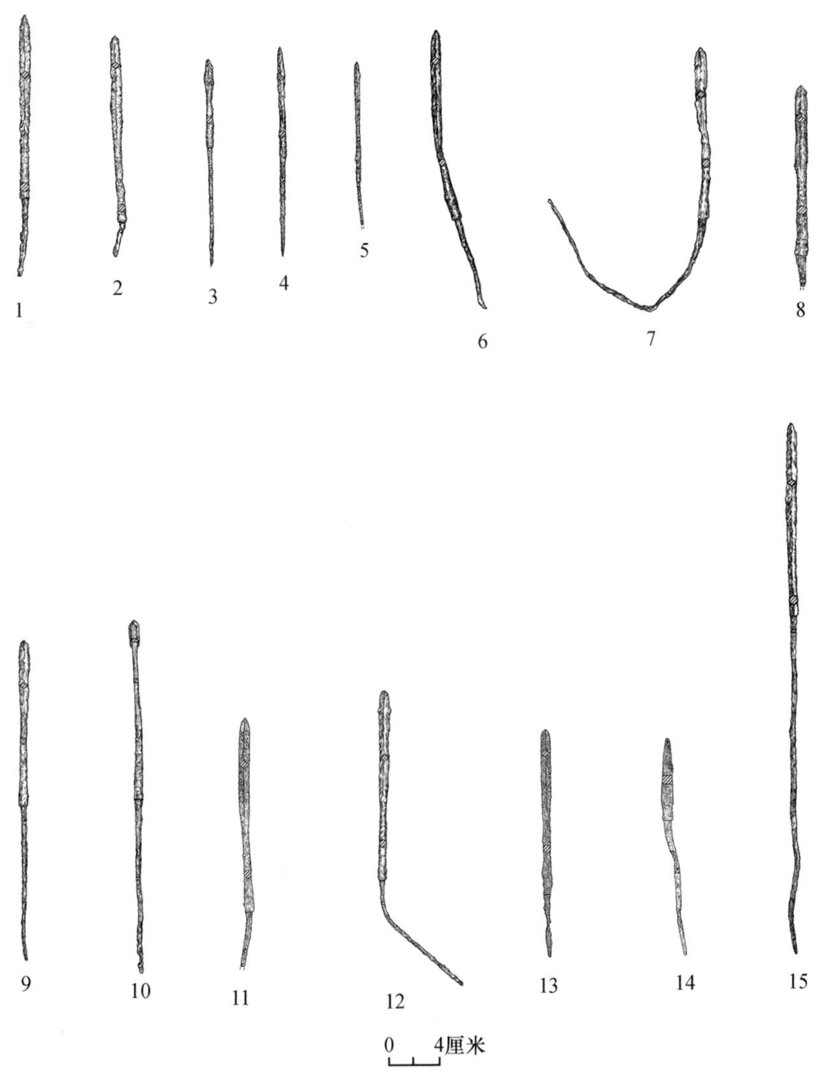

图二一 09TZTG7④层出土铁镞

1、2、4～8、11～13、15. Aa型（09TZTG7④：31、09TZTG7④：32、09TZTG7④：34、09TZTG7④：35、09TZTG7④：36、09TZTG7④：37、09TZTG7④：38、09TZTG7④：41、09TZTG7④：42、09TZTG7④：43、09TZTG7④：44）3、9. Ab型（09TZTG7④：33、09TZTG7④：39） 10. D型（09TZTG7④：40） 14. F型（09TZTG7④：45）

长7.4、宽0.8、厚0.6厘米，关长5.9、直径0.6～0.9厘米，铤残长21、最宽处0.6厘米（图二一，7；图版四八，1）。09TZTG7④：38，铁质。残。矛形锋镞，菱形长锋，圆形关，方锥形铤。铸制。锋长6.9、宽0.9、厚0.5厘米，关长6.4、直径0.7～1厘米，铤残长2.5、最宽处0.7厘米（图二一，8；图版四八，2）。09TZTG7④：41，铁质。残。矛形锋镞，菱形长锋，圆形关，方锥形铤已弯折。铸制。锋长7.8、宽0.8、厚0.5厘米，关长7.4、直径0.5～0.7厘米，铤残长4.2、最宽处0.5厘米（图二一，11；图版四八，3）。09TZTG7④：42，铁质。残。矛形锋镞，菱形长锋，圆形关，方锥形铤已弯折。铸制。锋长8.6、宽0.8、厚0.6厘米，关长6.3、直径0.5～0.7厘米，铤残长10.8、最宽处0.4厘米（图二一，12；图版四八，4）。09TZTG7④：43，铁质。完整。矛形锋镞，菱形锋，圆形关，方锥形铤。铸制。锋长6.5、宽1、厚0.2厘米，关长5.7、直径0.6～0.8厘米，铤残长5.5、最宽处0.6厘米（图二一，13；图版四八，5）。09TZTG7④：44，铁质。完整。矛形锋镞，菱形长锋，圆形关，方锥形铤已弯折。铸制。锋长9.3、宽0.9、厚0.5厘米，关长5.7、直径0.6～0.7厘米，铤残长26.3、最宽处0.5厘米（图二一，15；图版四八，6）。

Ab型　11件。

09TZTG7②：17，铁质。完整。矛形锋镞，菱形长锋，圆形关，方锥形铤稍弯曲。铸制。锋长6.2、宽0.8、厚0.5厘米，关长6.3、直径0.4～0.6厘米，铤长9.3、最宽处0.3厘米（图一七，14；图版四九，1）。09TZTG7④：5，铁质。残。矛形锋镞，菱形长锋，圆形关，方锥形铤已弯曲。铸制。锋长6.1、宽0.8、厚0.3厘米，关长6.8、直径0.6～0.8厘米，铤长16.6、最宽处0.5厘米（图一九，10；图版四九，2）。09TZTG7④：7，铁质。残。矛形锋镞，菱形长锋，圆形关，方锥形铤稍弯曲，表面有一层防锈层。铸制。锋长6.2、宽1、厚0.4厘米，关长6.5、直径0.5～0.9厘米，铤长3.5、最宽处0.5厘米（图一九，12；图版四九，3）。09TZTG7④：8，铁质。完整。矛形锋镞，菱形长锋，圆形关，方锥形铤已弯曲。铸制。锋长5.8、宽0.7、厚0.6厘米，关长6、直径0.5～0.7厘米，铤长23.3、最宽处0.5厘米（图二〇，1；图版四九，4）。09TZTG7④：19，铁质。较完整。矛形锋镞，镞尖微残，菱形长锋，圆形关，方锥形铤已弯曲，铸制。锋残长8.4、宽1、厚0.7厘米，关长10、直径0.7～0.8厘米，铤长19.9、最宽处0.7厘米（图二〇，7；图版四九，5）。09TZTG7④：24，铁质。完整。矛形锋镞，菱形长锋，圆形关，方锥形铤，镞锋及镞铤已弯曲。铸制。锋长6、宽1、厚0.6厘米，关长6.9、直径0.6～0.8厘米，铤长6.5、最宽处0.5厘米（图二〇，9；图版四九，6）。09TZTG7④：26，铁质。残。矛形锋镞，镞尖微残，菱形长锋，圆形关，方锥形铤已弯曲，表面有一层防锈层。铸制。锋残长5.6、宽0.7、厚0.5厘米，关长6.4、直径0.5～0.8厘米，铤残长9.1、最宽处0.5厘米（图二〇，11；图版四九，7）。09TZTG7④：28，铁质。完整。矛形锋镞，菱形长锋，圆形关，方锥形铤已弯曲。铸制。锋长6.8、宽1、厚0.5厘米，关长6、直径0.6厘米，铤长15.4、最宽处0.5厘米（图二〇，13；图版四九，8）。09TZTG7④：29，铁质。残。矛形锋镞，菱形长锋，圆形关及方锥形铤已弯曲。铸制。锋长5.8、宽0.9、厚0.6厘米，关长6.1、直径0.4～0.9厘米，铤长6.8、最宽处0.6厘米（图二〇，14；图版四九，9）。09TZTG7④：33，铁质。残。矛形锋镞，菱形短锋，圆形关，四棱形铤已裂为两段，铸制，锋长3.2、宽0.7、厚0.5厘米，关长3.6、直径0.4～0.6厘米，铤残长9.2、厚0.3、最宽处0.4厘米（图二一，3；图版四九，10）。

09TZTG7④：39，铁质。完整。矛形锋镞，镞尖微残，菱形长锋，圆形关，方锥形铤，表面有一层防锈层。铸制。锋长5.5、宽0.9、厚0.5厘米，关长7.3、直径0.5～0.8厘米，铤残长12、最宽处0.5厘米（图二一，9；图版四九，11）。

B型　1件。09TZTG7④：48，铁质。残。锈蚀严重，叶形锋，锋剖面呈椭圆形，尾折收，方锥形铤。锻制。通长5.5、锋长4.4、宽1.33厘米（图一九，6）。

C型　6件。09TZTG7④：4，铁质。残。铲形锋镞，短平锋，长方形关，方锥形铤。铸制。锋残长1.3、宽0.9、厚0.3厘米，关长5.3、直径0.5～0.7厘米，铤残长1.8、最宽处0.4厘米（图一九，1）。09TZTG7④：15，铁质。较完整。铲形锋镞，矩形短锋，长方形关，方锥形铤，锋刃弧形。铸制。锋长1.9、宽1.3、厚0.4厘米，关长6.9、宽0.6～0.8、厚0.3厘米，铤残长3.3、最宽处0.6厘米（图一九，2；图版五一，3）。09TZTG7④：16，铁质。残。铲形锋镞，镞身呈椭圆形，两面扁平，矩形关，方锥形铤。铸制。锋残长2、宽1、厚0.2厘米，关长11.2、宽0.6、厚0.2～0.3厘米，铤长4.7、最宽处0.5厘米（图二〇，5；图版五一，4）。09TZTG7④：30，铁质。残。铲形锋镞，镞顶部稍残，圆形短锋，圆形关，四棱形铤。铸制。锋长1.3、宽1、厚0.2厘米，关长3.4、直径0.5～0.6厘米，铤残长3.3、厚0.2、最宽处0.5厘米（图一九，3；图版五一，5）。09TZTG7④：46，铁质。完整。铲形锋镞，矩形短锋，长方形关，方锥形铤。锻制。通长6.9、锋长1.5、宽0.9、铤宽0.4厘米（图一九，4）。09TZTG7④：47，铁质。完整。铲形锋镞，矩形短锋，长方形关，方锥形铤。通长9、锋长1.5、宽0.9、铤宽0.3厘米（图一九，5；图版五一，6）。

D型　1件。09TZTG7④：40，铁质。残。圭形锋镞，梯形短锋，长方形关下端有圆箍一周，方锥形铤。铸制。锋长2、宽0.8、厚0.3厘米，关长11.8、宽0.3～0.7厘米，铤残长13.5、最宽处0.6厘米（图二一，10；图版五二，1）。

E型　1件。09TZTG7②：22，铁质。残。长方形关，方锥形铤。铸制。锋残长2.5、铤长2.3厘米（图一七，8）。

F型　3件。09TZTG7①：13，铁质。完整。方锥形锋底部微束，四棱形关，方锥形铤。铸制。锋长8.6、宽1.1、厚0.9厘米，铤长6.5、最宽处0.5、厚0.4厘米（图一五，13；图版五二，4）。09TZTG7②：14，铁质。残。圆锥形锋镞，短锋，圆形铤。铸制。锋长2.6、宽0.9、厚0.6厘米，铤残长4、宽0.4、厚0.4厘米（图一七，7；图版五二，5）。09TZTG7④：45，铁质。完整。方锥形锋底部微束，方关，方锥形铤已弯折。铸制。锋长6.5、宽1、厚0.6厘米，铤长10.6、最宽处0.6、厚0.3厘米（图二一，14；图版五二，6）。

铁钉　11件。均为锻制。

A型　10件。09TZTG7②：13，铁质。完整。圆形钉帽，稍偏，四棱形钉身。钉帽径1.1、厚0.3厘米，钉身最宽0.5、长4.9厘米（图一七，9）。09TZTG7②：15，铁质。残。伞形钉帽，稍偏，四棱形钉身下端残。钉帽径1.2、厚0.4厘米，钉身最宽0.6、长2.2厘米（图一七，10；图版四三，1）。09TZTG7④：9，铁质。完整。伞形钉帽，稍偏，四棱形钉身下端弯折。钉帽径2.2、厚0.9厘米，钉身最宽1.2、长16.1厘米（图一八，5；图版四三，2）。09TZTG7④：10，铁质。完整。伞形钉帽，稍偏，四棱形钉身下端弯折呈L状。钉帽径1.9、厚0.7厘米，钉身最宽0.7、长9.9厘米（图一八，6；图版四三，3）。09TZTG7④：11，铁质。完整。伞形钉帽，稍偏，四棱形钉身下端弯折呈L状。钉帽径1.4、厚0.5厘米，钉身最宽0.8、长8.7厘米（图一八，7；图版四三，4）。09TZTG7④：17，铁质。完整。伞形钉帽，稍偏，四棱形钉身已弯折，趋尖。钉帽径1.8、厚0.6厘米，钉身最宽0.7、厚0.4、长9.9厘米（图一八，8；图版四三，5）。09TZTG7④：20，铁质。残。伞形钉帽，稍偏，微残，四棱形钉身已弯折，下尖残。钉帽径1.1、厚0.4厘米，钉身最宽0.5、厚0.4、残长7.2厘米（图一八，9；图版四三，6）。09TZTG7④：22，铁质。完整。伞形钉帽，稍偏，四棱形钉身下端弯折为钩状，钉帽和钉身包有防锈涂层。钉帽径2.2、厚0.6厘米，钉身最宽0.9、长15厘米（图一八，10；图版四四，1）。09TZTG7④：23，铁质。完整。伞形钉帽，稍偏，四棱形钉身下端弯折呈L状。钉帽径2.2、厚0.9厘米，钉身最宽0.8、长10.8厘米（图一八，11；图版四四，2）。09TZTG7④：49，铁质。残。圆平钉帽，四棱形钉身。通长9.24、钉帽径2.5、钉身长8.3、最宽0.7厘米（图一八，12）。

B型　1件。09TZTG7②：18，铁质。残。四棱形钉身下端稍弯，趋尖，钉帽残。钉身最宽1、长7.5厘米（图一七，11）。

铁刀　2件。09TZTG7①：11，铁质。残。直刃，直背，刀身剖面呈三角形，刀柄剖面呈长方形。残长5.9、宽0.6～1.1、厚0.4厘米（图一五，10）。09TZTG7④：50，铁质。残。曲尺形，外刃。刀身残长6.8、柄残长4.8、厚2.6厘米（图一八，13）。

蹄铁　3件。

A型　2件。09TZTG7①：10，牛蹄铁。铁质。完整。弯柄刀形，上有三个长方形穿孔，其中一孔锈蚀严重，另一孔内有铁钉残余，内侧平，外侧磨损严重。锻制。通长9.8、最宽处2.3、厚0.3厘米，孔长1.6、宽0.4厘米（图一五，9；图版三九，2）。09TZTG7②：20，牛蹄铁。铁质。完整。弯柄刀形，上有三个长方形穿孔，两孔内有铁钉残余，内侧平，外侧磨损严重。锻制。通长10、最宽处2.1、厚0.2厘米，孔最长2.8、宽0.4厘米（图一七，13；图版三九，3）。

B型　1件。09TZTG7④：52，铁质。残。C形，上有四个长方形钉孔。锻制。通长约13.4、宽0.7～1.1、厚0.3～0.4厘米（图一八，14）。

铁甲片　2件。09TZTG7②：16，铁质。残。直片形，平顶抹角，直侧边，底部残，顶部有横双孔，中上部一孔，两侧边及底部各有竖双孔。长5.5、宽2.5、厚0.2厘米（图一七，6；图版四一，2）。09TZTG7④：51，铁质。残。直片形，平顶抹角，直侧边，底部残，顶部有横双孔。长3.4、宽2.6、厚0.2厘米（图一八，15）。

铁箍带　1件。09TZTG7①：12，铁质。残。长方形片状，扭曲变形严重，两端有钉孔及残钉。残长13.5、宽2.9、厚0.2厘米（图一五，12）。

铜饰件　1件。09TZTG7②：21，青铜质。完整。长方形铜片，四边略内折，背部一侧有圆形铆钉，下部有长方形穿孔，正面边缘刻窄弦框两周，有吉字形纹饰。长2.1、宽2、厚0.1厘米，穿孔长0.9、宽0.3厘米，铆钉长0.4、径0.2厘米（图一七，12；图版五三，5、6）。

砺石　1件。09TZTG7②：19，石质。残。磨制石器，一端弧，上刻有弦纹一道，两侧边直，两面平，中部有一椭圆管钻钻孔。残长5.1、宽2.7、厚0.9、孔径0.5～0.7厘米（图一七，4）。

玉环　1件。09TZTG7②：24，玉石质。残。青色，有黑色玉沁。残长3.2、环径1.1厘米（图一七，5；图版五四，2）。

四、四号城门址

位于北城垣中部略偏东，所处地势东南高西北低，西距西北城角282米，东距东北城角160米。城门址西侧城垣外侧残高3.02、内侧残高0.17米；东侧城垣外侧残高3.22、内侧残高0.26米。

城门址遭自然和人为破坏严重，发掘前仅存一个城垣豁口，豁口宽3.88米，东西两侧各有一个乱石堆，门道北侧有一小型平台，门道、东西门垛及门外平台上部长满蒿草和灌木，门外有一条较宽的盘道通向山间平地。清除第1层淤积土及第2层倒塌堆积后，即发现一座城门址，平面略呈工字形，是由门道、两侧门垛、门塾、外侧瓮城、两侧翼墙等部分构成的敞开式瓮门结构（图二二）。

在门道北端瓮城处布探沟09TZTG6，用于探明该处的堆积层次。根据探方南壁剖面可知，该处堆积从上至下可分为六层：第1层为黑褐色腐殖土，厚15～20厘米；第2层为灰色土，厚35～60厘米，夹杂大量碎石、火烧石块、木炭块，应为倒塌堆积；第3层为黄褐色黏土，厚10～15厘米，夹杂少量风化岩石颗粒，对应的门道位置为一层铺石；第4层为黑褐色，厚15～20厘米，夹杂大量被火焚烧的碎石、红烧土块，木炭屑；第5层为黄褐色黏土夹杂风化岩石颗粒，厚8～10厘米；第6层发现大面积铺石及红烧土面。由此推测，四号城门址至少历经两次兴建、焚毁。因第2层下门道和门塾保存较好，故未向下发掘，下文介绍的门道和门塾即为第2层下遗迹；而第2层下的外侧瓮城破坏严重，形制难以辨明，继续向下清理至第5层下，发现了保存有较为完好铺石的瓮城结构，下文介绍的瓮城部分便是第5层下瓮城的形制（图二三；图版一五）。

门道为长方形，门向30°，长3.85、宽3.24米。门道地面上发现门枕、门槛、门枢、挡门石、铺石等迹象。门枕发现于门道中部靠近门垛边处，东西各一；门槛横于门道中部，两端连接门枕；二者均为木质，残存烧毁后的炭迹。门槛下部门道铺石均留出或凿出一道凹槽。门枕附近出土4枚折头铁方钉，锻制规整，向一侧弯折。两侧门枕内侧均发现门枢残迹，门枢为花岗岩制成，制作粗糙，上部凿有圆形平底凹坑，埋于地下，略低于门道平面，已被烧裂。挡门石位于门道南部正中，一角高于门道平面，周边分布有数块铺石。门道铺石为板石，多分布于门槛外侧，表面平整，有火烧痕迹。门道南侧发现大范围踩踏面，表面平整、坚实。

门道东西两侧的门垛残存两层砌石，外壁面以楔形石砌筑，内侧垒砌长条石，逐层叠压，缝隙用小石块填实。门垛与翼墙连接处墙体墩台中心部位为黄褐色土与碎石粒混筑，外部包砌梭形石和楔形石构筑的“干插”结构（图版一六）。

门塾与门道门垛及两侧的翼墙围成一个长方形区域，长7.46、宽1.74米。东西两侧翼墙外侧石砌部分损毁严重，仅保留靠近门道处一段。东侧翼墙残长约3.6、高0.7米，由两层大块石垒砌，向南延伸后，向西侧转折与东侧门垛砌石相连；西侧翼墙残长约4.8、高0.3米，残余一层砌石，向南延伸后，向东侧转折，与西侧门垛砌石相连。西侧门塾处地表分布大量红烧土，

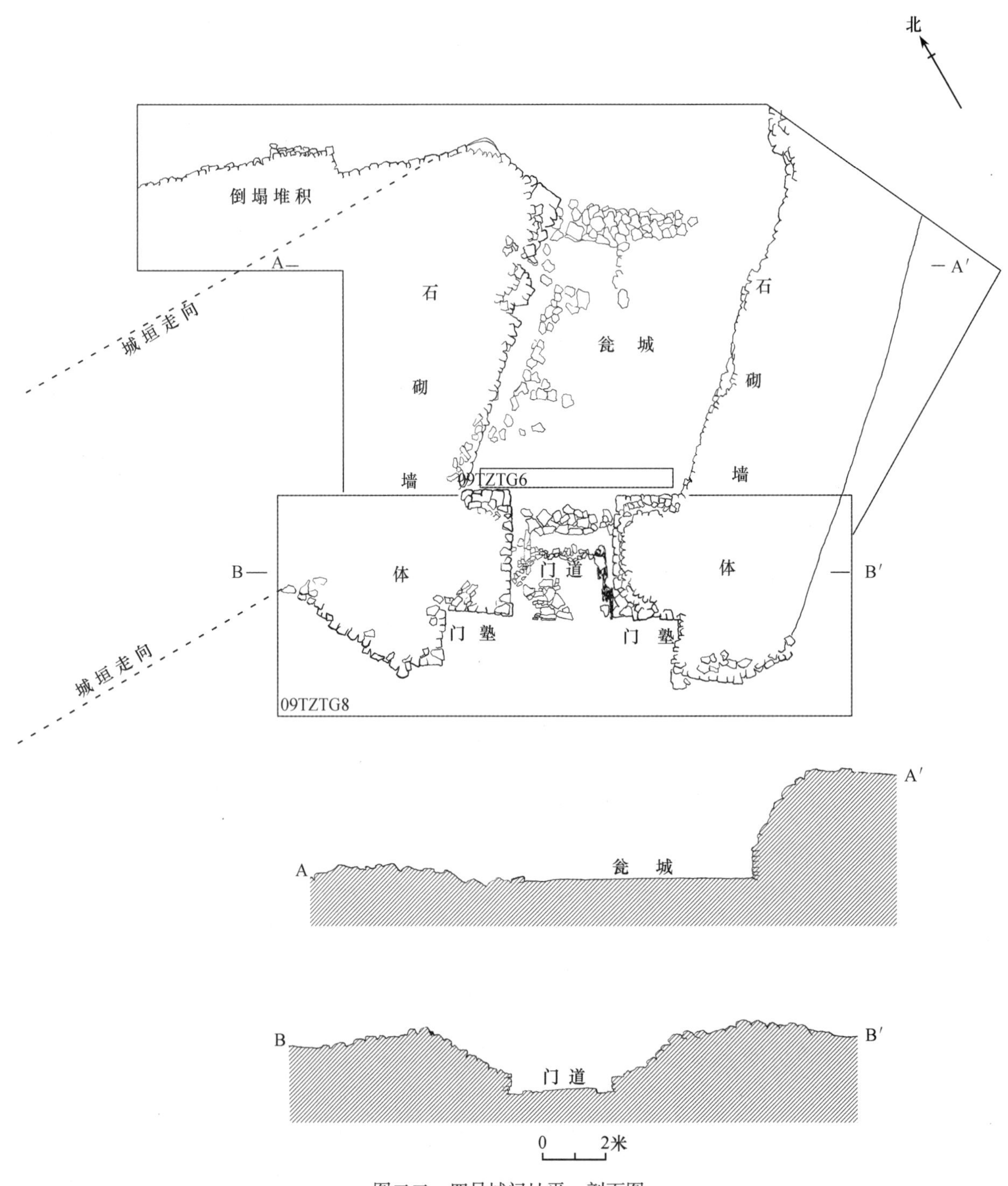

图二二　四号城门址平、剖面图

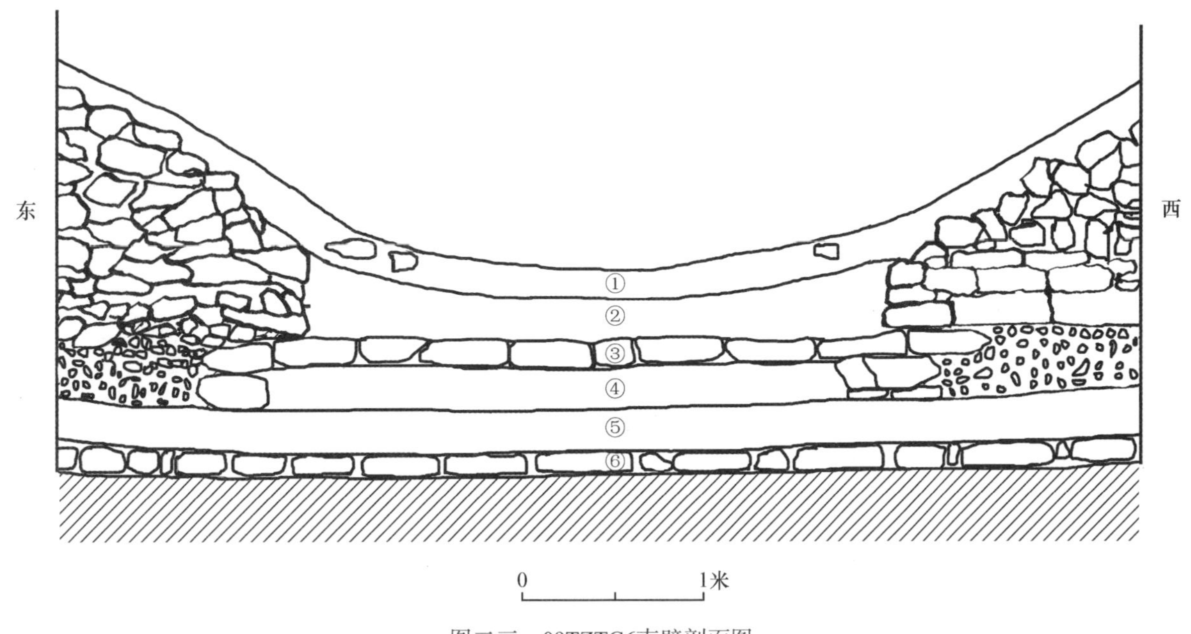

图二三　09TZTG6南壁剖面图

出土铁锅残片、铁带扣等物。

外侧瓮城为敞开式结构，呈Π形，东北—西南向，外口宽7、内口宽6.75米。地面大部铺有板石，铺石厚10～12厘米。地面有大面积火烧痕迹，靠近侧壁和门道处火痕尤为密集，分布大片红烧土面，铺石大多被烧成红色，少量有被烧熔现象。两侧壁底边均砌有排水沟，东侧排水沟宽30、深10～15厘米，西侧排水沟宽30～35、深10～15厘米（图版一七）。

瓮城东侧翼墙长约12米，是四号城门址东侧的北城垣向西南转折形成。南端继续向城内延伸，已至晚期门垛之下。墙体砌法为单面式，残存外侧壁面（即瓮城东壁）楔形石2～6层，多为错缝平齐，表面极为平整，石块多烧成红色，部分碎裂。局部墙体砌筑方法为对缝平砌，所选石材大小不一，砌筑层次杂乱，与原墙面对比明显，明显为后期修补（图版一八）。

瓮城西侧翼墙长约9.7米，是利用城门址西侧的北城垣增建而成，翼墙西侧壁最北端向西转折，再向西南转弯，与北城垣墙面相连接转角处现存四层砌石，所用石材为大型花岗岩块石，修凿规整，朝外的一角打磨成圆角，长短交错砌筑，向上逐层略有收分。南端继续向城内延伸，已至晚期门垛之下。墙体砌法为双面式，残存外侧壁面（即瓮城西壁）楔形石1～3层。四号城门址外侧是开阔的山间谷地，坡度较小，是从城北侧出入城址的极为便利的通道。两侧城垣在城门址处稍稍错开，瓮城即利用“错口”增筑而成，方向略偏东，增加了瓮城的防御层次和门址的防御纵深。

为探明门道、门塾与城内堆积的关系，布正南北向探沟一条，编号为09TZTG8。

09TZTG8　以探沟南壁为例，地层堆积可分为四层：第1层为表土层，为黑灰色，富含腐殖质，夹杂少量石块、烧土粒，厚25～40厘米；第2层为灰褐色黏土，夹杂大量长条形块石和楔形石，应为倒塌堆积，厚35～60厘米；第3层为黑褐色黏土，包含大量木炭粒、烧土粒、灰烬，出土少量陶片，厚24～27厘米；第4层呈红褐色，包含大量烧土、烧石、木炭颗粒，出土陶片、铁器等遗物，厚8～10厘米（图二四）。

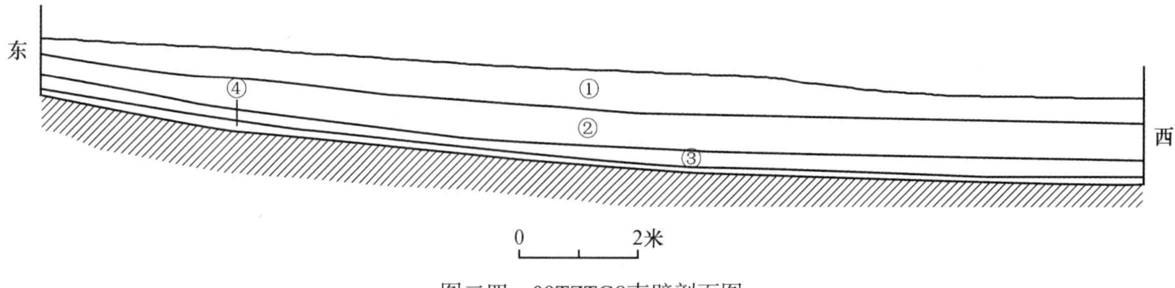

图二四　09TZTG8南壁剖面图

出土遗物：

陶器按陶质可分为夹砂、泥质、夹砂夹云母三种，以夹砂陶为主；按陶色可分为灰色、灰褐色、黑褐色、黄褐色、红褐色、黑皮等，以灰色数量较多；可辨器形有壶。铁器有铁镞、铁钉、铁刀、铁带銙、蹄铁、铁甲片、铁镩、铁合页等。

陶壶　1件。09TZTG8③：1，口沿。残。夹砂灰褐陶。侈口，方唇，折沿，口沿下方刻有弦纹一周。轮制。口径34.9、残高9.2、壁厚0.9～1.3厘米（图二五，1）。

铁镞　8件。

B型　6件。09TZTG8④：4，铁质。锈蚀。叶形锋镞，锋剖面呈椭圆形，长方形关，方锥形铤。锻制。锋长5.5、宽1.4、厚0.3厘米，铤残长2、最宽处0.5厘米（图二五，7）。09TZTG8④：5，铁质。残。叶形锋镞，镞锋剖面呈梯形，铤残。锻制。锋长2.9、厚0.1、最宽处1.5厘米，铤残长0.6、最宽处0.5厘米（图二五，8）。09TZTG8④：12，铁质。残。柳叶形锋镞，菱形锋，铤残。锻制。锋残长6.4、宽1、厚0.4厘米（图二五，10）。09TZTG8④：26，铁质。残。叶形锋镞，锋剖面呈扁菱形，方锥形铤。锻制。锋长5、宽1.2、厚0.3厘米，铤残长2.8、最宽处0.7厘米（图二五，11；图版五〇，4）。09TZTG8④：30，铁质。残。叶形锋镞，锋剖面呈椭圆形，长方形关，方锥形铤。锻制。锋长3.5、宽1.2、厚0.2厘米，铤残长3.1、最宽处0.5厘米（图二五，12）。09TZTG8④：31，铁质。残。矛形锋镞，扁菱形长锋，椭圆形关，方锥形铤。锋长7.4、宽1、厚0.5厘米，铤残长2.9、最宽处0.5厘米（图二五，13；图版五〇，5）。

C型　1件。09TZTG8④：10，铁质。残。铲形锋镞，镞锋扁平，下端加宽，长方形关。锻制。锋残长4.1、宽1.1～1.7、厚0.4厘米，铤残长2、最宽处0.9厘米（图二五，9）。

D型　1件。09TZTG8④：3，铁质。残。圭形锋镞，扁梯形短锋，长方形关，铤残。铸制。锋长2.2、宽0.8、厚0.4厘米，关残长8.8、宽0.5厘米，铤残长26.3、最宽处0.5厘米（图二五，6；图版五二，2）。

铁钉　25件。均为锻制。

A型　18件。09TZTG8④：2，铁质。完整。圆形钉帽，稍偏，四棱形钉身，趋尖。钉帽径1.9、厚0.3厘米，钉身最宽0.8、长4.9厘米（图二六，1）。09TZTG8④：7，铁质。完整。圆形钉帽，稍偏，四棱形钉身有弯曲，趋尖。钉帽径1.5、厚0.3厘米，钉身最宽0.7、长5.5厘米（图二六，3；图版四四，3）。09TZTG8④：8，铁质。完整。圆形钉帽，稍偏，四棱形钉身，趋尖。钉帽径1.4、厚0.4厘米，钉身最宽0.6、长4.5厘米（图二六，4）。09TZTG8④：13，铁质。完整。伞形钉帽，较偏，四棱形钉身，趋尖。钉帽径1.6、厚0.6厘

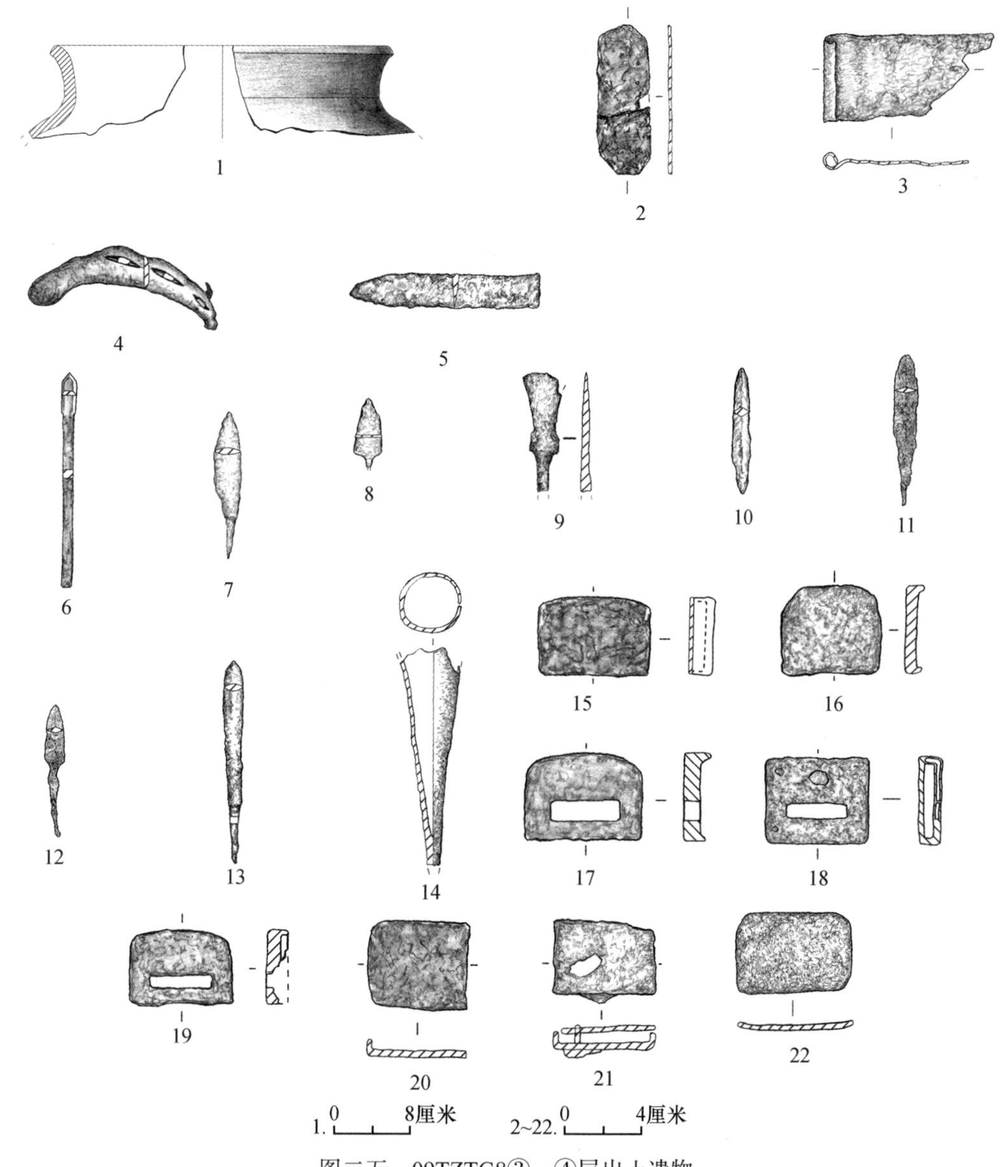

图二五　09TZTG8③、④层出土遗物

1. 陶壶（09TZTG8③：1）　2. 铁甲片（09TZTG8④：32）　3. 铁合页（09TZTG8④：1）　4. A型蹄铁（09TZTG8④：25）　5. 铁刀（09TZTG8④：9）　6. D型铁镞（09TZTG8④：3）　7、8、10～13. B型铁镞（09TZTG8④：4、09TZTG8④：5、09TZTG8④：12、09TZTG8④：26、09TZTG8④：30、09TZTG8④：31）　9. C型铁镞（09TZTG8④：10）　14. 铁镈（09TZTG8④：33）　15～22. 铁带銙（09TZTG8④：11）

米，钉身最宽0.7、长3.7厘米（图二六，5）。09TZTG8④：14，铁质。残。伞形钉帽，较偏，四棱形钉身，趋尖。钉帽径1.8、厚0.5厘米，钉身宽0.9、残长5.2厘米（图二六，6）。09TZTG8④：15，铁质。完整。伞形钉帽，稍偏，四棱形钉身，趋尖。钉帽径1.5、厚0.4厘米，钉身宽0.6、长4.4厘米（图二六，7）。09TZTG8④：16，铁质。残。圆形钉帽，四棱形钉身，钉帽径1.6、厚0.3厘米，钉身最宽0.8、长6.4厘米（图二六，8）。09TZTG8④：17，铁质。残。伞形钉帽，稍偏，圆形钉身已弯折，趋尖。钉帽径1.9、厚0.4厘米，钉身径0.7、残长6.4厘米（图二六，9；图版四四，4）。09TZTG8④：18，铁质。完整。圆形钉帽，稍偏，钉身剖面上半部呈圆形，下半部呈四棱形，已弯折，趋尖。钉帽径2、厚0.4厘米，钉身径0.6、长

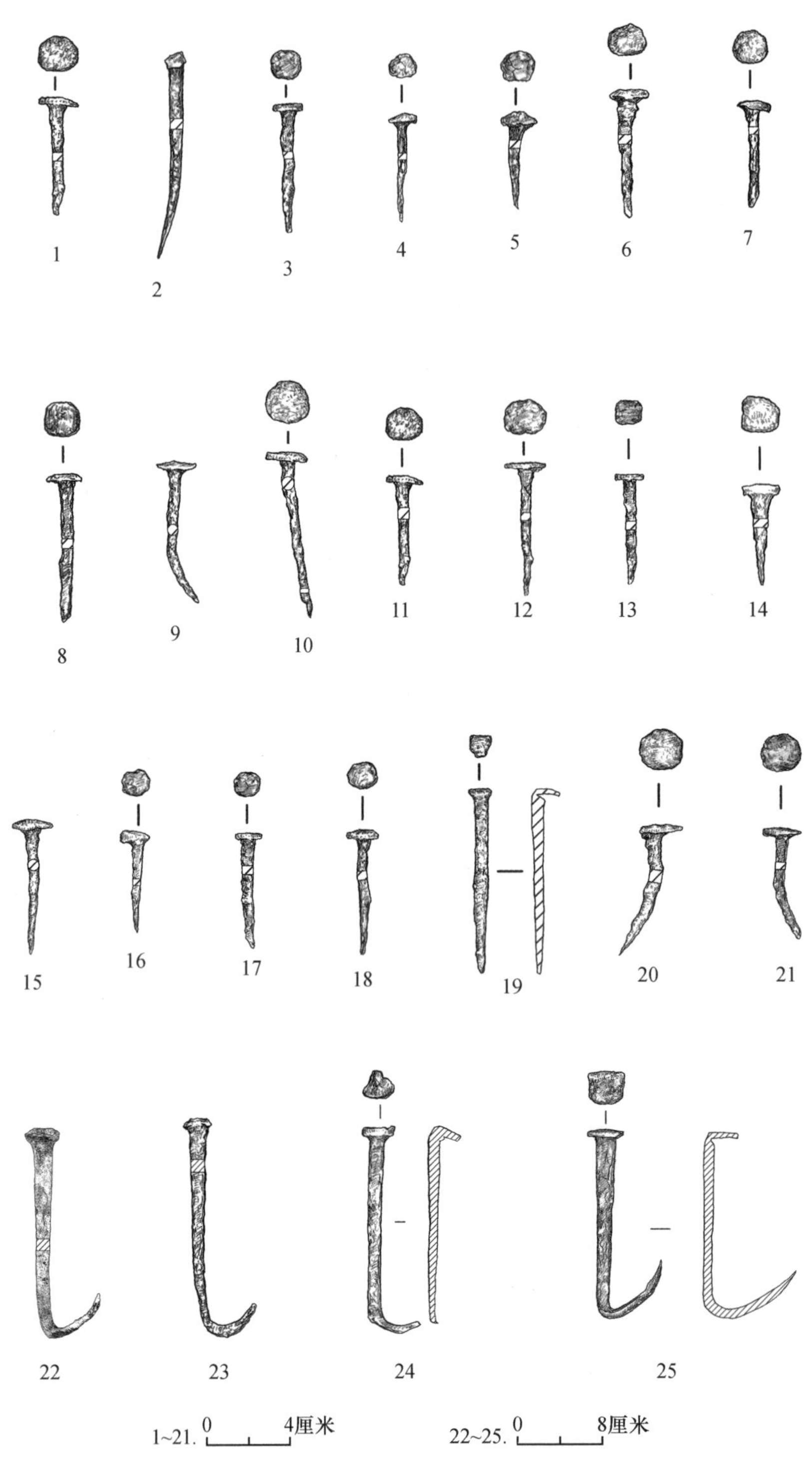

图二六　09TZTG8④层出土铁钉

1、3～18、21. A型（09TZTG8④：2、09TZTG8④：7、09TZTG8④：8、09TZTG8④：13、09TZTG8④：14、09TZTG8④：15、09TZTG8④：16、09TZTG8④：17、09TZTG8④：18、09TZTG8④：19、09TZTG8④：20、09TZTG8④：21、09TZTG8④：22、09TZTG8④：23、09TZTG8④：24、09TZTG8④：35、09TZTG8④：36、09TZTG8④：39）　2、19、20、22～25. B型（09TZTG8④：6、09TZTG8④：37、09TZTG8④：38、09TZTG8④：27、09TZTG8④：28、09TZTG8④：29、09TZTG8④：34）

7.1厘米（图二六，10）。09TZTG8④：19，铁质。残。圆形钉帽，四棱形钉身，下尖残。钉帽径1.8、厚0.3厘米，钉身最宽0.7、厚0.5、残长4.5厘米（图二六，11）。09TZTG8④：20，铁质。残。圆形钉帽，四棱形钉身，下尖残。钉帽径1.9、厚0.3厘米，钉身宽0.7、厚0.4、残长5.7厘米（图二六，12；图版四四，5）。09TZTG8④：21，铁质。残。方形钉帽，四棱形钉身，趋尖。钉帽宽1.3、厚0.3厘米，钉身宽0.6、厚0.4、残长4.7厘米（图二六，13）。09TZTG8④：22，铁质。残。圆形偏帽，四棱形钉身，下尖残。钉帽径1.7、厚0.4厘米，钉身最宽0.9、厚0.4、残长4.1厘米（图二六，14）。09TZTG8④：23，铁质。残。圆形钉帽，圆形钉身，趋尖。钉帽径1.9、厚0.4厘米，钉身最大径0.8、残长5.6厘米（图二六，15）。09TZTG8④：24，铁质。残。圆形钉帽，较偏，四棱形钉身。钉帽径1.4、厚0.5厘米，钉身最宽0.5、长4.1厘米（图二六，16）。09TZTG8④：35，铁质。完整。圆形钉帽，四棱形钉身，趋尖。钉帽径1.2、厚0.3厘米，钉身最宽0.7、长4.9厘米（图二六，17）。09TZTG8④：36，铁质。完整。圆形钉帽，四棱形钉身，下部稍弯折，趋尖。钉帽径1.4、厚0.4厘米，钉身最宽0.7、长5.2厘米（图二六，18）。09TZTG8④：39，铁质。完整。圆形钉帽，四棱形钉身，下部已弯折，趋尖。钉帽径1.8、厚0.4厘米，钉身最宽0.6、长4.9厘米（图二六，21）。

B型　7件。09TZTG8④：6，铁质。残。四棱形钉身，包有防锈层，趋尖，下部已弯折，钉帽残。钉身最宽0.7、残长8.6厘米（图二六，2）。09TZTG8④：27，铁质。残。四棱形钉身，下部弯折呈短钩状，趋尖，钉帽残。钉身最宽2、长23.9厘米（图二六，22；图版四五，1）。09TZTG8④：28，方钉。铁质。残。四棱形钉身，下部弯折呈短钩状，趋尖，钉帽残。钉身最宽1.6、长23.7厘米（图二六，23）。09TZTG8④：29，方钉。铁质。残。梯形钉帽，偏向一侧，四棱形钉身，下部弯折呈短钩状，趋尖。钉帽最长处2.5、宽2.1、厚0.5厘米，钉身最宽1.4、长21.3厘米（图二六，24；图版四五，2）。09TZTG8④：34，方钉。铁质。完整。圆角梯形钉帽，偏向一侧，四棱形钉身，下端弯折呈长钩状，趋尖。帽宽3.3、厚0.5厘米，钉身最宽1.8、长23.5厘米（图二六，25；图版四五，3）。09TZTG8④：37，铁质。完整。方形钉帽，偏向一侧，四棱形钉身，趋尖。钉帽宽1.1、厚0.2厘米，钉身最宽0.7、长7.9厘米（图二六，19；图版四五，4）。09TZTG8④：38，铁质。完整。圆形钉帽，偏向一侧，四棱形钉身，已弯折，趋尖。钉帽径2、厚0.4厘米，钉身最宽0.5、长5.7厘米（图二六，20；图版四五，5）。

铁刀　1件。09TZTG8④：9，铁质。残。长叶形，直刃直背，弧形端，截面呈三角形。锻制。残长10、最宽处1.7、背厚0.3厘米（图二五，5；图版四一，5）。

铁带銙　1组（8件）。09TZTG8④：11，铁质。残。长方形銙7件，其中3件完整，有两层铁片中空铆合（中间的皮质层已腐朽），底面平，一侧有长方形穿。其他4件为单片，銙长5.2～6、宽3.6～4.5厘米，穿长3.2～3.6、宽0.6～1厘米（图二五，15～21）。铊尾1件，舌状，平头，尾略弧。长6.2、宽4、厚0.3厘米（图二五，22；图版四一，3、4）。

蹄铁　1件。

A型　09TZTG8④：25，铁质。完整。弯柄刀形，上有三个长方形穿孔，孔内有铁钉残余，内侧平，外侧磨损严重。锻制。通长11.2、最宽处2、厚0.2厘米，孔长1.9、宽0.3厘米（图二五，4）。

铁甲片　1件。09TZTG8④：32，铁质。残。直片形，弧顶抹角，直侧边，底部呈梯形，中上部有一孔，两侧边各有竖双孔。长7.9、宽2.9、厚0.2厘米（图二五，2）。

铁镩　1件。09TZTG8④：33，铁质。完整。圆锥形，中空为銎，系铁片卷成，对接处未完全闭合，顶端有一直径为0.4厘米的圆孔。残长11.1、銎顶直径3.2、壁厚0.2厘米（图二五，14；图版四二，5）。

铁合页　1件。09TZTG8④：1，铁质。残。长方形薄片状，一端卷曲成细圆筒状。残长9、宽4.3、厚0.2厘米（图二五，3）。

五、五号城门址

五号城门址位于南城垣中部的半山腰，仅可见一小豁口，门外有一条较宽阔的道路，是通往城外二级台地和哈泥河—浑江交汇处的唯一通道。东距城址东南角128米，西距一号城门址175米。2004年对门址进行了小范围试掘。门址呈长条状，宽2.6米。两侧墙垛已不明显，残存少量砌石。城门址西侧城垣外侧残高3.56米，东侧城垣外侧残高2.08米。

第三节　排 水 涵 洞

一、一号排水涵洞

一号排水涵洞位于山城北城垣b1段，与南侧城内的蓄水池连接，距城址西北角约151米，距四号城门址约131米。2004年对其进行了全面清理（图二七；图版一九）。

涵洞修筑于城垣的基础部位，坐落在生土层面上。南高北低，采用修制规整的石材砌筑，出水口方向0°，通长14.56、内宽0.75、洞高0.6米。分为入水口、洞体、出水口三部分。

1. 入水口

两面洞壁均以三层楔形石叠砌，洞口呈长方形，上部以大型条石盖顶（1号盖顶石）；洞口边墙呈八字形喇叭口状外撇，是由楔形石砌筑，边墙上部已倒塌；由于盖顶石重压，导致洞口内东西两侧壁变形和轻微坍塌。洞口前以石板铺设成扇形地面，石板大小不一，形状各异，一般厚度为5～8厘米。

2. 洞体

由底部铺石、洞壁砌石、顶部盖石三部分构成。底部是用大型条石铺成，并作为基础。东西两侧壁均以条形石和楔形石砌筑，共三层，其壁面较为平整，底层石材较厚重，上层相对略薄。条形石一般长55～75、厚20～35厘米，楔形石一般长40～45、宽30～35、厚25～35厘米。顶部是用巨型石压盖，盖顶石大体呈长方形。在涵洞的南部共清理出6块盖石（按水流方向自南

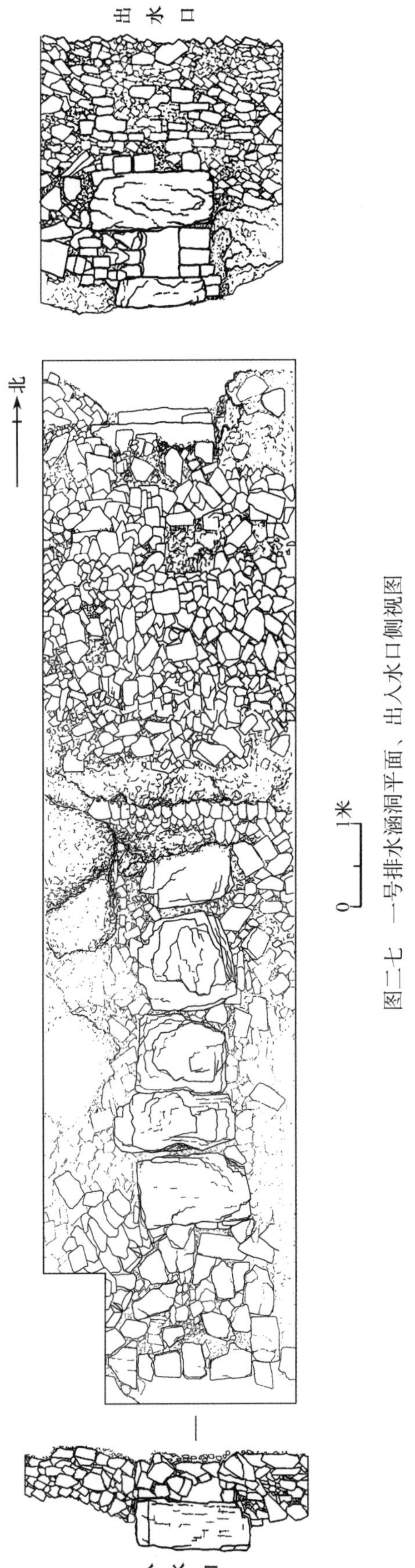

图二七　一号排水涵洞平面、出入水口侧视图

向北编号为1～6号），其厚薄不等，大体排列整齐，空隙处用碎石填充。1号盖石位于涵洞入水口处，形状比较规整，呈长方形，长1.8、宽1.1、厚0.65米。2号盖石顶面高于1号盖顶石，呈长方形，长1.94、宽0.94、厚0.55米。3号盖石略低于2号盖顶石，呈不规则长方形，长1.4、宽1.2、厚0.55米。4号盖石与3号盖石顶面高度基本相同，呈长方形，长1.54、宽1.54、厚0.65米。5号盖石北半部伸至墙体中，盖石上面为一层条形石，其上铺一层较厚的黄色亚黏土，该亚黏土层主要是起防渗水和稳固作用，再上方即为城垣墙体。该处墙体已遭到不同程度的破坏，经清理可见其内部结构，主要是用梭形石、条形石、楔形石等逐层内收垒砌而成，残高3.32米。6号盖石位于外墙涵洞的出水口上方，其上为城垣墙体砌石。该盖顶石呈长方形，形制较为规整，长2.15、宽1.35、厚0.9米。

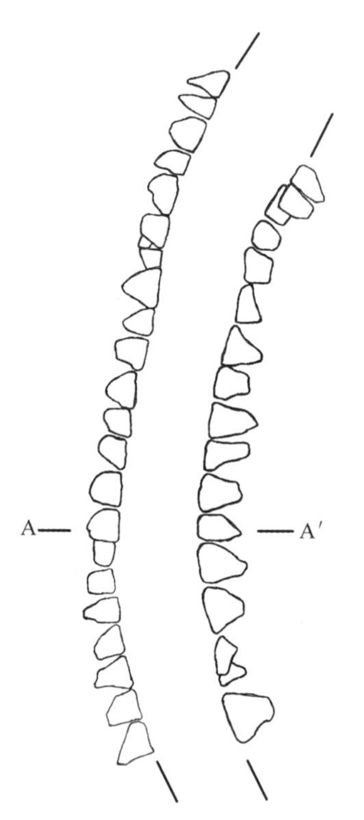

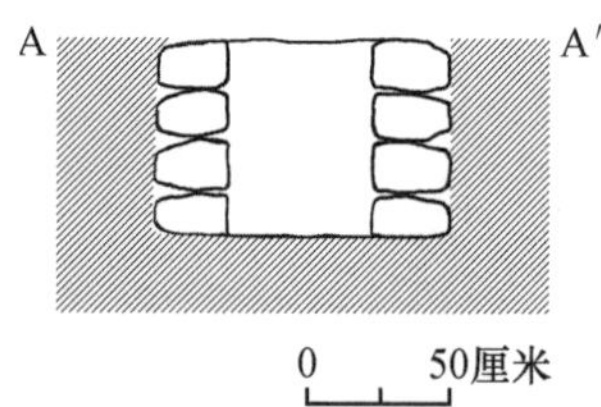

图二八　二号排水涵洞已清理部分平、剖面图

3. 出水口

位于城垣墙体外侧，洞口呈长方形，底部以长1.5、宽1.4、厚0.5米的巨型石铺底；洞口外侧两壁以长方形花岗岩条石砌筑，共三层，条形石加工规整（图版二〇）。

二、二号排水涵洞

二号排水涵洞位于一号城门址下部，2004年清理一号城门址门道时发现，随即对其局部进行了清理。涵洞随门道走向略呈S形。由于常年遭受山洪的冲击，破坏较为严重，清理出的一段长约4.5、宽0.5、深约0.65米。侧壁由楔形石垒砌而成，盖石已无存。涵洞在接近门道处消失，根据门道下部石材砌筑情况，以及常年渗水的迹象判断该涵洞在接近门址处可能通过沉井深入一号城门址门道下部成为暗渠，通向城外，其顶部盖石作为门道垫石的一部分。由于一号城门址未曾全面清理，所以二号排水涵洞的整体结构无法弄清（图二八；图版二一）。

三、三号排水涵洞

三号排水涵洞位于西城垣中部e1段，两侧山体向西凸出和山坳平面为“﹞”状。山坳有两处支岔，北侧支岔顶部为排水涵洞，南侧支岔为一条可翻越城垣进入城内的小路。支岔下部均有沟谷，在距城垣20米处汇合成一股，通向山下。涵洞北距三号城门址约138米，南距二号城门址约321米。

三号排水涵洞上部地层堆积状况以09ZTG2东壁为例，地层堆积有八层，均为淤积土。第1层为灰褐色土，土质较为疏松，包含大量植物根茎，厚20厘米；第2层为浅灰色土层，土质较为致密，底部土中包含少量黄色砂石，厚40～64厘米；第3层为浅黑灰色土层，土质较为致密，较黏，厚12～52厘米；第4层为黑色土层，土质较为疏松，纯净，自西向东倾斜，厚8～16厘米；第5层为黄褐色土层，泛灰，土质较为致密，包含少量散碎石块，厚11～42厘米；第6层为浅黄褐色土层，土质较为致密，包含大量石块，部分为楔形石，厚7～45厘米；第7层为黑灰色土层，含砂，土质较为疏松，底部土中包含少量黄色砂石，厚0～25厘米；第8层为黄色土层，土质致密，纯净，分布于城垣顶部，与墙体砌石结合紧密，厚0～5厘米（图版二二）。

三号排水涵洞本体可分为入水口、洞体、出水口三部分。出水口方向212°（图二九；图版二三）。

1. 入水口

位于该处墙体内侧的底部，平面形状呈长方形，高约60、宽约50厘米，底部铺石，两侧叠砌两层楔形石，顶部覆盖一块表面较为平整的巨大长方形石材。盖石正面长135、宽76厘米。入水口两侧墙体皆外弧，呈喇叭口状与涵洞入水口部边石相接。墙体外表均为楔形面石，以楔形石较平整的顶面朝外，使墙体表面保持平整，尖头朝向墙体内侧，现存三层，楔形石整体长约40、外侧面宽约30、厚约27厘米；墙体内侧以梭形石和长条形块石与外侧楔形石咬合垒砌，并以较小的石块填充缝隙，使墙体砌筑得更加紧致。由于地势原因，该处墙体砌筑较高，向两侧延伸，随着地势抬升，墙体的砌石逐渐低矮，与城垣内侧的土筑墙体自然衔接。

入水口东侧地面以大型片石铺筑，范围较大，一侧延伸至墙体下部与墙体相接，另一侧向城内延伸，整体走向与城垣走向大致平行。

2. 洞体

部分位于城垣墙体中部，墙体砌石保留较好，未向下清理至涵洞盖石。涵洞顶部的砌石现存均为梭形石或长条石，长轴方向与城垣走向垂直，砌于墙体内部作为拉筋使用，上部发现一层黄色黏土，表面平整，渗入石块间隙，该层表面出土1枚“开元通宝”。

3. 出水口

位于城墙外侧中部，顶部盖石缺失，残存两侧壁石一层，均为楔形石砌筑。底部亦有铺石，铺石平面低于入水口底面，最外侧的底面铺石整体保存较好，长约1.5、宽约0.9米，上部为自然平面，较为平整，下部略呈弧形，凸出于城墙外墙面约0.48米。出水口附近墙面楔形石多已倒塌，露出内侧“干插”结构，仅在涵洞出水口南侧残存十层。

图二九　三号排水涵洞平、剖面图

第三章 城内发掘

第一节 城内遗存分布状况

山城内地表生长大量树木、杂草，空地较少，多见成片分布的阶梯状台地，边缘有整齐的人工砌筑石墙，经证实多为20世纪六七十年代修筑的梯田。以二号城门址和东城垣最高点连线，可将城内分为南北两部分。

北半部地势东高西低，坡度相对较缓。面积约占山城总面积的二分之一强。包括东北部的缓坡、西北处的洼地、中部的小山脊、西南部的平地等几处大的区块。

城址北半部由于地势较为平坦，分布有多处面积较大的平整台地。特别是西北角和西城垣中部周围，发现多处石砌墙体出露，推测此处有较大规模的建筑基址。东北部地势呈现出坡度较缓的斜坡，靠近东北角，地势逐渐抬高，但地表植被覆盖密集，未发现人工迹象。斜坡下部可见一条从四号城门址通入城内的道路迹象。

从地貌观察，自城址东侧山脊的东北角向西南延伸一条支脉，于城址中心处凸出于地表形成一处东北—西南向的台地，最西南端高于周围地表1.5～2米，顶部较为平坦，东南、西南、西北三面为不连续的基岩断面，俗称“点将台”。

城址西北部，临近北城垣西段的城内有一处近圆形的洼地，常年可见少量积水，依据地势判断此处应为城内的水源地“蓄水池”。其平面为不规则形，东西长约50、南北宽约40米。现存为洼地，池底地表杂草丛生，雨季池底尚可见少量积水，池壁呈斜坡状。西、南两侧均为平缓的台地，高于现存池底约3.5米；东侧为斜坡状台地，地表向蓄水池方向倾斜；北侧为城址北城垣，建有大型排水涵洞，涵洞进水口高于现存池底。

南半部地形复杂，西南至一号城门址，东南至山城东南角，西北为二号城门址，东北角直抵东城垣中部的最高点，面积近城址总面积的二分之一，主要包括城址西南部自然山谷的周边区域和东南部的大面积坡地。

城址西南部为一条自然冲沟，冲沟向西南流向哈泥河，冲沟在城址内侧，二号城门址东北处分为东、西两条岔沟，西岔沟两侧相对平坦，多见人工修整的小面积平台，还发现有略经修整的础石、门臼和墙基等。东岔沟以东，靠近五号城门址通入城内的小路两侧可见少量小型平台外，其他区域几乎不见人工遗迹。东南角至南城垣附近地势东高西低，坡度变化较大，未见人为迹象。

第二节　地层堆积状况

在自安山城城内已发掘的区域内，地层堆积普遍浅薄，又因地势起伏、水土流失、动植物扰动和人类活动等原因，地层堆积状况不尽一致。依据土质土色性状及包含物等对地层堆积进行区分。下面按年度选取各发掘区域的典型剖面，将各发掘区域的地层堆积状况介绍如下（图三〇）。

2004年的发掘区位于城址南部正对一号城门址的一处平缓台地。布正南北向5米×5米探方两个，编号为04TZT01、04TZT02。以04TZT01、04TZT02北壁剖面为例，堆积可分为二层（图三一；图版二四，1）。

第1层：表土层，黑色淤积土。厚20～25厘米。土质较为松散，植物根系分布密集，覆盖整个发掘区范围内，出土少量灰色或灰褐色夹砂陶片，均为腹部残片，器形不明。04TZF1、04TZF2均发现于该层下，打破第2层和生土。

第2层：文化堆积层，浅灰色土，略泛黄。厚20～33厘米。土质较为致密，颗粒较大，含砂，包含少量红烧土颗粒和炭粒，遍布整个发掘区。出土大量灰色、灰褐色、黑色夹砂或泥质陶片，可辨器形有侈口罐、瓮等。

第2层下为黄色亚黏土。极为致密，夹杂大量碎石，石块大小不一，应为生土层。

2007年发掘区域为靠近西城垣e1段的一片地势略呈北高南低的平缓地块。共布设10米×10米探方四个，编号为07TZT1～07TZT4；探沟两条，编号为07TZTG1、07TZTG2。07TZTG1发掘面积（2.5×20）平方米，自探沟北端向东北方向扩方2.5米×10米。07TZTG2位于07TZTG1西约20米，发掘面积（2.5×20）平方米。地层堆积状况以07TZTG2东壁剖面为例，堆积可分为二层（图三二；图版二五）。

第1层：表土层，灰褐色土。厚6～23厘米。土质较为松散，颗粒较细，稍黏，富含水分，分布于整个发掘区范围内。出土少量零散分布的灰褐色、黑色、红褐色夹砂和泥质陶片，可辨器形有侈口罐、瓮、盂等。

第2层：文化堆积层，浅灰色土。厚15～30厘米。土质较为致密，颗粒较大，含砂，包含少量红烧土颗粒和炭粒，分布于整个发掘区范围。出土灰褐色、黑色、红褐色夹砂或泥质陶片，可辨器形有侈口罐、直口罐、瓮等。

第2层下为黄褐色亚黏土。极为致密，夹杂大量碎石，应为生土层。

2008年与2007年的发掘区处于同一地块，地层堆积状况基本一致。共布5米×5米探方112个，发掘了其中54个。布探沟三条，编号为08TZTG1～08TZTG3。08TZTG1位于07TZTG1东北向的扩方区域周边；08TZTG2位于08TZT0204～08TZT0210；08TZTG3位于三号城门址内侧。以08TZT0104、08TZT0204、08TZT0304、08TZT0404等探方的北壁剖面为例，堆积可分为三层（图三三）。

第1层：耕土层，黑色淤积土。厚15～20厘米。土质较为松散，颗粒较细，略含砂，富含水分和腐殖质，分布于整个发掘区范围内。出土少量零散分布的灰色或灰褐色夹砂陶片，可辨

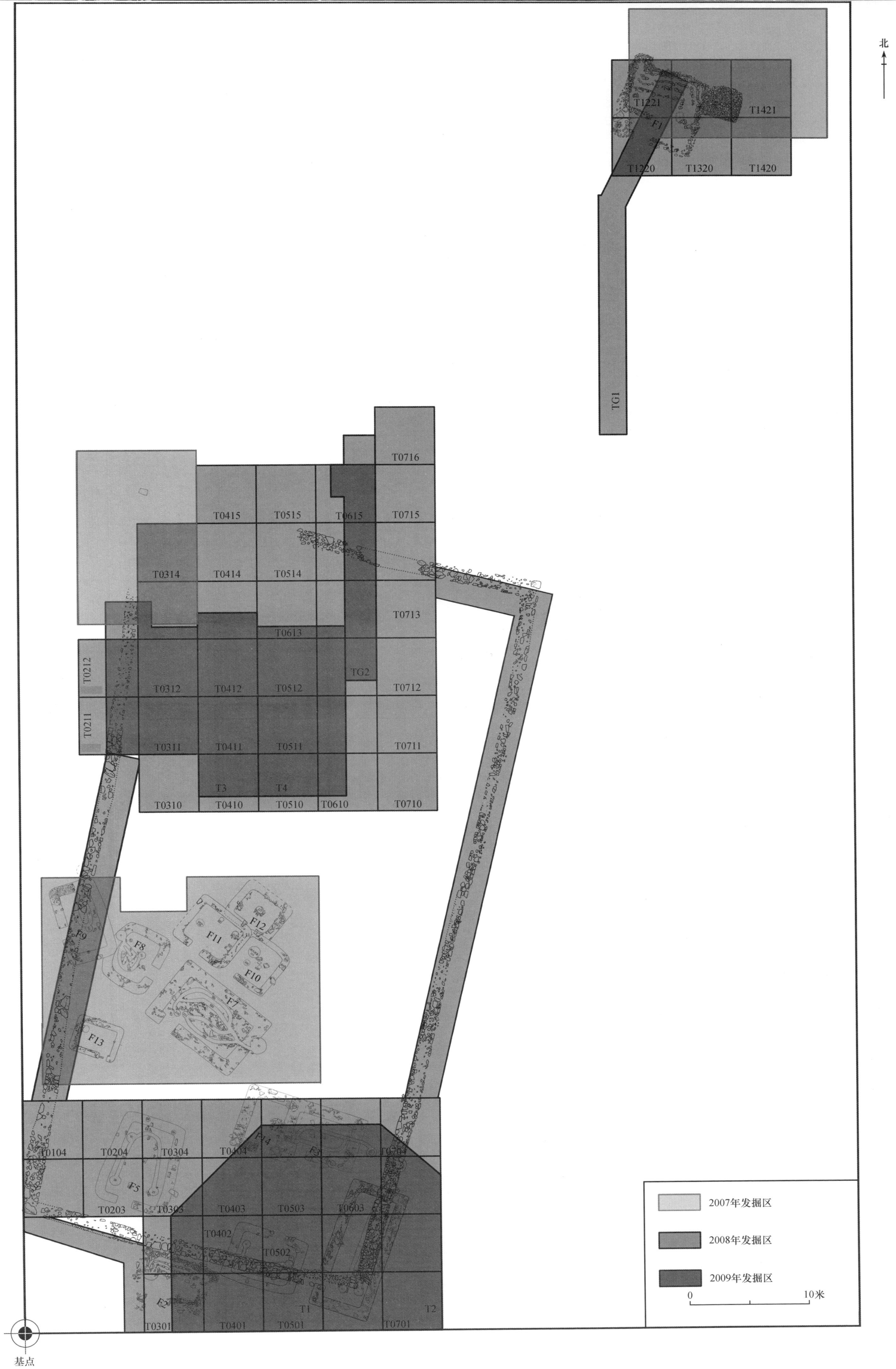

北

2007年发掘区

2008年发掘区

2009年发掘区

0 10米

基点

图三〇 2007～2009年中部发掘区总平面图

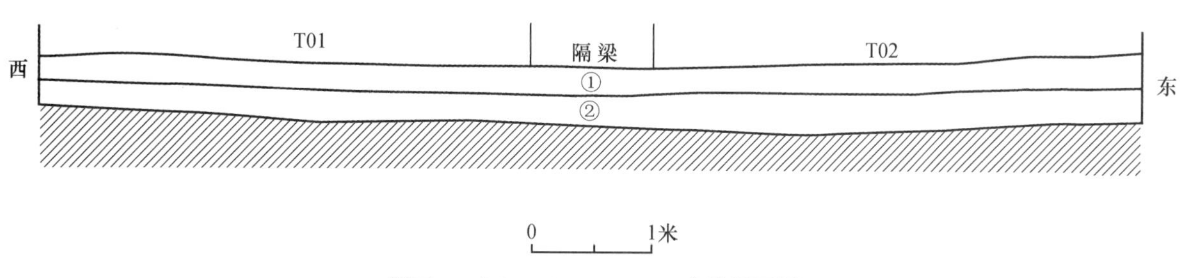

图三一　04TZT01、04TZT02北壁剖面图

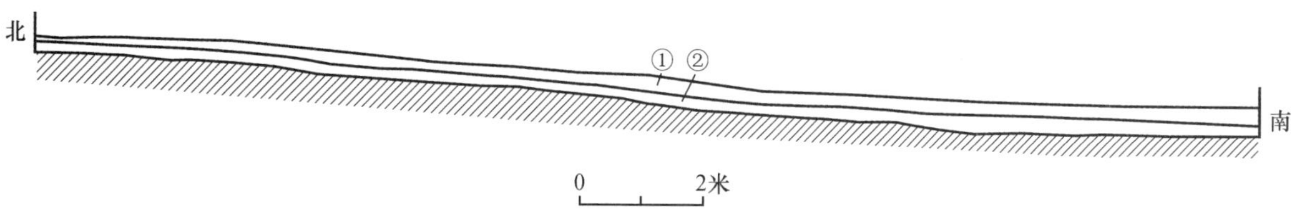

图三二　07TZTG2东壁地层剖面图

器形有罐、甑等。

第2层：文化堆积层，浅灰色土。厚10～20厘米。土质较为致密，颗粒较大，含砂，包含少量红烧土颗粒和炭粒，分布于发掘区中心范围。出土大量灰色、灰褐色、黑色、红褐色夹砂或泥质陶片，可辨器形有侈口罐、直口罐、敛口罐、甑、盆、瓮等。

第2层下为黄色或黄褐色亚黏土。极为致密，夹杂大量碎石，石块大小不一，应为生土层。部分遗迹打破该层。

2009年的发掘以探沟为主，分布较为分散。城内发掘于东距中部发掘区25米的西城垣e1段布探沟三条，09TZTG1、09TZTG2方向正东西，发掘面积均为（2×15）平方米，09TZTG3按照城垣延伸方向布设；09TZTG4位于三号城门址北侧。09TZTG1地层堆积比较有代表性，以其北壁剖面为例，堆积可分为六层，除第6层外均为淤积层（图三四）。

第1层：灰褐色土。厚21～32厘米。土质较为疏松，包含大量植物根茎。发现灰色、灰褐色、黑色夹砂陶片，大多为腹部残片，可辨器形有侈口罐。

第2层：浅灰色土。厚27～53厘米。土质较为致密，包含少量黄色粗砂。出土大量灰色、灰褐色、黑色陶片，以夹砂陶片为主，可辨器形有侈口罐、直口罐、敛口罐、瓮等。

第3层：浅黑灰色土。厚40～66厘米。土质较为致密，较黏。有少量零散的灰色陶片出土。

第4层：黑色土。厚43～50厘米。土质较为疏松，纯净，自西向东倾斜，未见陶片出土。

第5层：黄褐色土，泛灰。厚23～35厘米。土质较为致密，包含少量散碎石块。出土部分陶片，以黑色、灰色为主，多为夹砂陶片，可辨器形有侈口罐、敛口罐、瓮、盂等。

第6层：浅黄褐色土。厚21～29厘米。土质较为致密，包含大量石块，部分为楔形石。出土大量夹砂陶片，有灰色、灰褐色、黑褐色、红褐色等，可辨器形有侈口罐、叠唇罐、瓮等。

第6层下为黄色亚黏土。极为致密，夹杂大量碎石，应为生土层。

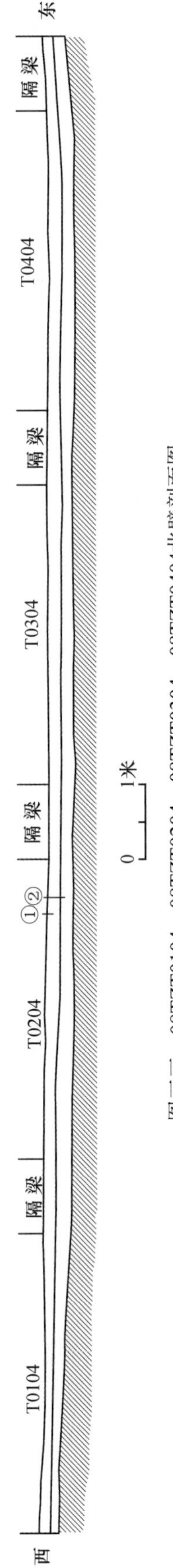

图三三　08TZT0104、08TZT0204、08TZT0304、08TZT0404北壁剖面图

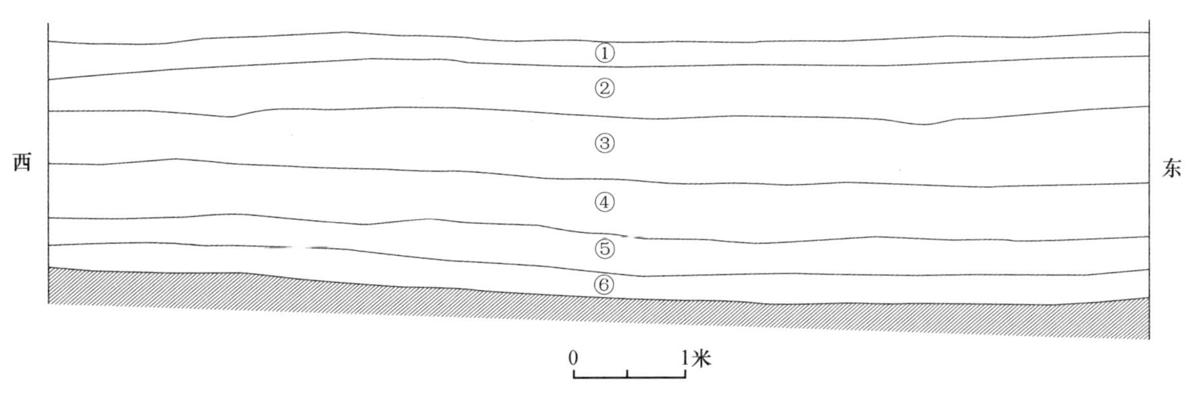

图三四　09TZTG1北壁地层剖面图

第三节　遗迹与遗物

城内发现院落、房址、灰坑、水井等遗迹，由于地层长期受雨水冲刷、植物根系生长和耕作的影响，水土流失和人为扰动现象严重，遗迹保存状况较差。

一、房　址

共发现17座，其中2004年发现2座，编号为04TZF1、04TZF2；2007年发现2座，2008年清理，编号为F1、F2；2009年清理13座，编号为F3～F15。F15见三号城内址（图三五）。

（一）04TZF1

1. 房址概况

发现于第1层下，打破04TZF2。平面为长方形，南北长约7.7、东西宽约6.5米。残存部分墙基，夹杂大量碎石块，宽约1米。门道位于房址东南部，宽约1.4米，发现少量踩踏面迹象，门向208°。墙体上发现5处圆形柱洞（编号为D1～D5），均为墙间柱，北墙3处、西墙1处、东墙1处。D1位于房址东北角，口径0.21、深0.25米；D2位于北墙中部，口径0.31、深0.28米；D3位于东室西北角中部，口径0.27、深0.26米；D4位于西墙中部，口径0.3、深0.26米；D5位于东墙北部，口径0.27、深0.25米。室内发现灶址、火炕、柱洞（D6）等迹象。灶址位于室内的东墙中部，保存较好，在靠近炕洞处为红色烧土，向外为灰白色灰烬，再向外灰烬中出现尚未燃尽的木炭，层次分明，迹象清楚。火炕为折尺形，靠近灶址一段为南北向，较短，烟道迹象不明显，长1.6米，然后呈直角折向西，沿北墙分布有三条烟道（YD），南侧两条略宽，宽度为0.3米左右，北侧烟道较窄，宽度为0.2米左右，烟道深度为0.25～0.3米，整个炕面宽度为1.7米。烟道在房址西北角汇成一股直通烟囱（YC）。烟囱残存下部基础，包在西北墙角中。D6位于东墙中部，贴近东墙，直径约0.27、深0.3米。西墙中部东侧发现一黑皮大陶瓮坐于坑内，陶瓮为半埋于地下，其下半部保存完好，上半部被压碎并直接坐于原位。坑内另清理出一小陶罐残件、青铜器残片和铁器残片。在紧临陶瓮的东南侧，亦发现一凹坑，其内清理出3件陶器：一件为较完整的蛋形小口盖罐；另一件为残损的陶罐，因缺损较大无法复原；再一件为壶口，该凹坑内还清理出铁锅残片和青铜器残片。在对房址内陶瓮的清理过程中，发现其上存有一定数量体积较大的木炭，当为房顶的木结构部分，说明该房屋毁于火灾（图三六；图版二四，2）。

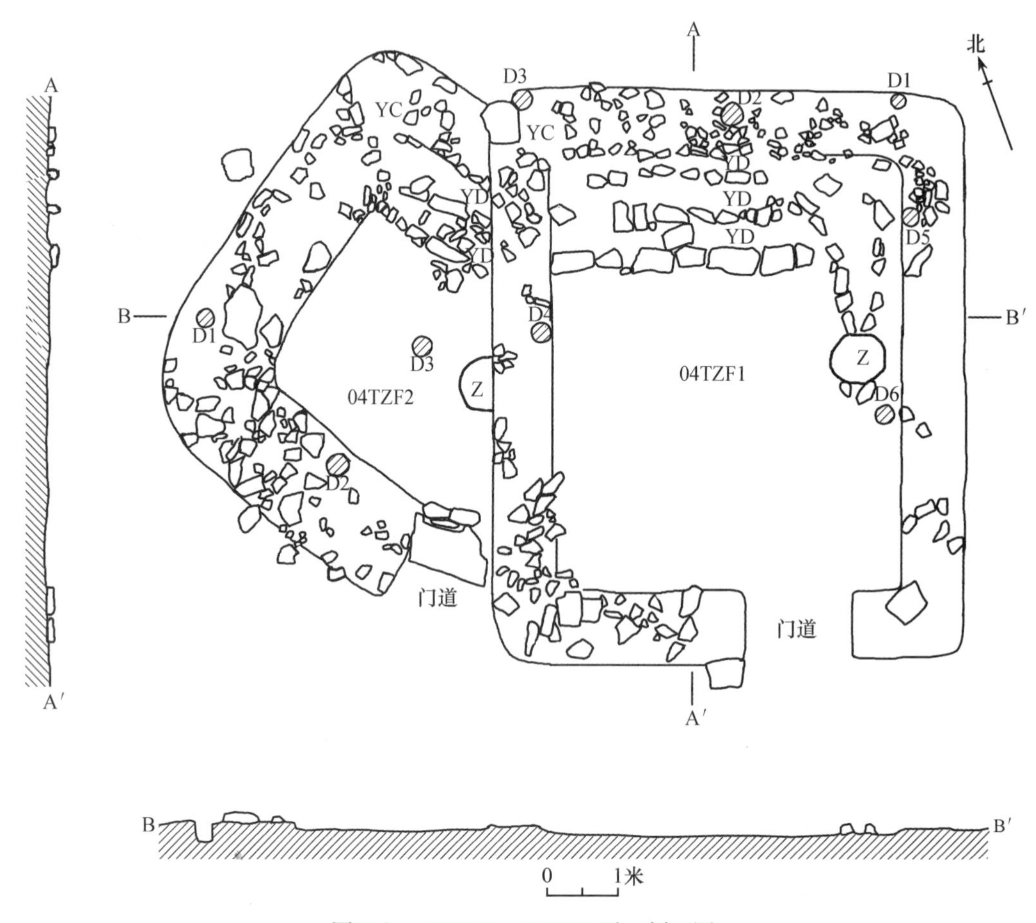

图三六　04TZF1、04TZF2平、剖面图

2. 出土遗物

房址内出土的陶片种类较多，以灰褐色、黑色夹砂陶为主，纹饰有弦纹和水波纹，可辨器形有子母口罐、瓮、盘等。铁器有铁镞和蹄铁。

（1）陶器

子母口罐　1件。

04TZF1①：2，灰褐色夹砂陶。其形制为蛋形子母小口，鼓腹，略呈橄榄状，平底。颈部饰有压划的斜格网纹，腹部表面饰有斜线状压印绳纹。口径12、最大腹径39、底径20、高49厘米（图三七，1；图版三五，3）。

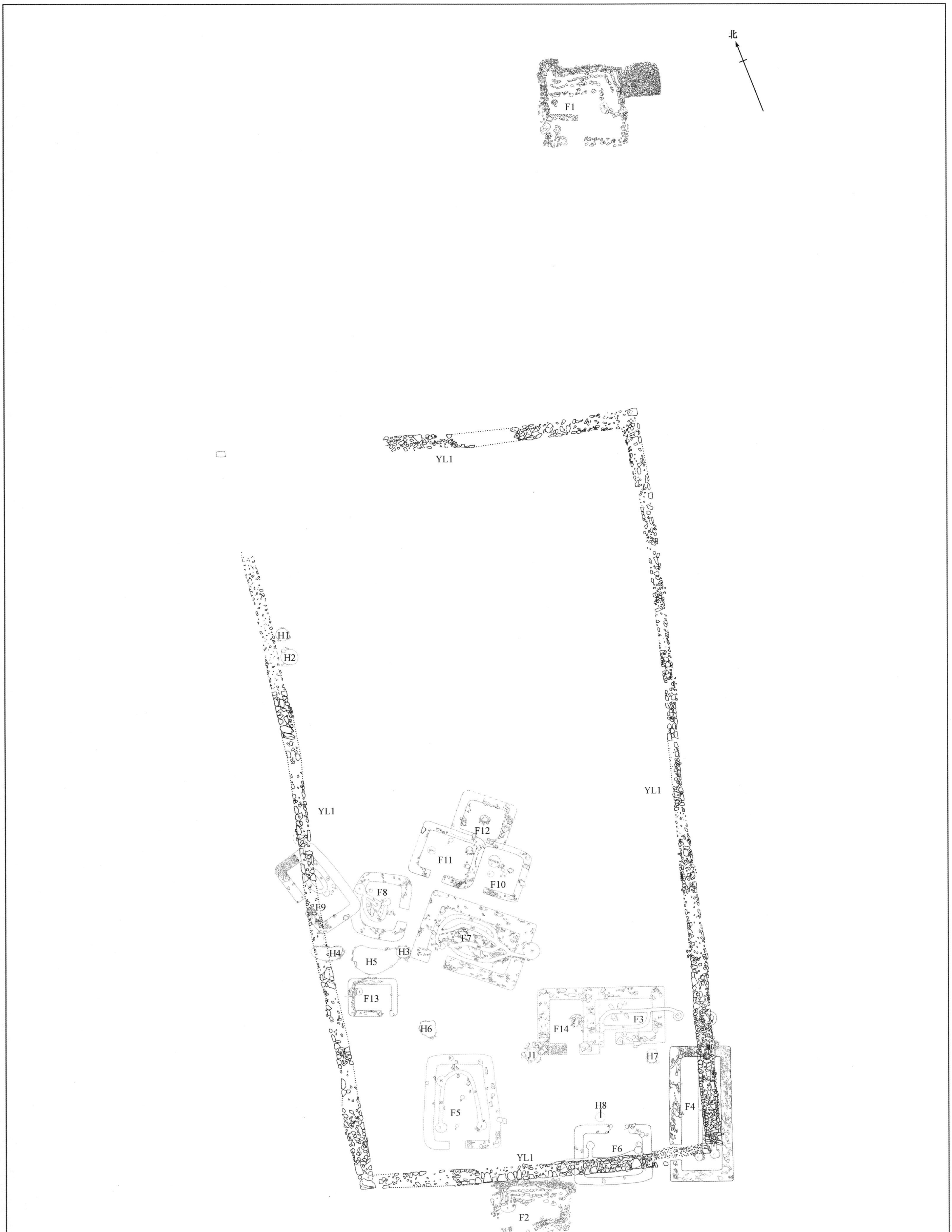

图三五　YL1、F1～F14、H1～H8平面位置图

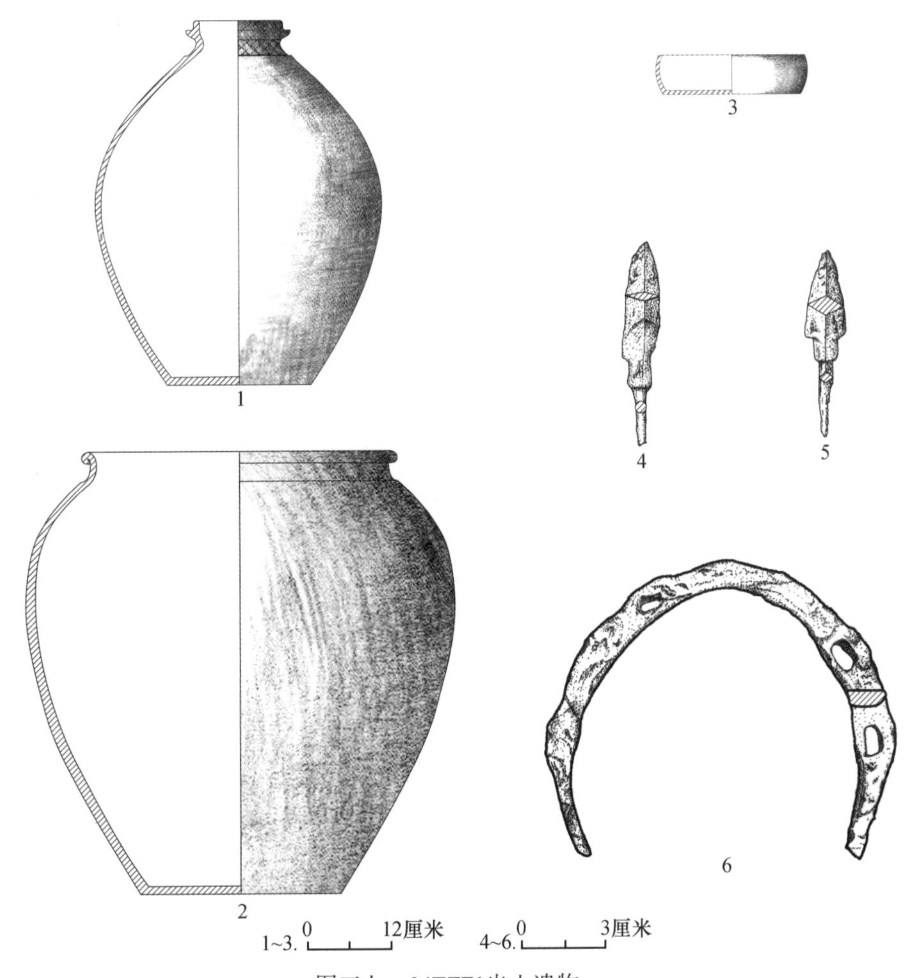

图三七　04TZF1出土遗物

1. 陶子母口罐（04TZF1①：2）　2. B型陶瓮（04TZF1①：1）　3. A型陶盘（04TZF1①：3）
4、5. B型铁镞（04TZF1①：4、04TZF1①：5）　6. B型蹄铁（04TZF1①：6）

瓮　1件。

B型　04TZF1①：1，夹砂黑皮陶。轮制而成。敛口卷沿，鼓腹，平底。陶瓮表面漆黑光亮，其领下有一道台痕，形制规整，造型端庄。口径44、底径28.8、最大腹径60、高61.5厘米（图三七，2；图版三五，4）。

盘　1件。

A型　04TZF1①：3，夹砂黑褐陶。表面磨光。敛口，弧腹，平底。口径21.6、底径19.6、高5.6厘米（图三七，3；图版三六，2）。

（2）铁器

镞　2件。

B型　04TZF1①：4，尖锋双刃，刃中起脊，横截面呈扁菱形，后部呈内收状，圆铤。镞身长5.2、刃宽1.4、脊厚0.3、铤残长2厘米（图三七，4）。04TZF1①：5，尖锋双刃，刃中起脊，横截面呈扁菱形，后部呈内收状，方铤。镞身长3.9、刃宽1.1、脊厚0.6、铤长2.7厘米（图三七，5）。

蹄铁　1件。

B型　04TZF1①：6，锻造。其形制与现代铁马掌基本相同。长径10.5、宽径12.8厘米（图三七，6）。

（二）04TZF2

房址东侧部分被04TZF1打破，残存西墙、南墙、北墙部分墙基，墙基宽约1.4米。门址位于南墙偏东侧，方向210°，门道的地面铺有一长1.1、宽0.64米的踏脚石，踏脚石的外缘平直而规整，里侧边缘呈内凹状，并高出屋内地面，在踏脚石与屋内地面之间横向架设一块石板，以连接踏脚石与屋内地面。由于搪板石略薄，下方空洞，因此中间已折断并向下塌陷。与此相接的门道地面明显坚硬。西墙和南墙各发现一处柱洞（编号为D1、D2）。D1位于西墙南段，贴近墙体外缘，直径0.25、深0.2米。D2位于南墙中部，贴近墙体内侧壁，直径0.32、深0.3米。室内发现灶址、火炕、柱洞等迹象。灶址位于室内东部，贴近东墙，残存少量红烧土。北侧连接曲尺形火炕，连接处烟道迹象不明显，向西转折后发现残存的两股石砌烟道，向西直通向西北角的烟囱（YC）中。烟囱损毁严重，迹象已不明显。室内中部发现一处柱洞（D3），直径0.29、深0.22米。地面上出土少量夹砂灰陶片，均为腹部残片，器形不明（图三六）。

（三）F1

1. 房址概况

位于YL1东北侧约40米处。发现于第1层下，平面呈近方形。房址开口距地表5～10厘米，南北长6.9、东西宽6.8米。东、北、西三侧墙体保存较好，可见宽约0.4米的土石混筑墙基，经解剖下部有基槽。南侧墙体保存较差，仅发现墙基下部基槽，基槽打破生土层。门道位于房址南墙偏西段，宽约1.4米，门向220°。室内由西墙中部向东侧延伸一段隔墙，长约2.4米。隔墙和火炕南侧边大体可将室内分隔为南、北两部分。南侧室内东西长5.7、南北宽约1.3米，仅发现一处础石残迹。北侧室南北宽3.4米，发现火炕、础石等设施。火炕由灶（Z）、烟道（YD）和烟囱（YC）构成，位于房址的东部和北部；灶的位置与隔墙相对，位于炕体西南角，灶坑损毁严重，仅保留部分烧结程度较高的红烧土堆积；灶址东侧连接烟道，连接处烟道残损严重，向北延伸一段后可观察出三条用条状石块立砌的烟道，每股宽约0.3米；烟道东侧贴近东墙，在房址东北角转向，贴北墙向西延伸，至西墙附近，以西墙为边合为一条，向北延伸至房址西北角，并凸出北墙一部分作为烟囱；烟囱仅存底部基座，由数块略经修整的石块垒砌；烟道上部覆有片状石块作为炕面，多已遗失，烟道及炕面部分石块是经过修整的楔形石。础石有两处（C1、C2），均是中央以平整石块充当主体，周围堆砌几块较小石块用以加固。C1位于北侧室火炕和西墙连接处，结构保留较为完整；C2位于南侧室靠近房址西南角。房内南部，地势较低，未见居住面，仅发现一层厚5～10厘米的灰褐色垫土，除火炕区域外均有分布，垫土中出土大量陶片，可辨器形有灰褐色夹云母粉陶罐、泥质黑皮陶三孔器等。烟道内出土泥质灰陶盘残片。

房址东侧由房屋东北角向东延伸一道墙基，南侧保留一片石块堆积，底部石块较为平整，面积约（3×3）平方米，可能与房屋附属设施有关（图三八；图版二七）。

图三八　F1平、剖面图

2. 出土遗物

出土遗物均为陶器残片，有灰色、灰褐色、黑色、红褐色夹砂或泥质陶片，可辨器形有侈口罐、直口罐、瓮、盘、器盖、三孔器等（图三九）。

侈口罐　4件。包括大口罐和小口罐。

大口罐　2件。

Aa型　1件。F1①：1，口沿。残。夹砂灰胎黑皮陶，黑皮脱落。素面。侈口，折沿外侧微上折，斜方唇。轮制。口径30、残高6.3、壁厚0.5～0.6厘米（图三九，1）。

Bb型　1件。F1①：4，口沿。残。夹砂黄褐胎黑皮陶。表面磨光，颈部饰细弦纹，腹内

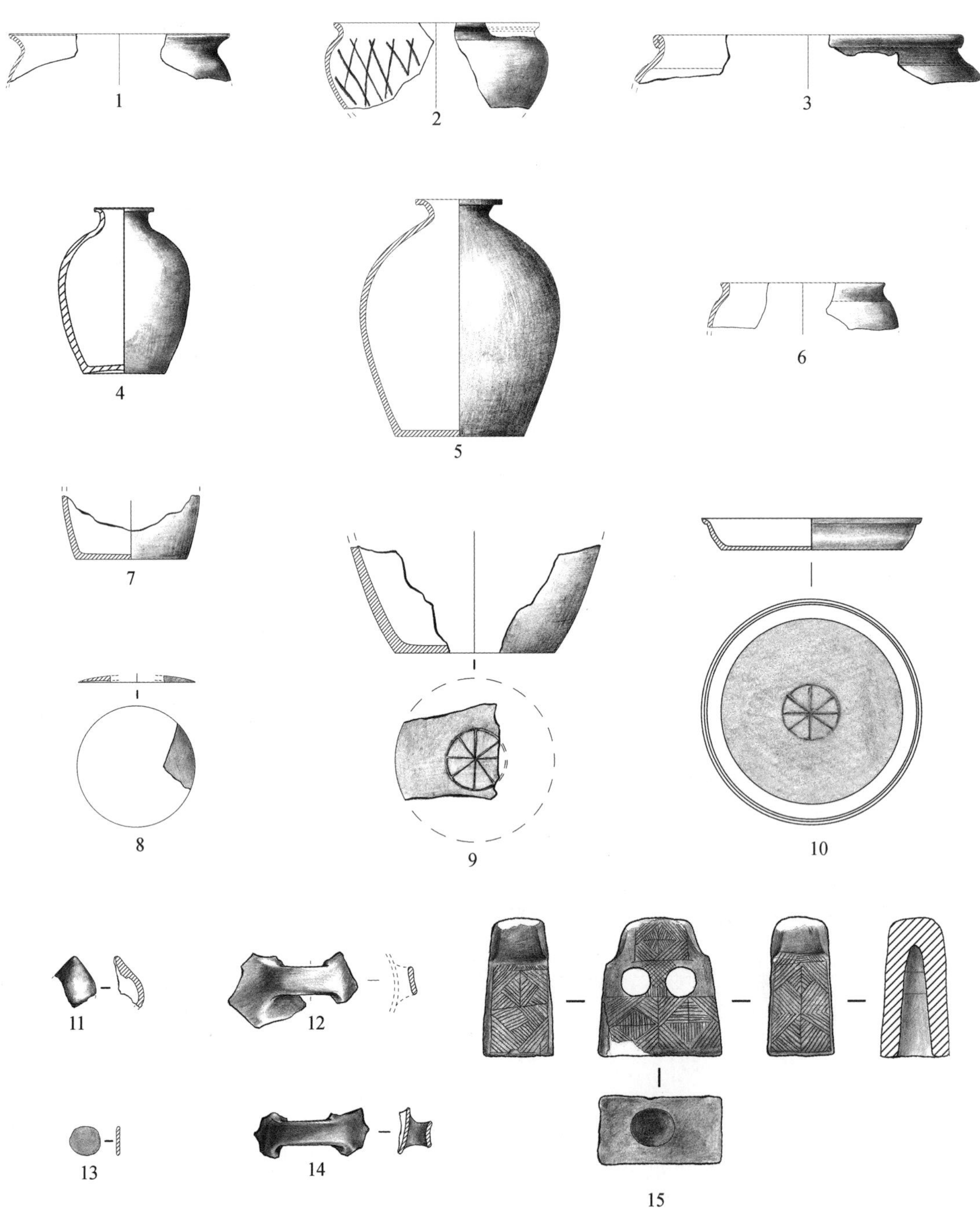

1~11、13. 0 8厘米　12、14、15. 0 4厘米

图三九　F1出土陶器

1. Aa型大口罐（F1①：1）　2. Bb型大口罐（F1①：4）　3. B型瓮（F1①：3）　4、5. A型小口罐（F1①：9、F1①：15）　6. B型直口罐（F1①：2）　7、9. 器底（F1①：6、F1①：7）　8. 器盖（F1①：5）　10. A型盘（F1①：8）　11. 器纽（F1①：11）　12、14. 器耳（F1①：12、F1①：13）　13. 圆形陶片（F1①：14）　15. 三孔器（F1①：10）

绘有黑色网纹。侈口，折沿，圆唇。轮制。口径27.9、腹径30.3、残高11.3、壁厚0.5～0.7厘米（图三九，2）。

小口罐　2件。

A型　2件。F1①：9，残。夹砂红胎灰皮陶。侈口，平沿，沿缘微上盘，方唇，器底略凹，短束颈，圆肩，斜鼓腹，器底略上鼓。素面。轮制。口径8、腹径17.9、底径10.9、高21.8、壁厚0.2～1厘米（图三九，4；图版三五，1）。F1①：15，残。夹砂黑胎红皮陶。侈口，平沿，方唇，短束颈，鼓腹，平底。底中部有一轮形纹，颈肩内部有泥条盘制痕迹。口径11.6、腹径27.4、底径17.3、高31.2、壁厚0.8～1.5厘米（图三九，5；图版三五，2）。

直口罐　1件。

B型　F1①：2，口沿。残。夹砂灰胎黑皮陶，黑皮脱落。素面。直口，方唇。轮制。口径22、残高6.2、壁厚0.6～0.9厘米（图三九，6）。

瓮　1件。

B型　F1①：3，口沿。残。夹砂夹云母灰褐陶。颈部凸出一道弦纹。侈口，卷沿，圆唇。轮制。口径41、残高6.5、壁厚0.7～0.9厘米（图三九，3）。

盘　1件。

A型　F1①：8，残。夹砂红褐胎灰皮陶。侈口，圆唇，平底，微鼓腹。器底外部凸出一直径8厘米的六辐轮形纹。轮制。口径29.8、底径24.3、高4.2、壁厚0.4～0.7厘米（图三九，10；图版三六，3）。

器盖　1件。

F1①：5，残。夹砂灰陶。素面。沿微内折。轮制。直径16、残高2、壁厚0.2～0.9厘米（图三九，8）。

器纽　1件。

F1①：11，夹砂灰陶。桃形。残高6.9、壁厚0.6～0.8厘米（图三九，11）。

器耳　2件。

F1①：12，残。夹砂灰陶。横桥形，上窄下宽。素面。手制。跨度12、面宽3.7、壁厚0.6～0.7厘米（图三九，12）。F1①：13，残。夹砂灰陶。横桥形，上窄下宽。素面。手制。跨度12.2、面宽3.5、壁厚0.7厘米（图三九，14）。

器底　2件。

F1①：6，残。夹砂黄褐胎黑皮陶。素面。平底。轮制。底径15、残高8.4、壁厚0.5～1.1厘米（图三九，7）。F1①：7，残。夹砂黄褐陶。平底，斜腹。器底外部凸出一直径8.9厘米的八辐轮形纹饰。轮制。底径22、残高14.2、壁厚0.7～1.2厘米（图三九，9）。

三孔器　1件。

F1①：10，残。夹砂褐胎黑皮陶。器首和器身正面均呈梯形，整体轮廓略呈凸字形，器身上半部横向并列两圆形穿孔，器底中部竖向穿有一圆形穿孔，三孔互通。器表刻满斜线组合的几何纹。手制。通高9.1、器首长4.4、宽3.5、器底长8.4、宽5.7厘米，器身孔径2.1、深4.2厘米，器底孔径3、深6.3厘米（图三九，15；图版三八，1～4）。

圆形陶片　1件。

F1①：14，残。夹砂红褐陶。素面。以陶器残片磨制。径4.2、壁厚0.5厘米（图三九，13）。

（四）F2

1. 房址概况

位于YL1南侧，其北墙紧贴YL1的南墙修建。发现于第1层下，地势北高南低，北侧紧邻YL1的南墙，为一座地面式建筑，平面呈长方形。房址开口距地表10厘米，东西长6.7、南北宽约4.8米。墙体仅保留部分墙基，以碎石块筑成，其中北侧墙基保存基本完整；西侧和东南角只保留一小部分；南墙残存部分迹象，西段由于地势原因，有明显向南侧倾斜下滑现象。门道辟于南墙偏西部，仅残留部分踩踏痕迹，方向220°。室内保存灶址（Z）和火炕。灶址仅保留部分红烧土残迹，靠近西墙中部；灶址北侧连接三条平行分布的石砌烟道（YD），宽约0.3米；烟道沿西墙向北侧延伸一段后，紧贴北墙内侧向东转折，在房址东北部汇成一股后，汇入东北角的烟囱（YC）；烟囱仅存底部石砌残基。房内居住面保存较差，仅东南角保留一小块，为黄色略泛白的黏土。南墙南侧约0.5米处发现从西向东分布的四块石块，表面较为平整，间距约1.4米，可能为廊道础石（C1～C4）（图四〇；图版二八）。

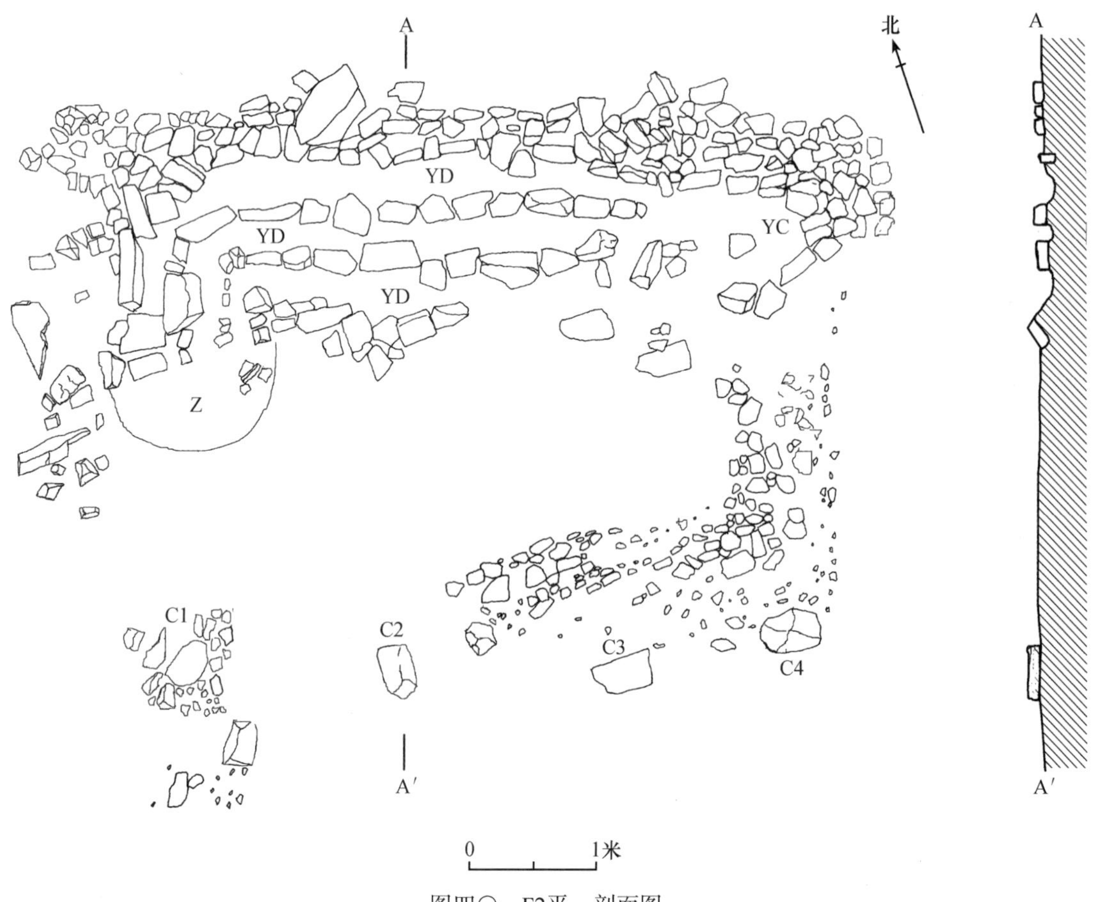

图四〇　F2平、剖面图

2. 出土遗物

出土有少量陶片和铁器，其中可辨器形的有陶瓮、铁钎等。

（1）陶器

瓮　1件。

B型　F2①：1，口沿。残。夹砂黄褐黑皮陶。侈口，圆唇，卷沿。素面。轮制。口径52.2、残高5.7、壁厚0.8～0.9厘米（图四三，4）。

（2）铁器

铁钎　1件。F2①：2，铁质。完好。顶端向一侧凸出，上有小孔，细长身，上部呈绳索状，下部截面呈方形，趋尖，底部为尖状。锻制。锈蚀严重。长42.1、最宽处为3、孔径0.4厘米（图四三，5；图版四二，4）。

（五）F3

发现于第2层下，西侧叠压于F14东墙之上，东南为F4，西南为F5，为地面式建筑，平面呈圆角长方形。房址开口距地表25厘米，外径长6.82、宽4.94米，内径长4.8、宽2.9米。墙基宽近1米，以黄白色黏土夹碎石夯筑而成。发现柱洞四处（D1～D4），均为墙间柱，开口均为圆形，洞内堆积一层灰褐色土。D1位于北墙偏西部，洞内填土为黄褐色亚黏土，底部为山石，立柱部分为灰褐色土，洞径0.4、深0.18、柱径0.26米；D2位于房址东南角，洞内填土为灰褐色土，底部为山石，洞径0.45、深0.27米；D3位于门道东侧，洞内填土为灰褐色土，底部为山石，洞径0.4、深0.14米；D4紧贴门道西壁偏向墙体外侧，洞内填土为灰褐色土，底部为山石，根据位置判断可能为门柱，洞径0.46、深0.2米。门道辟于南墙西段，方向200°，宽约1米。室内发现灶坑（Z）一处，灶坑连接火炕；灶残存底部，圆形圜底，直径约0.8、深约0.05厘米；火炕仅残留下部的烟道，烟道挖于生土层上，从灶址向东北侧（YD1）、东侧（YD2）各延伸出一条，残留沟状痕迹，宽约0.28、深0.02～0.05米，部分区段发现过火迹象；YD1向东北延伸约1.5米后转向东延伸3.1米；YD2向东延伸2.7米后圆弧状转向北侧，与YD1汇成一条，向东进入烟囱（YC）；烟囱仅余底端的小坑，位于房址东墙外；小坑为圆形圜底，直径约1.1、深0.2米，内部堆积为灰褐色土。

房内堆积可分为两层：第1层为黄褐色土，略泛灰，厚5～10厘米，夹杂红烧土粒及轮制泥质灰陶片，分布于屋内南部；第2层为灶址和烟道内的灰土、红烧土堆积（图四一）。

（六）F4

1. 房址概况

发现于第2层下，叠压于YL1西南角的墙体之下。西北为F3，西南为F6，正西为F5，为

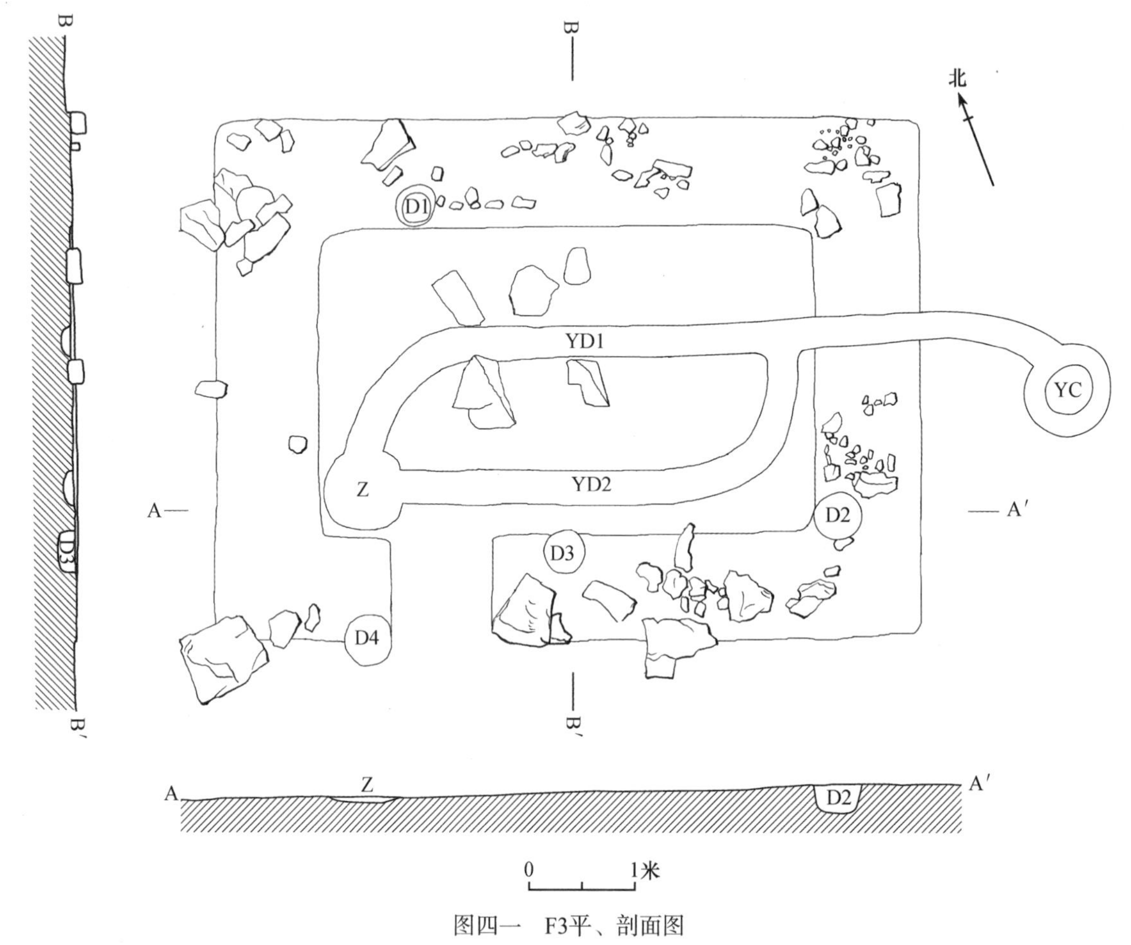

图四一　F3平、剖面图

地面式建筑，平面呈长方形。房址开口距地表0.3、底部距地表0.4米；南北长11.5、东西宽5.1米；室内长9.6、宽3.3米。墙体以黄白色黏土和碎石块混筑而成，仅残存一部分，宽约0.9米。西墙发现圆形柱洞3处（D1～D3），均为墙间柱，贴近墙体内侧边，开口均为圆形，洞内堆积一层灰色土。D1位于西北角，直径0.28、深0.15米；D2位于西墙北段，直径0.26、深0.18米；D3位于房址西墙中部，直径0.31、深0.2米。门道辟于西墙南端，门向290°，宽约1.27米，地面残留灰褐色踩踏痕迹。室内发现灶址和火炕，灶址自西向东有两处（Z1、Z2）。Z1残留下部的灶坑，灶坑为圆形圜底，口径约0.67、深约0.12米；Z2也仅残留下部的圆形圜底形灶坑，口径约0.79、深约0.2米；灶坑内堆积为黑褐色土夹杂红烧土粒，底部烧结严重。灶址向北各连接一条烟道，烟道宽约0.36米。西侧的烟道（YD1）向北延伸7.8米后向东侧转折，与东侧的烟道（YD2）在房内北侧汇成一条，穿过墙体延伸至房外，先折向西再转向北进入距房址北墙约1.73米处的烟囱（YC）中；两条烟道在室内一段为平行分布，间距约0.65米。烟囱残存底部基础，平面为圆环状，直径约1.6米，圆环中心为烟囱底坑，直径约1、深约0.3米，内部堆积一层黑褐色土。

房内堆积可分为两层：第1层为黄褐色土，略泛红，厚5～12厘米，夹杂红烧土粒、轮制泥质灰陶片、铁器残块，陶器可辨器形有陶罐口沿、横桥耳及用陶片磨制的圆形陶片等，分布于室内大部；第2层为灶址及烟道内的灰土及红烧土堆积（图四二）。

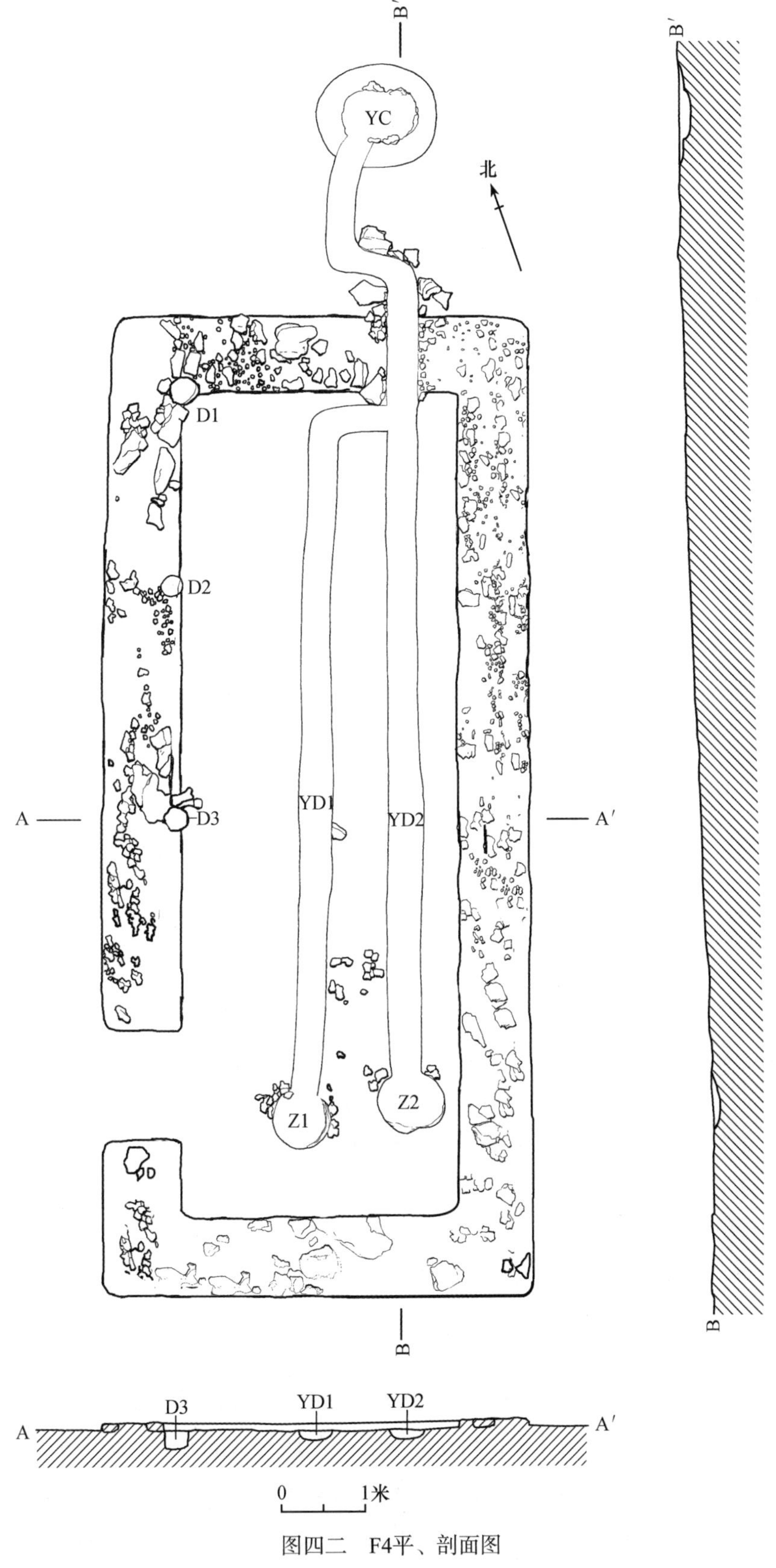

图四二　F4平、剖面图

2. 出土遗物

出土器以陶片为主，其中可辨器形有侈口罐、敛口罐等。

侈口罐　2件。均为大口罐。

Bb型　F4①：1，口沿。残。夹砂夹云母红褐陶，黑皮脱落。侈口，圆唇，折沿边缘略盘，短颈。素面。轮制。口径22.1、残高3.8、壁厚0.7～0.8厘米（图四三，1）。F4①：2，口沿。残。夹砂红褐陶。侈口，抹角方唇，折沿边缘略盘，短颈。素面。轮制。口径15.7、残高3.6、壁厚0.4～0.5厘米（图四三，2）。

敛口罐　1件。

C型　F4①：3，口沿。残。夹砂灰褐胎黑皮陶。敛口，方唇，肩稍折。素面。轮制。口径27.9、残高3.1、壁厚0.7～0.8厘米（图四三，3）。

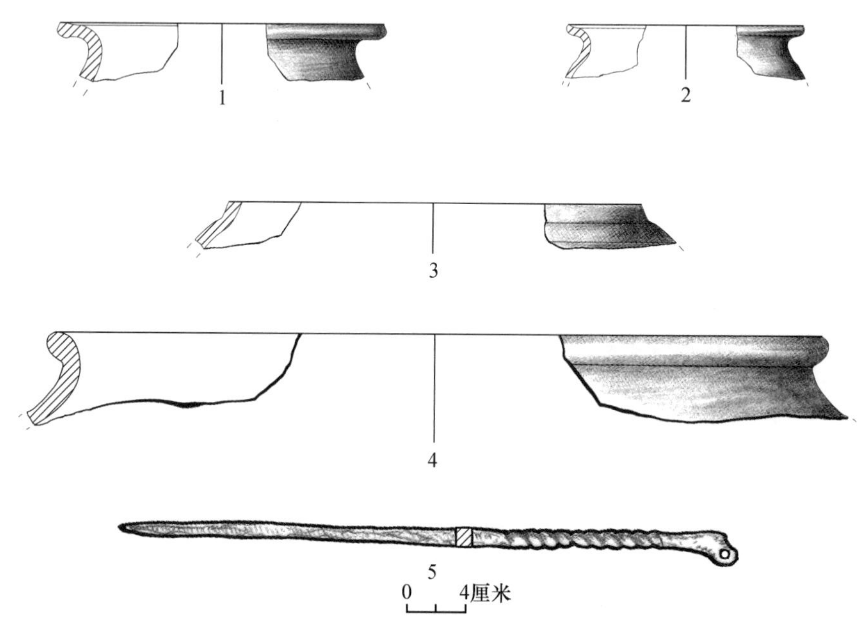

图四三　F2、F4出土遗物

1、2. Bb型陶侈口罐（F4①：1、F4①：2）　3. C型陶敛口罐（F4①：3）　4. B型陶瓮（F2①：1）　5. 铁钎（F2①：2）

（七）F5

1. 房址概况

发现于第2层下，北为F7，东北为F14，东南为F6，为地面式建筑，平面呈圆角梯形。房址开口距地表0.3、底部距地表0.4米，南北长8.2、东西最宽6.5米，室内南北长6.6、东西最宽4.7米。墙体以黄白色黏土夹碎石筑成，仅残存墙基痕迹，宽约0.9米。墙体上发现柱洞3处（D1～D3），开口均为圆形，洞内堆积一层灰色土。D1位于北墙偏西部，直径约0.36、深0.3米；D2位于房址东北角，直径0.42、深0.35米；D3位于东墙中部，直径约0.3、深0.25米。门道辟于南墙中部稍偏西，宽约1.34米，门向200°，地面保留比较完好的踩踏面，呈灰褐色，极为致密，平整。室内发现灶址、火炕、柱洞等迹象。灶址有两处，挖于生土层上，分列室内南部门道两侧，内部堆积均为深灰褐色土，包含大量木炭粒和烧土粒。西侧灶址（Z1）临近西墙，仅存灶坑，圆形圜底，坑底和坑壁涂抹一层黄褐色泛白的黏土，坑口直径0.97、深0.15米；东侧灶址（Z2）靠近东墙，灶坑保存较为完整，圆形圜底，坑底和坑壁同样涂抹一层黏土，坑口直径0.85、深0.2米。火炕残留烟道，呈U形，烟道挖于生土层上，宽约0.31米；东侧烟道从Z2向北延伸后呈U形转向南，与从Z1伸出的烟道汇合进入烟囱（YC）。烟囱仅余底部，位于房址西北侧室内，贴近西墙。室内发现两处圆形柱洞（D4、D5），开口均为圆形，洞内堆积一层灰褐色土。D4位于室内正中，直径0.34、深0.1米；D5位于室内南部，两处灶址之间，较靠近Z1，直径0.32、深0.12米。室内地面比较平整，保留有较好的活动面。

堆积分为两层：第1层为黄褐色土，泛灰，厚3～8厘米，夹杂红烧土粒、草木灰、轮制泥质灰陶片、铁器残块等；第2层为灶址及烟道内的灰土及红烧土堆积（图四四；图版二九，1）。

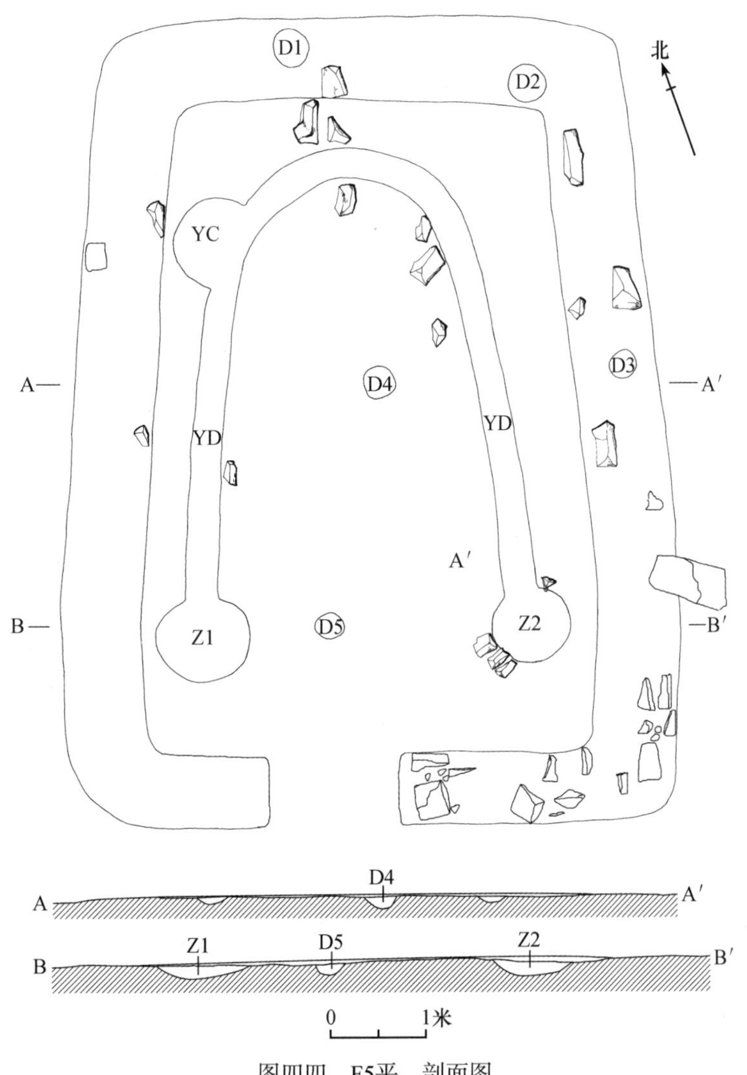

图四四　F5平、剖面图

2. 出土遗物

陶器可辨器形有侈口罐、敛口罐、直口罐、壶、盆等。

侈口罐　1件。为大口罐。

Bb型　F5①：4，口沿。残。泥质灰胎黑皮陶。侈口，抹角方唇中部划有浅凹槽一周，折沿边缘亦有浅凹槽一周。轮制。口径21.9、残高3.7、壁厚0.5～0.7厘米（图四五，3）。

敛口罐　1件。

C型　F5①：3，口沿。残。夹砂灰陶。敛口，方唇，溜肩。素面。轮制。口径21.9、残高4.4、壁厚0.5～0.8厘米（图四五，4）。

直口罐　1件。

B型　F5①：2，口沿。残。夹砂灰褐胎黑皮陶。直口，方唇，短颈，肩稍折。素面。轮制。口径23.9、残高3.9、壁厚0.6～0.7厘米（图四五，2）。

壶　1件。F5①：1，口沿。残。夹砂灰褐胎黑皮陶。侈口，方唇，折沿，短直颈。素面。轮制。口径12.9、残高3.9、壁厚0.6～0.7厘米（图四五，1）。

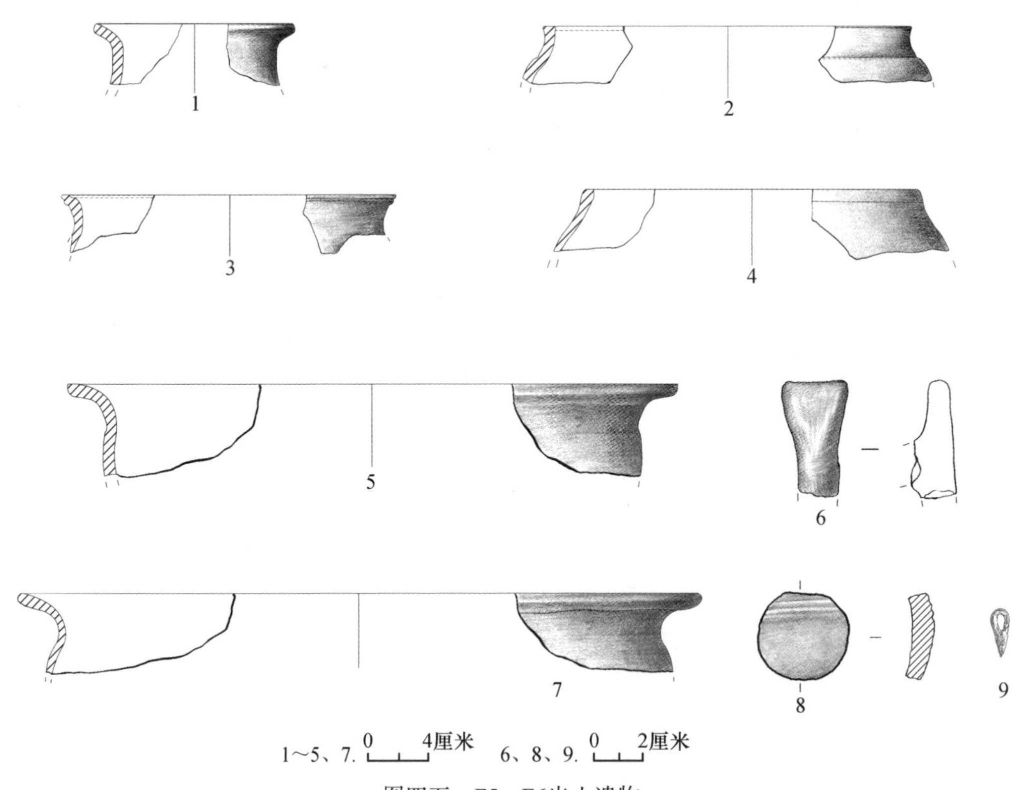

图四五　F5、F6出土遗物

1. 陶壶（F5①：1）　2. B型陶直口罐（F5①：2）　3. Bb型陶侈口罐（F5①：4）　4. C型陶敛口罐（F5①：3）　5. A型陶盆（F5①：6）　6. 泥塑（F6①：3）　7. B型陶盆（F5①：5）　8. 圆形陶片（F6①：1）　9. 铜环钉（F6①：2）

盆　2件。

A型　1件。F5①：6，口沿。残。泥质黄褐陶。侈口，圆唇，折沿，短束颈，肩部稍折。素面。轮制。口径39.7、残高5.7、壁厚0.7厘米（图四五，5）。

B型　1件。F5①：5，口沿。残。夹砂夹云母灰陶。侈口，圆唇，卷沿，短颈。素面。手制。口径44.2、残高5.1、壁厚0.4～0.5厘米（图四五，7）。

（八）F6

1. 房址概况

发现于第2层下，叠压于YL1南墙之下。北侧为F3，东北为F4，西北为F5，为地面式建筑，平面呈圆角长方形。房址开口距地表0.2、底部距地表0.3米，东西长6.29、宽5.07米，室内东西长4.79、宽3.72米。墙体以黄白色黏土夹杂少量碎石夯筑而成，宽约0.74米。墙体上发现圆形柱洞1处（D1），位于房址东北角，口径0.42、深0.1米，洞内堆积有一层灰褐色土。门道辟于北墙中部略偏东，宽约1.6米，门向25°，门道两侧墙头各发现一处圆形柱洞（D2、D3），西侧为D3，直径0.26、深0.15米；D2位于东侧，直径0.28、深0.15米。门道及其附近保留一片约2平方米的平整踩踏面，呈灰色，极为致密。室内发现灶址和火炕，灶址有东西两处（Z1、Z2），Z1临近东墙，为双联灶，北小南大，呈葫芦形圜底，残留灶坑坑底，南北长1、深0.08～0.1米；Z2接近西墙，仅留灶坑，圆形圜底，直径0.64、深0.08米。火炕残留烟道部分，烟道宽0.32、深0.05米，挖于生土上。两处灶址各自通过向南的烟道连入房址南部的长环形烟道中，烟道向西汇为一条穿越西墙伸入房址西侧1.5米处的烟囱中。烟囱仅残余底部的小坑。坑口直径0.52、深0.15米。东侧室外亦发现一处灶址（Z3），呈瓢形，长约1.08米，灶口向南，通过一道西向的烟道穿过房址东墙连入室内烟道。

房内堆积分为两层：第1层为黄褐色土，略泛红，厚3～8厘米，夹杂红烧土粒、草木灰，出土轮制泥质灰陶片等；第2层为灶址及烟道内的灰褐色土及红烧土堆积（图四六；图版二九，2）。

2. 出土遗物

可辨器形有圆形陶片、泥塑、铜环钉。

圆形陶片　1件。F6①：1，残。泥质灰褐胎黑皮陶。圆形，面略凹，一面划有两道浅凹弦纹。器壁残片磨制。径3.8、厚0.6～0.8厘米（图四五，8）。

泥塑　1件。F6①：3，残。夹砂红陶。塑体前端呈梯形铲状，后端为残圆柱形，上端残。素面。手制。残长4.7、残宽1.6～2.7、壁厚0.8～1.8厘米（图四五，6）。

铜环钉　1件。F6①：2，青铜质。完整。圆形铜条对折，上端呈椭圆环形。通长2、环径0.6厘米（图四五，9；图版五三，2）。

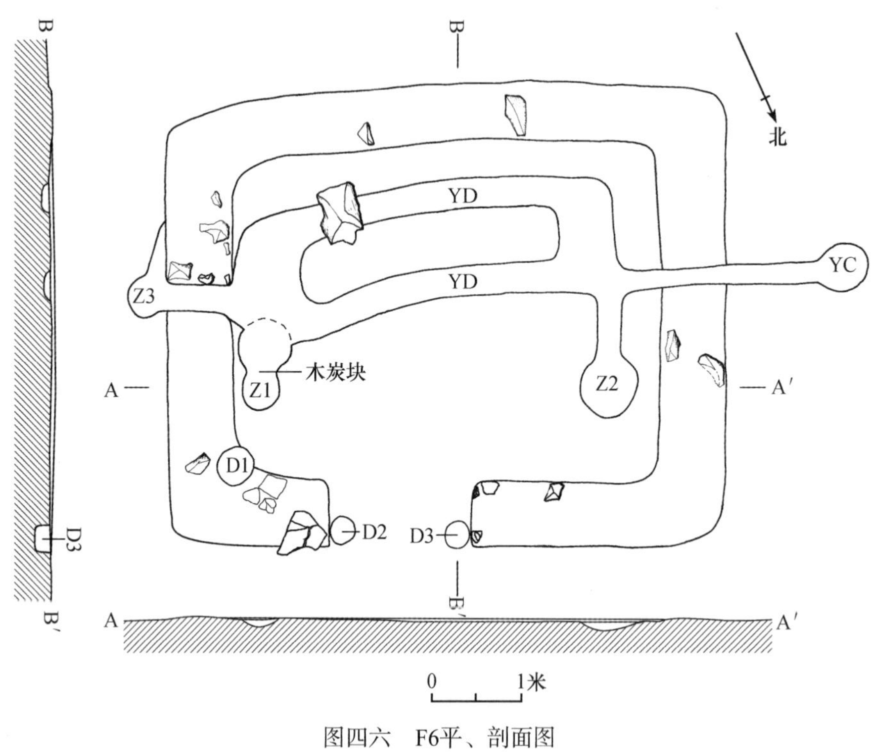

图四六　F6平、剖面图

（九）F7

1. 房址概况

发现于第2层下，西邻F8，北邻F10，为地面式建筑，平面呈圆角长方形。房址开口距地表0.35、底部距地表0.45米，东西长8.9、宽5.9米，室内长6.8、宽3.7米。墙体以黄白色黏土夹杂少量碎石夯筑而成，仅残存一部分，宽约1.08米。北墙上发现3处圆形柱洞（D1～D3），内部残留填土为灰褐色。D1位于房址西北角，直径约0.43、深0.22米；D2位于北墙中部，直径0.31、深0.09米；D3位于D2东侧约1.08米，直径0.26、深0.12米。门道辟于南墙西段，宽约1.33米，门向220°，地面发现保留完好的踩踏面，并向室外延伸约0.5米。室内发现灶址、火炕和柱洞。灶址有两处（Z1、Z2），东西并列，位于门道内口北侧，均开挖于生土之上，残留底部的圆形圜底状灶坑。Z1位于西侧，正对门道，直径0.55、深0.05米；Z2位于东侧略偏北，直径0.49、深0.06米。火炕仅残留下部的四条烟道，烟道宽约0.36、深0.08米，自灶址延伸出来，最会汇入烟囱。Z1向西延伸出一条烟道，烟道向北转约1.1米后分成两条（YD1、YD2），北侧一条（YD1）向东北转折，贴近北墙向东延伸至房址东部后向南转又融回YD2；YD2自分流处先向东北，再向东，后转东南至东墙；Z2向东侧呈V形延伸出两条烟道（YD3、YD4），YD3、YD4先向东延伸后转向东北汇入YD2；YD2汇合其他三条烟道后向东穿越东墙进入烟囱（YC）。烟囱一小半包在东墙墙体内，另一半露于房外，仅残留底部基坑，呈圆形圜底状，直径1.45、深0.25米。室内发现柱洞3处（D4～D6），均为圆形，自西向东排列于室内中部，内部残留一层灰褐色土。D4位于Z2北侧，直径0.27、深0.08米；D5位于房址正中，直径0.22、深0.15米；D6位于D5东南侧，直径0.27、深0.1米。

房内堆积分为两层：第1层为灰褐色土，略泛黄，厚2～5厘米，夹杂红烧土粒、草木灰、轮制泥质灰陶片等，灶址附近出土陶纺轮和铁镞；第2层为灶址、烟道、烟囱底坑内的黑灰色土及红烧土堆积（图四七；图版三〇）。

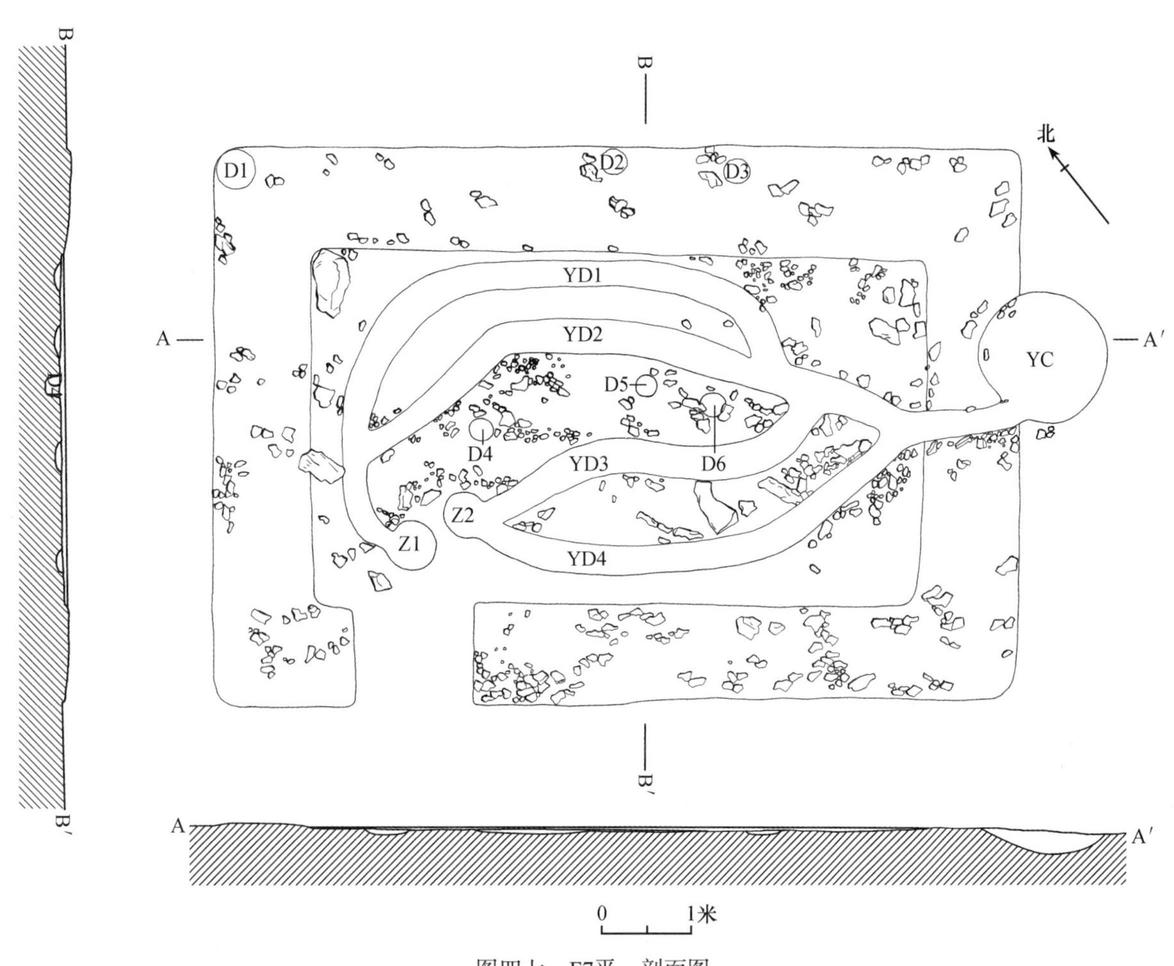

图四七　F7平、剖面图

2. 出土遗物

陶器可辨器形有侈口罐、直口罐、盆、甑等，铁器有铁镞等。

（1）陶器

侈口罐　9件。均为大口罐。

Ab型　1件。F7①：19，口沿。残。夹砂灰胎黑皮陶，黑皮脱落。侈口，抹角方唇，折沿，短颈。素面。轮制。口径29.8、残高5.6、壁厚0.5～0.6厘米（图四八，5）。

Ba型　2件。

F7①：7，口沿。残。夹砂灰胎黑皮陶。侈口，方唇，上折沿，颈部内侧下方划有浅凹弦纹一周。轮制。口径38、残高4.4、壁厚0.6～0.9厘米（图四八，1）。F7①：18，口沿。残。夹砂灰褐陶。侈口，抹角方唇，折沿边缘略盘，短颈，鼓肩。素面。轮制。口径12.1、残高

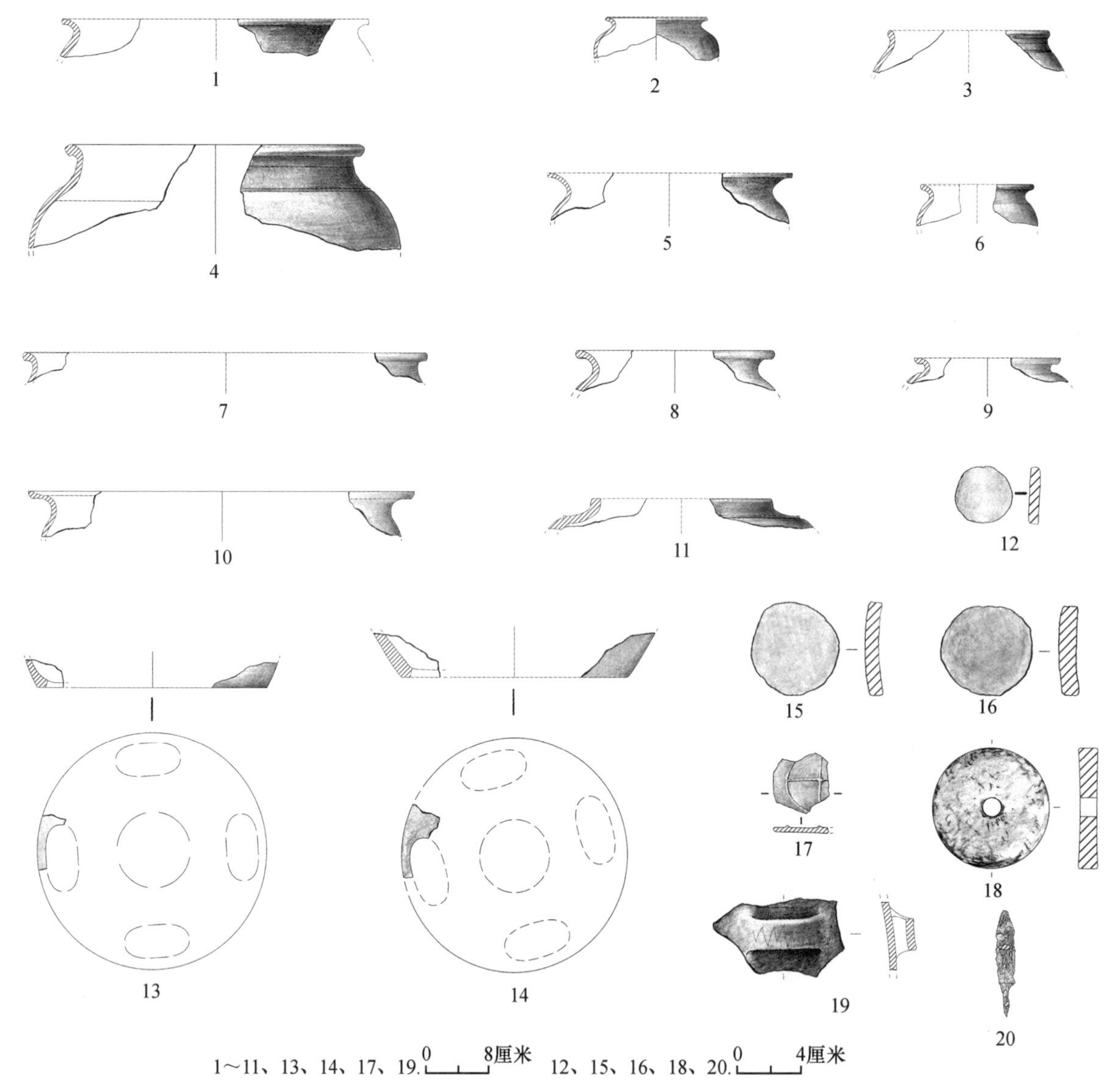

图四八　F7出土遗物

1、2. Ba型陶侈口罐（F7①：7、F7①：18）　3. C型陶侈口罐（F7①：5）　4、6～9. Bb型陶侈口罐（F7①：1、F7①：4、F7①：3、F7①：20、F7①：16）　5. Ab型陶侈口罐（F7①：19）　10. B型陶盆（F7①：6）　11. A型陶直口罐（F7①：2）　12、15、16. 圆形陶片（F7①：9、F7①：10、F7①：11）　13、14. A型陶甑（F7①：13、F7①：17）　17. 陶器底（F7①：8）　18. 纺轮（F7①：14）　19. 陶器耳（F7①：12）　20. B型铁镞（F7①：15）

5.1、壁厚0.3～0.4厘米（图四八，2）。

Bb型　5件。

F7①：1，口沿。残。夹砂黄褐胎黑皮陶，黑皮脱落。侈口，圆唇，卷沿，颈部下方有浅凸棱一周。轮制。口径35.8、残高12.6、壁厚0.6～1厘米（图四八，4）。F7①：3，口沿。残。夹砂红褐胎黑皮陶。侈口，圆唇上边缘划有浅凹弦纹一周，卷沿下部有浅凹槽一周，短颈。轮制。口径49.7、残高3.3、壁厚0.5厘米（图四八，7）。F7①：4，口沿。残。夹砂黄褐胎黑皮陶，黑皮有脱落。侈口，抹角方唇，折沿边缘略盘，短颈，肩稍折。素面。轮制。口径13.6、残高5、壁厚0.5厘米（图四八，6）。F7①：16，口沿。残。夹砂夹云母灰陶。侈口，方唇，折沿，短颈。素面。轮制。口径18.1、残高3.1、壁厚0.4～0.7厘米（图四八，9）。F7①：20，口沿。残。夹砂黄褐胎黑皮陶。侈口，圆唇，卷沿，短颈。素面。轮制。口径24、残高4.9、壁厚0.6～0.8厘米（图四八，8）。

C型　1件。F7①：5，口沿。残。泥质黄褐胎黑皮陶。侈口，圆唇，卷沿，口沿下有浅凸棱一周，短颈下划浅凹槽一周。轮制。口径19.7、残高4.8、壁厚0.5～0.6厘米（图四八，3）。

直口罐　1件。

A型　F7①：2，口沿。残。泥质灰胎黑皮陶。直口，方唇，颈部下方划有凸棱一周，折肩。轮制。口径21.9、残高3.5、壁厚1～1.2厘米（图四八，11）。

盆　1件。

B型　F7①：6，口沿。残。夹砂灰胎黑皮陶。侈口，折沿略盘，抹角方唇中部略凸，短颈。素面。轮制。口径47.9、残高5.4、壁厚0.5～0.6厘米（图四八，10）。

甑　2件。

A型　F7①：13，甑底。残。夹砂灰陶。平底有椭圆形穿孔，一面穿凿，斜腹。素面。轮制。底径28、残高3.1、壁厚0.7～1厘米（图四八，13）。F7①：17，甑底。残。夹砂灰胎黑皮陶，黑皮有脱落。平底有椭圆形穿孔，一面穿凿，斜腹，器壁外侧有浅戳印纹，底部有浅凸弦纹数周。轮制。底径28.1、残高5.3、壁厚0.8～1.5厘米（图四八，14）。

器耳　1件。F7①：12，残。夹砂灰胎黑皮陶，黑皮脱落。横桥形耳，上部稍窄，贴附于器壁，表面划有锯齿状暗纹。手制。跨度9.2、高1.7、面宽3.7、壁厚1厘米（图四八，19）。

器底　1件。F7①：8，残。夹砂灰胎黑皮陶，黑皮脱落。平底，底部凸出一圈四辐轮形纹。轮制。残长7.3、残宽6.7、壁厚0.5～0.6厘米（图四八，17）。

圆形陶片　3件。F7①：9，残。夹砂红褐胎黑皮陶，黑皮有脱落。圆形，面平。素面。用陶器器底磨制。径3.6、壁厚0.8厘米（图四八，12）。F7①：10，残。夹砂灰陶，黑皮脱落。圆形，面内凹。素面。用陶器器壁残片打制。径5.6、壁厚0.8厘米（图四八，15）。F7①：11，残。夹砂灰陶。圆形，面微内凹。表面磨光。用陶器器壁残片打制后略磨。径5.6、壁厚1～1.1厘米（图四八，16）。

纺轮　1件。F7①：14，完整。夹砂灰胎黑皮陶。圆形，面平，中有圆形穿孔，一面穿凿。素面。轮制。直径7.3、孔径1.1、壁厚1.2～1.3厘米（图四八，18；图版三八，6）。

（2）铁器

铁镞　1件。

B型　F7①：15，铁质。完整。锈蚀严重。叶形锋，锋剖面呈椭圆形，尾折收，方锥形铤。锻制。通长6.3、锋长4.6、宽1.2厘米（图四八，20；图版五〇，6）。

（十）F8

1. 房址概况

发现于第2层下，西墙被F9东南墙角打破。东邻F7，东北侧为F11，为地面式建筑，平面呈圆角长方形。房址开口距地表0.4、底部距地表0.5米，南北长5.64、东西宽4.72米，室内南北长3.97、宽3.19米。南、北、东三面墙体仅存墙基，西侧墙体与F9墙体相连，部分借用F9墙体。墙体以黄白色黏土夹大量碎石筑成，宽约0.85米。门道辟于东墙南段，宽约1.14米，门向120°。室内有一定范围的居住面，保存较差。室内发现灶址、火炕和柱洞。灶址（Z1）位于房址中部，仅存底部圆形圜底状小坑，直径0.66、深0.1米。火炕仅残留下部的烟道迹象，烟道宽约0.28、深0.08米，分布不规则。自Z1分别向南（YD1）和向西（YD2）分别伸出一条烟道，YD1先向南，再以半圆形向西北方向延伸至西墙；YD2向西延伸一段后分出南向的YD3，主体仍继续向西，在西墙附近汇入YD1；YD3直接向南延伸分出向西与YD2基本平行的YD4，随后主体仍向南汇入YD1；YD4直接向西汇入YD1；YD1汇合了其他几条烟道，向西北进入烟囱（YC）。烟囱包于房址西墙中，仅残留底部的圆形浅坑，坑口直径0.89、深0.15米。室内发现圆形柱洞两处（D1、D2），D1正对门道内侧，直径0.27、深0.13米；D2靠近房址西北角，直径0.27、深0.14米。室内残留灶址和烟道，灶址1处（Z1），位于房内中部，烟道四条，烟囱底坑位于西墙北段。

室内堆积可分为两层：第1层为黄褐色亚黏土，厚2～9厘米，夹大量红烧土粒，出土泥质灰陶残片等；第2层为残存的灶址、烟道及柱洞（图四九；图版三一，1）。

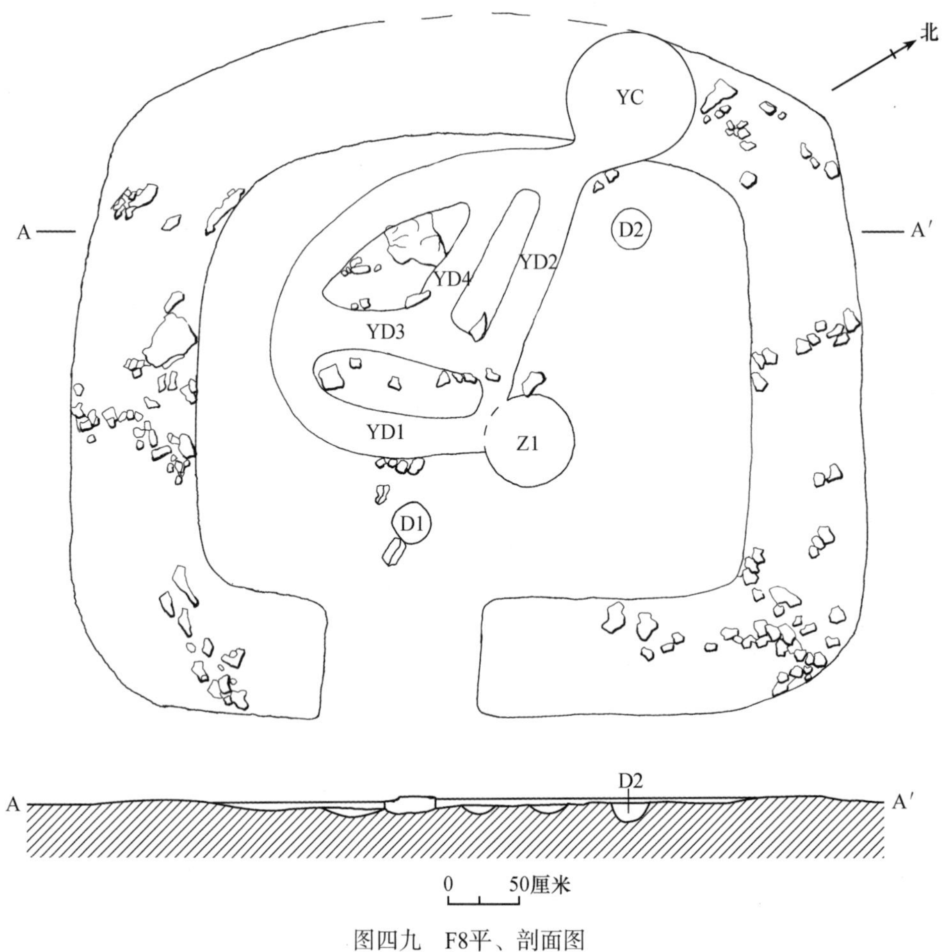

图四九　F8平、剖面图

2. 出土遗物

以陶片为主，可辨器形有陶瓮等。

陶瓮　1件。

A型　F8①：1，口沿。残。泥质黄褐胎黑皮陶。侈口，卷沿，圆唇略尖，短颈。素面。轮制。口径38.1、残高5.6、壁厚0.5～0.7厘米（图五一，1）。

（十一）F9

1. 房址概况

发现于第2层下，东南角打破F8西墙，为地面式建筑，平面呈圆角长方形。房址开口距地表0.5、底部距地表0.6米，南北长6.9、东西宽4.32米，室内南北长5.28、东西宽2.56米。残存部分墙基，墙基下部基槽挖于生土之上，以浅黄色泛白的黏土掺杂大量碎石块筑成墙体，墙体宽度约0.9米。门道辟于南墙中部，宽约1.05米，门向255°。室内活动面范围较小，保存较差。室内发现灶址、火炕和柱洞。灶址1处（Z1），位于房内东部，正对门道，残留圆形圜底小坑，坑壁和坑底涂抹一层浅黄色黏土，部分被烧成红色，灶坑直径0.6、深0.1米。火炕仅残留底部的烟道，两条烟道（YD）从灶址引出，围成环形汇成一条从北墙穿过，通入屋外的烟囱（YC）中。烟囱部分未发掘，形制不明。室内东墙内侧发现柱洞4个（D1～D4），开口为圆形。D1位于室内东北角，直径0.28、深0.15米；D2北距D1约0.38米，紧贴东墙，口径约0.27、深0.25米；D3靠近东墙中部，口径0.32、深0.28米；D4西侧正对灶址，口径约0.33、深0.15米。

室内堆积可分为两层：第1层为黄褐色亚黏土，厚2～4厘米，夹大量红烧土粒，出土泥质灰陶残片、黑皮陶残片、铲形铁镞等；第2层为残存的灶址、烟道及柱洞等（图五〇；图版三一，2）。

2. 出土遗物

可辨器形有陶侈口罐、陶瓮、圆形陶片、铁镞等。

（1）陶器

侈口罐　3件。均为大口罐。

Ab型　1件。F9①：2，口沿。残。泥质黄褐胎黑皮陶，黑皮脱落。侈口，卷沿，圆唇略尖，短颈，鼓肩稍折。素面。轮制。口径35.7、残高6.1、壁厚0.4～0.5厘米（图五一，4）。

Ba型　1件。F9①：4，口沿。残。泥质灰褐胎黑皮陶。侈口，尖唇，平沿略鼓，短颈，鼓肩。素面。轮制。口径29.1、残高4.6、壁厚0.4～0.6厘米（图五一，2）。

Bb型　1件。F9①：3，口沿。残。夹砂红褐陶，黑皮有脱落。侈口，抹角方唇，折沿外缘划有浅凹槽一周。短颈，肩稍折。轮制。口径37.9、残高5.6、壁厚0.5～0.7厘米（图五一，6）。

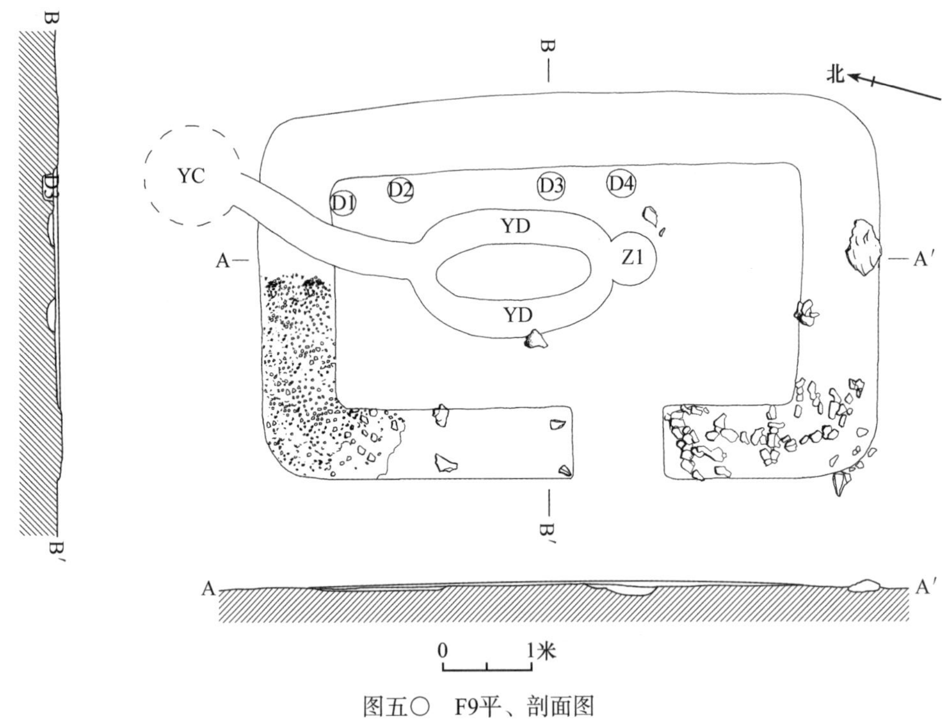

图五〇　F9平、剖面图

瓮　1件。

B型　F9①：1，口沿。残。夹砂黄褐胎黑皮陶。侈口，卷沿，圆唇，短颈下划有一周浅凹弦纹，肩稍折。轮制。口径52.1、残高7.1、壁厚0.8～1厘米（图五一，8）。

圆形陶片　2件。F9①：6，残。夹砂黄褐胎黑皮陶。圆形，面平。素面。器底残片磨制。径3.7、壁厚0.7厘米（图五一，3）。F9①：7，残。泥质灰陶。圆形，面略内凹。素面。器壁残片磨制。径3.7、壁厚0.4～0.5厘米（图五一，5）。

（2）铁器

镞　1件。

C型　F9①：5，铁质。残。铲形锋镞，锋面扁平，方锥形铤。锻制。通长4.7、锋长2.2、宽0.6厘米（图五一，7）。

（十二）F10

1. 房址概况

发现于第2层下，房址南为F7，西侧未发现墙体，可能是利用F11的东墙作为西墙，北侧打破F12的南墙，为浅地穴式建筑，平面呈圆角长方形。房址开口距地表0.45、底部距地表0.55米，东西长4.57、宽4.5米，室内长3.45、宽3.43米。穴壁残高0.1～0.22米，穴壁外侧残存部分墙体，墙体以黄白色黏土夹杂碎石筑成，墙体宽约0.51米。东北角墙体上发现一处圆形柱洞（D1），D1直径约0.36、深0.16米。门道辟于南墙东端，宽约1.04米，门向220°。室内居住面

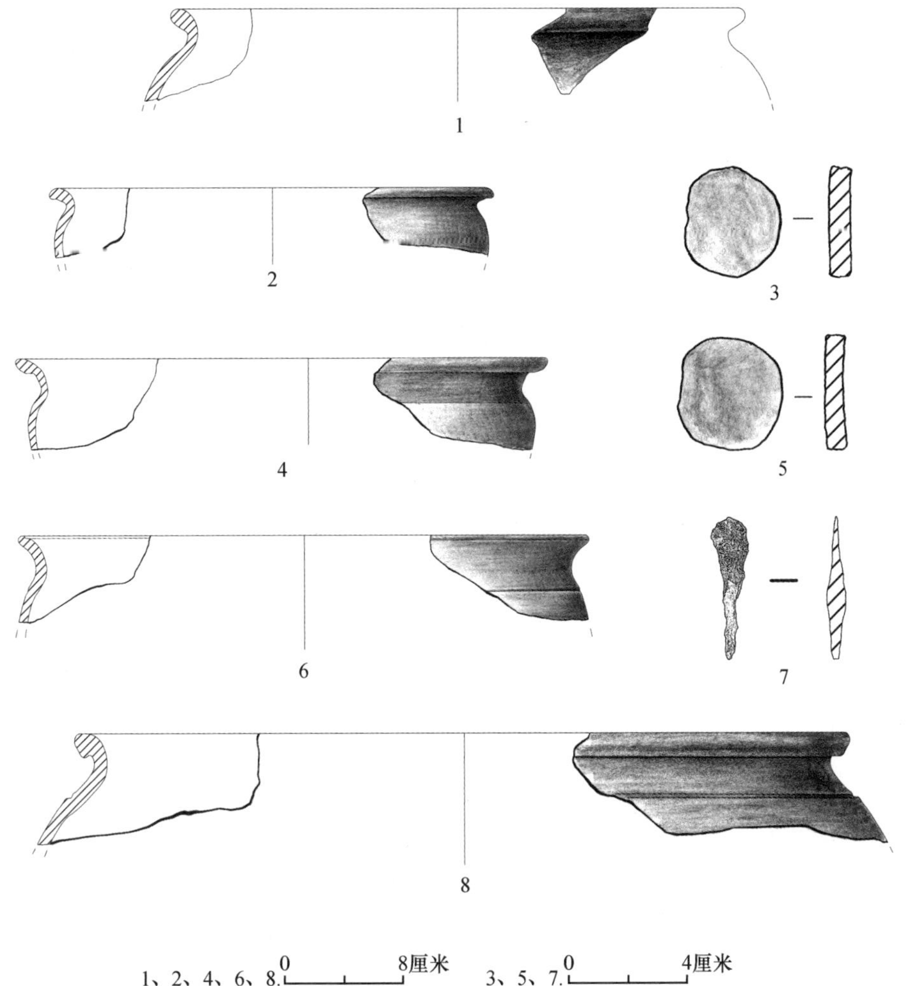

图五一　F8、F9出土遗物

1. A型陶瓮（F8①：1）　2. Ba型陶侈口罐（F9①：4）　3、5. 圆形陶片（F9①：6、F9①：7）
4. Ab型陶侈口罐（F9①：2）　6. Bb型陶侈口罐（F9①：3）　7. C型铁镞（F9①：5）　8. B型陶瓮（F9①：1）

范围较小，保存极差。室内残留柱洞和烧火迹象。烧火迹象1处，应为灶址（Z），位于室内中部偏西北，未见烟道。柱洞2个（D2、D3），均为圆形，位于室内中心，东西排列。D2偏西侧，直径0.53、深0.26米；D3略偏东，直径0.31、深0.18米。

室内堆积可分为两层：第1层为黄褐色土，厚3～12厘米，夹大量红烧土粒，出土泥质灰陶残片、蹄铁等；第2层为灶址、柱洞填土及居住面等。出土遗物中可辨器形的有陶瓮、陶器底、蹄铁等（图五二；图版三二，1）。

2. 出土遗物

出土遗物以陶片为主，可辨器形有瓮和器底，另有蹄铁1件。

陶瓮　1件。

B型　F10①：1，口沿。残。夹砂黄褐胎黑皮陶。侈口，圆唇，卷沿，短颈，鼓肩。素面。轮制。口径49.9、残高8.9、壁厚0.6～0.8厘米（图五七，1）。

陶器底　1件。F10①：3，残。夹砂灰陶，火候不足，胎芯呈红褐色。平底，斜腹。素

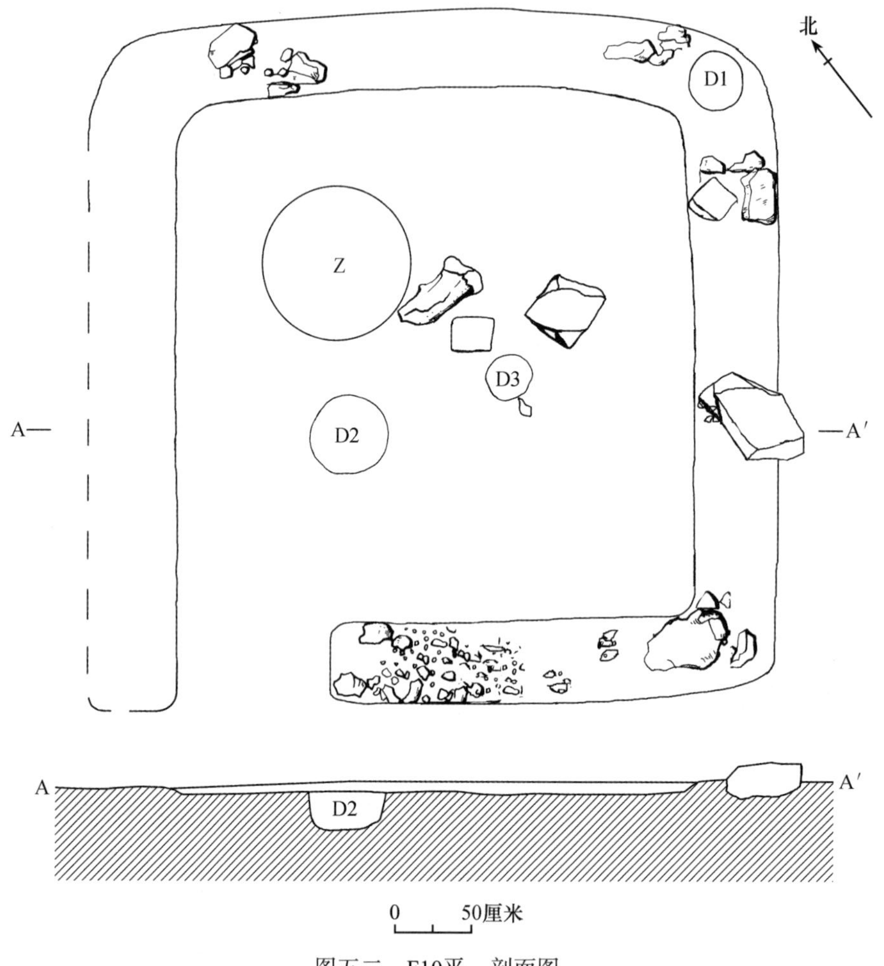

图五二　F10平、剖面图

面。手制。底径43、残高15.1、壁厚1.3～2.4厘米（图五七，5）。

蹄铁　1件。

A型　F10①：2，铁质。完整。弯柄刀形，上有两孔，孔内有铁钉残余。锻造。长12.5、宽1.6～2.5厘米（图五七，8；图版三九，4）。

（十三）F11

1. 房址概况

发现于第2层下，东侧为F10，东墙可能与F10共用，北侧打破F12的南墙。为浅地穴式建筑，平面呈圆角长方形。房址开口距地表0.45、底部距地表0.55米，东西长5.4、南北宽4.54米，室内东西长4.14、南北宽3.28米。北、东、南三侧墙体保留部分基础，西侧墙体被晚期堆积打破，仅内壁较为清晰。墙体以浅灰色黏土夹杂碎石块筑成，宽约0.65米。门道辟于南墙中部略偏东，宽约1.1米，门向220°。室内居住面保留较好，残留有灶址（Z1、Z2）和柱洞

（D1、D2）各两处。Z1位于室内东北角，残存圆形浅圜底坑，烧结严重，直径0.58、深0.05米；Z2仅存一片火烧痕迹和少量灰烬，靠近西墙中部。D1临近北墙中部，直径约0.35、深0.12米；D2靠近西墙中部，直径约0.37、深0.1米。

室内堆积仅一层，为黄褐色亚黏土，厚6～13厘米，夹大量红烧土粒，出土泥质灰陶残片和红褐色夹砂陶片，可辨器形有侈口罐等（图五三）。

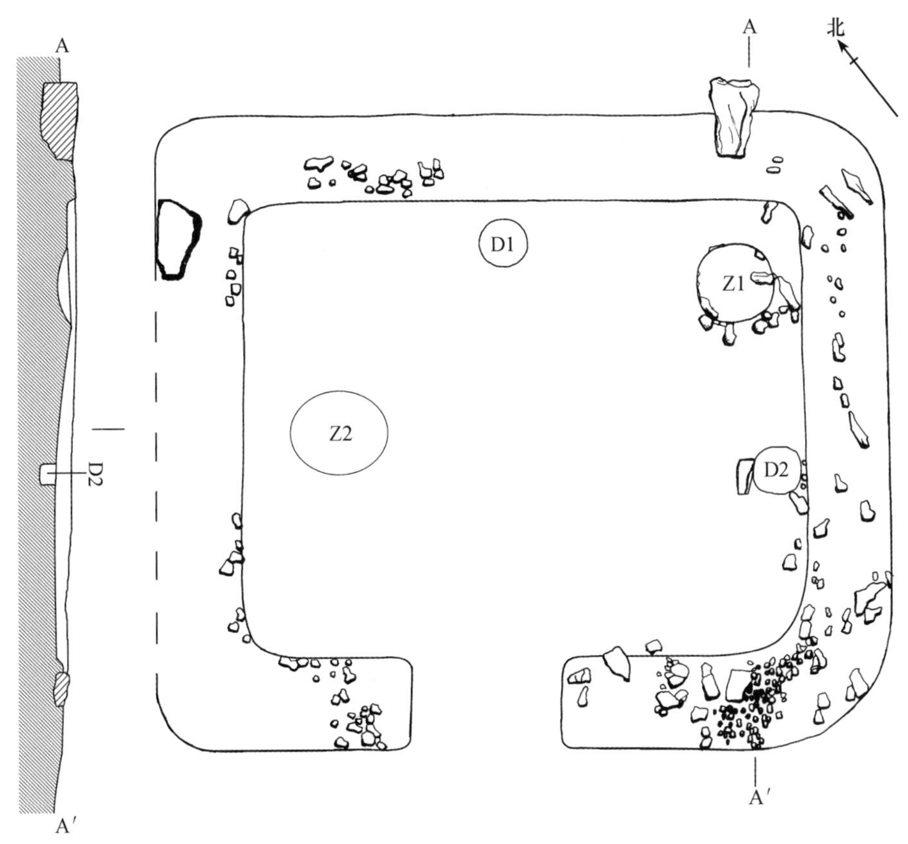

图五三　F11平、剖面图

2. 出土遗物

侈口罐　1件。为小口罐。

B型　F11①：1，口沿。残。夹砂红褐胎黑皮陶。直口微侈，方唇中部划有浅凹槽一周，短颈。素面。轮制。口径13.7、残高4.7、壁厚0.7～0.8厘米（图五七，2）。

（十四）F12

1. 遗址概况

发现于第2层下，南墙被F10、F11打破，为浅地穴式建筑，平面呈圆角长方形。房址开口距地表0.4、底部距地表0.7米，东西长4.67、南北宽约3.98米（北墙未完全清理，根据其他三面墙基宽度复原），室内东西长3.29、南北宽2.65米。地穴开凿于生土层上，北部较深、南部较浅，四周未见墙体，仅可见部分墙基痕迹，以土石混筑，宽约0.7米。门道辟于南墙偏东，宽约0.89米，门向220°。室内居住面范围较大，呈黄白色，保存较好。残留有灶址1处（Z1），位于室内正中，略呈椭圆形，直径约0.65、深0.22米（图五四）。

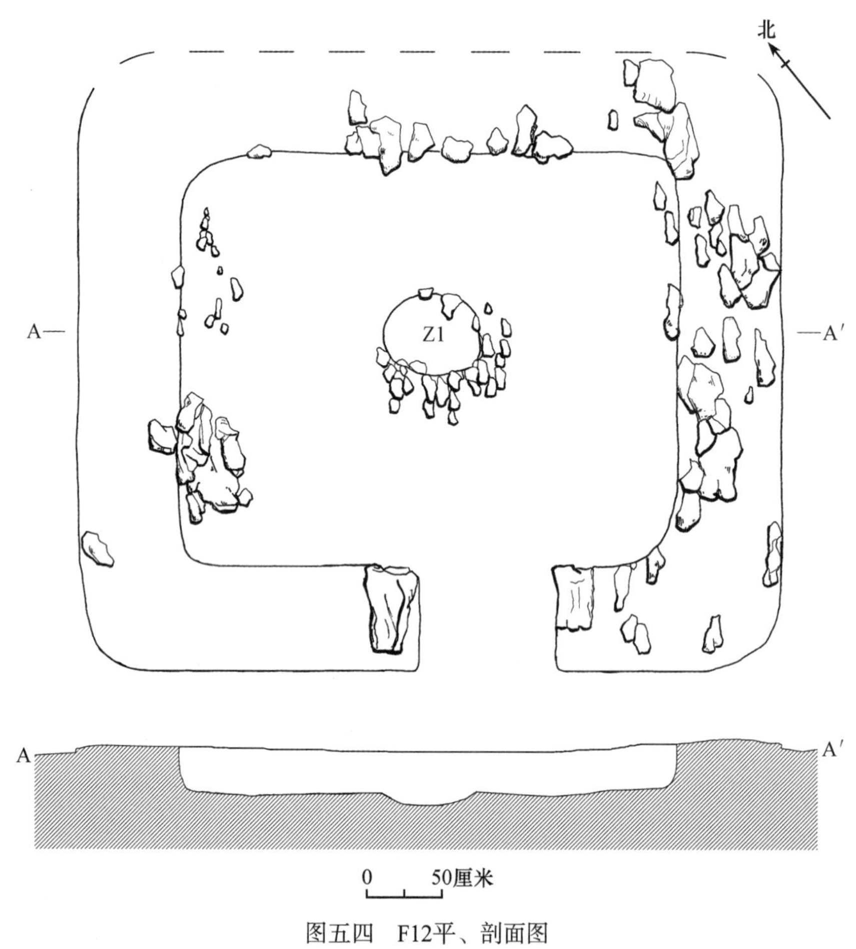

图五四　F12平、剖面图

室内堆积可分为两层：第1层为黄褐色亚黏土，厚23～25厘米，夹大量红烧土粒，出土灰白色和红褐色手制夹砂夹云母陶片；第2层为残存的灶址及黄白色黏土铺垫的居住面。

2. 出土遗物

可辨器形的有陶侈口罐、陶器耳、圆形陶片等。

陶侈口罐　2件。均为大口罐。

Aa型　1件。F12①：1，口沿。残。夹砂灰陶，胎芯为红褐胎。侈口，抹角方唇，折沿外缘略盘，短颈。素面。轮制。口径33.7、残高5.1、壁厚0.6厘米（图五七，4）。

Bb型　1件。F12①：2，口沿。残。夹砂，受热不均，胎质呈红灰色。侈口，抹角方唇，折沿，短颈。素面。轮制。口径14、残高3.9、壁厚0.6～0.7厘米（图五七，3）。

陶器耳 1件。F12①：4，残。夹砂夹云母红褐陶，胎芯呈黑色。横桥形耳，上部稍窄，贴附于器壁。素面。手制。跨度6.8、高1.7、面宽3、壁厚0.8～1厘米（图五七，6）。

圆形陶片 1件。F12①：3，残。夹砂灰陶。圆形，面平。素面。用陶器器底磨制。径5.1、厚1～1.2厘米（图五七，7）。

（十五）F13

1. 遗址概况

发现于第2层下，房址北侧距H5南壁0.5米，东南距H6西壁1.5米，为浅穴式建筑，平面呈圆角长方形。开口距地表0.4、底部距地表0.56米，东西长4.05、南北宽3.2米，室内长3.04、宽2.17米。浅穴开凿于生土层上，深约0.16米。四周仅残余部分墙基，以浅黄色黏土混合碎石筑成，宽约0.5米。南墙东端发现1处圆形柱洞（D1），口径0.22、深0.12米，可能为门柱。门道辟于南墙东部，宽约0.67米，门向190°。室内居住面范围较小，呈黄白色，保存极差，室内西北角残留1处火烧痕迹，应为灶址（Z1），略呈椭圆形，西侧灶边以石块砌筑。

室内堆积可分为两层：第1层为灰褐色土，厚7～15厘米，夹杂碎石块，出土少量轮制泥质灰陶片；第2层为残存的灶址及黄白色夹小石块的居住面（图五五；图版三二，2）。

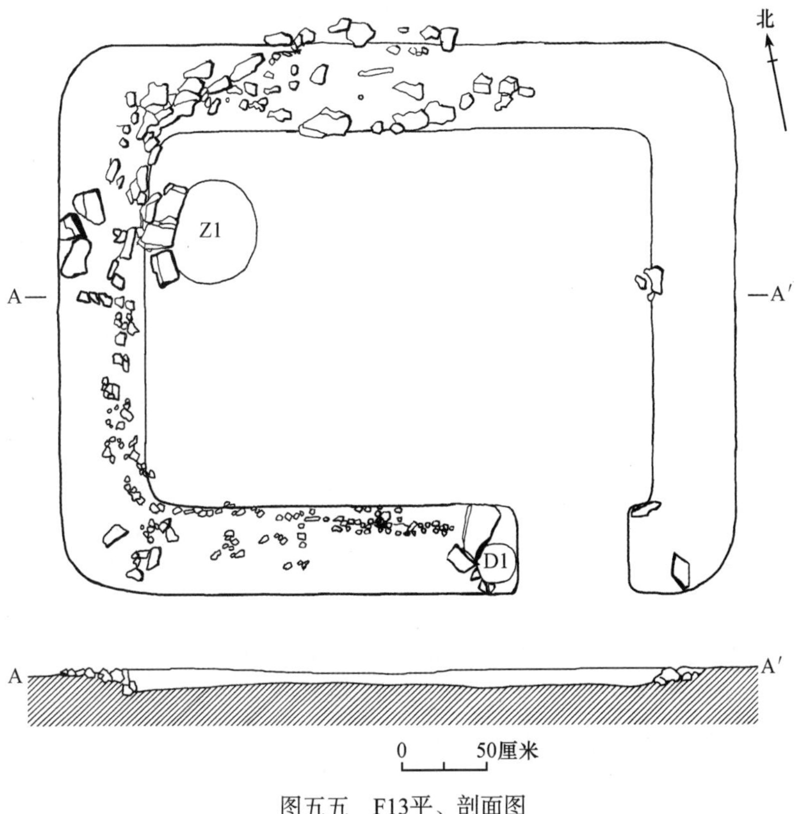

图五五 F13平、剖面图

2. 出土遗物

可辨器形有陶敛口罐、陶器盖等。

敛口罐　1件。

B型　F13①：1，残。泥质红陶，黑皮脱落。敛口，方唇，鼓肩，圆腹，腹部贴附横桥形耳。口径35.7、腹径56、残高26.6、壁厚0.6～0.8厘米，耳跨度10、高3、厚0.8厘米（图五七，10）。

器盖　1件。F13①：2，夹砂灰陶。弧形顶盖，盖纽呈中空短圆柱形。素面。轮制。盖纽径3.5、高1.7、盖残高3.6厘米（图五七，9）。

（十六）F14

1. 房址概况

位于发掘区中部略偏东，发现于第2层下，房址东侧被F3叠压，西南角为一眼水井，编号为J3，为浅穴式建筑，平面呈圆角长方形。开口距地表0.45、底部距地表0.56米，外径南北长5.6、东西宽5米，内径南北长3.72、东西宽3.08米。穴壁开凿于生土层上，深0.11米。四周均发现有土石混筑的墙基，宽约0.98米。东北墙角发现一处圆形柱洞（D1），直径约0.38、深约0.05米。其余三处墙角均发现表面平整的大型块石，可能作为柱础，略有位移，与D1构成房址的角柱。门道辟于南墙东端，宽约1.08米，门向200°。室内居住面范围较小，呈黄白色，保存极差。室内靠近东墙中部发现灶址1处（Z1），仅残留底部过火痕迹，灶边有石块垒砌的灶台。灶台台面遗失，下部残留石砌矮墙围成的火塘，西、北两侧矮墙以石块平砌，东侧墙体以片石立砌，南侧为灶口。

室内堆积可分为两层：第1层为灰褐色土，厚20～25厘米，夹碎石块，出土少量轮制泥质灰陶片；第2层为残存的灶址及黄白色夹小石块的居住面（图五六）。

2. 出土遗物

可辨器形有陶罐底。

陶罐底　1件。F14①：1，残。夹砂黄褐胎黑皮陶。平底，鼓腹两侧各附一横桥耳，并划有浅凹弦纹两周。手制。底径17.8、腹径30.1、残高22.7、壁厚0.6～0.7厘米（图五七，11）。

二、院　落

仅发现一圈院墙，编号为YL1。发现于2007年，开口于第1层下，部分砌石露出地表。院落呈长方形，南北纵深63、东西面宽30～35米，仅存四周的石砌墙体基部。墙体宽近1米，两侧以较大的块石垒砌外壁，中以碎石填充。院落四角均有一块较大的石块作为墙体转角，西北角附近墙体缺失，仅残余转角石块，其余部分墙体保存较好。于院落东南角发现一座门址，门向195°，

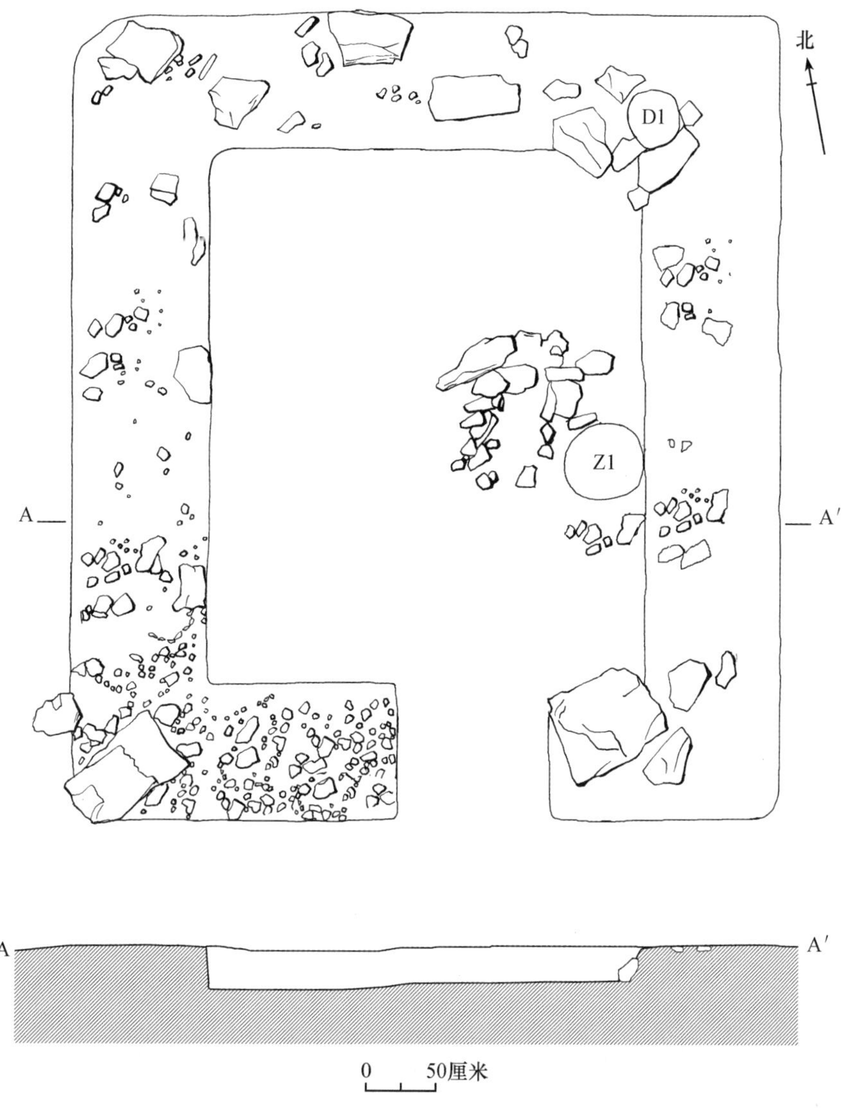

图五六　F14平、剖面图

门道宽4米，缓坡状，表面以小石块铺成，门道东侧有石砌排水涵洞，涵洞紧贴西墙，用块石立砌两侧洞壁，再用三块稍加修整的石块作为盖石，涵洞长约1米，洞内宽约30厘米，并发现有石臼残块，可能作为门臼。院落东墙叠压在F6之上，西南墙角叠压在F4之上，西墙叠压在F9之上，南墙外发现F2，与YL1为同时期遗存（图五八；图版二六）。

三、灰　　坑

共发现8座，均位于居住址周边，2007年发现并清理了两处（H1、H2），2009年清理了6处（H3～H8）。

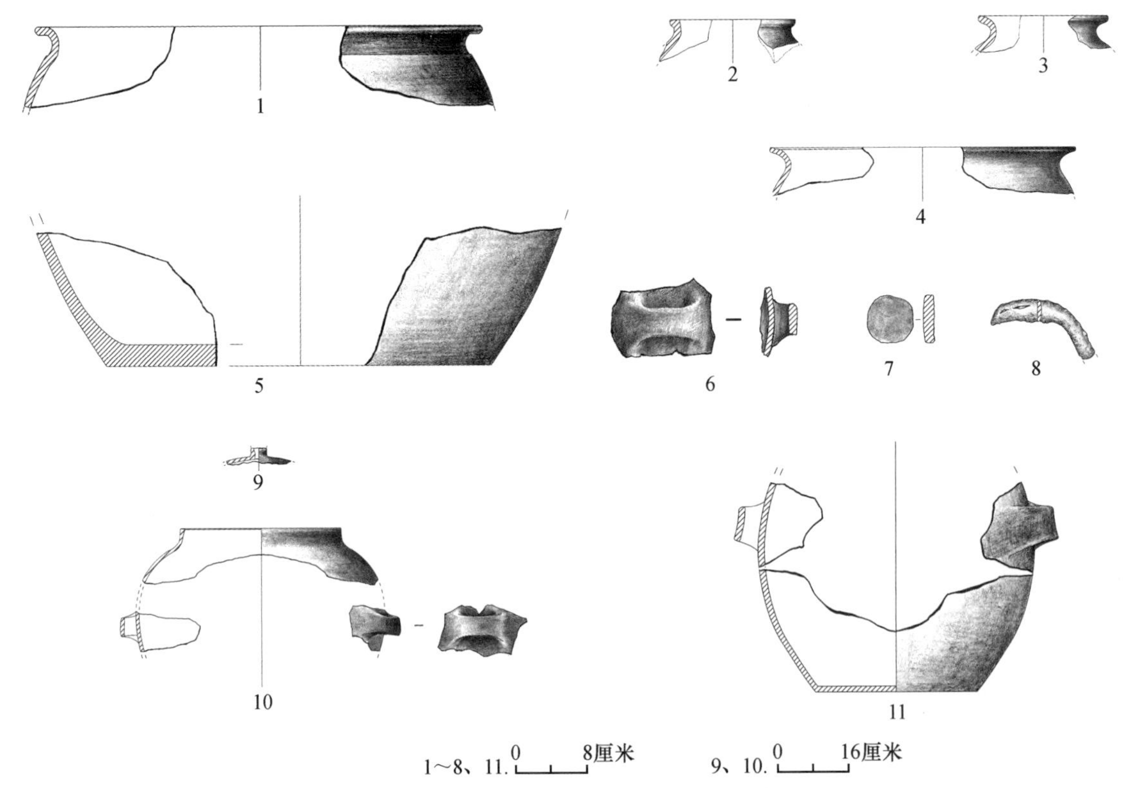

图五七　F10、F11、F12、F13、F14出土遗物

1. B型陶瓮（F10①：1）　2. B型陶侈口罐（F11①：1）　3. Bb型陶侈口罐（F12①：2）　4. Aa陶侈口罐（F12①：1）　5. 陶器底（F10①：3）　6. 陶器耳（F12①：4）　7. 圆形陶片（F12①：3）　8. A型蹄铁（F10①：2）　9. 陶器盖（F13①：2）　10. B型敛口罐（F13①：1）　11. 陶罐底（F14①：1）

1. H1

发现于第1层下，西侧邻近YL1西墙北段，南侧为H2。平面近圆形，斜壁圜底。坑口距地表0.12、坑底距地表0.7、坑口直径1.1米。坑内堆积为一层灰褐色土，夹杂大量散碎风化石块，包含红烧土块、草木灰、木炭颗粒等，出土少量轮制泥质灰陶片，均为腹部残片，无法辨认器形（图五九；图版三三，1）。

2. H2

发现于第1层下，西侧邻近YL1西墙北段，北侧为H1。平面近圆形，斜壁圜底。坑口距地表0.15、坑底距地表0.8、坑口直径1.1米。坑内堆积为一层灰褐色土，夹杂大量散碎风化石块，包含红烧土块、草木灰、木炭颗粒等，出土少量陶片和铁器残片。陶器按陶质可分为夹砂、泥质和夹砂夹云母三种，以夹砂陶为主；按陶色可分为灰色、灰褐色、黑褐色、黑皮等，以黑皮为主；可辨器形有侈口罐、盂等。铁器均锈蚀严重，无法辨认器形（图六〇；图版三三，2）。

陶侈口罐　4件。包括大口罐和小口罐。

大口罐　3件。

Ba型　1件。H2①：3，口沿。残。泥质灰陶。侈口，圆唇，折沿边缘有浅凹槽，口沿有

图五八　YL1平、剖面图
1. 排水涵洞　2. 石臼

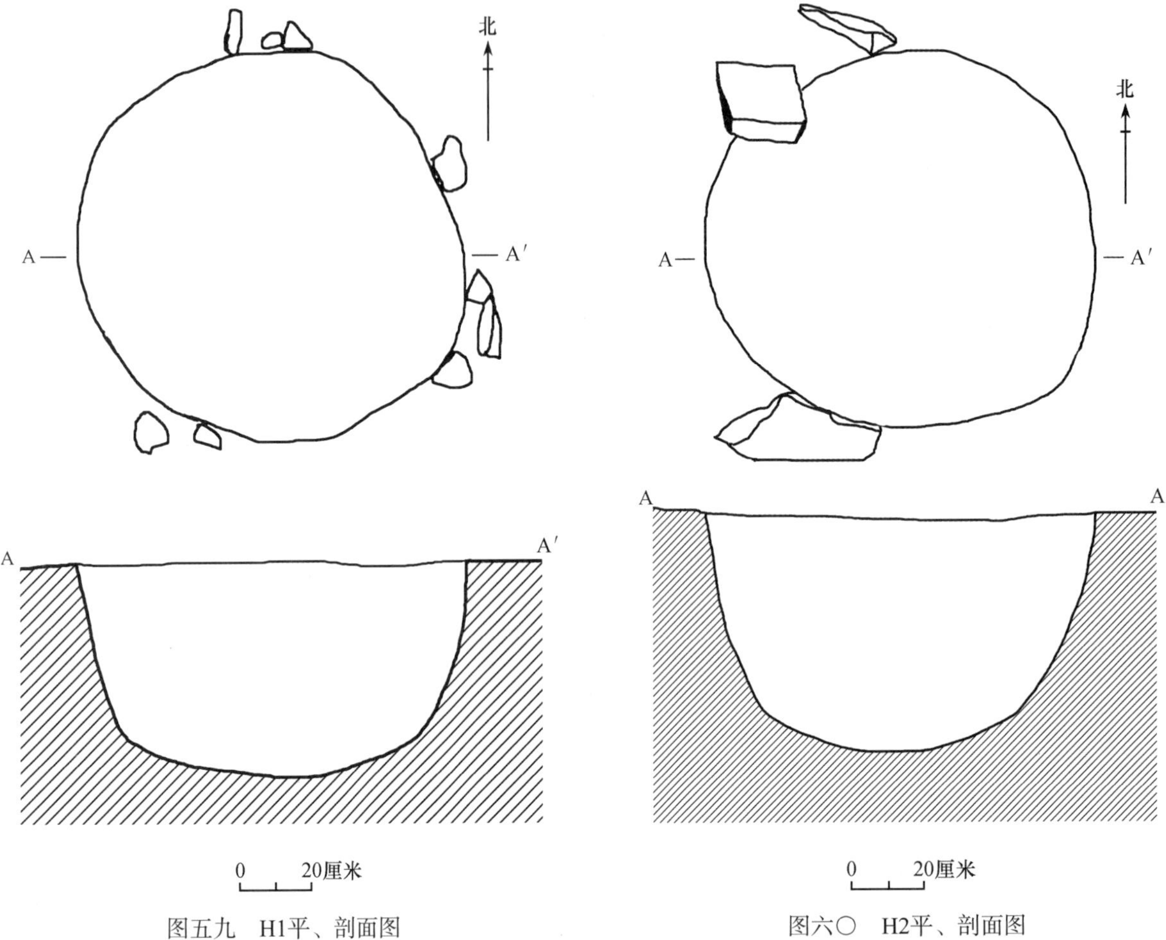

图五九　H1平、剖面图

图六〇　H2平、剖面图

扭曲，短颈，圆肩。素面。轮制。口径35.7、残高7.9、壁厚0.6～0.8厘米（图六一，5）。

Bb型　2件。H2①：4，口沿。残。夹砂灰陶。侈口，抹角方唇，折沿边缘略盘，短颈，肩稍折。素面。轮制。口径16.4、残高4.3、壁厚0.4～0.7厘米（图六一，3）。H2①：6，口沿。残。夹砂灰褐陶。侈口，斜方唇，折沿，短束颈下凸出一道细凸棱。轮制。口径47.9、残高4.2、壁厚0.8～0.9厘米（图六一，6）。

小口罐　1件。

A型　H2①：1，口沿。残。夹砂灰褐胎黑皮陶，黑皮有脱落。侈口，方唇，折沿边缘略盘，短束颈内侧有浅凸弦纹一周，圆肩。素面。轮制。口径10.6、残高7、壁厚0.6～0.8厘米（图六一，1）。

陶盂　2件。

A型　1件。H2①：2，口沿。残。夹砂灰陶。侈口，抹角方唇，折沿边缘略盘，短颈，圆肩。表面磨光。轮制。口径16.9、残高4.5、壁厚0.6～0.7厘米（图六一，4）。

B型　1件。H2①：5，口沿。残。夹砂夹云母灰胎黑皮陶。侈口，方唇中部刻有浅凹槽一周，折沿边缘略盘，短颈，肩稍折。素面。轮制。口径16、残高4.1、壁厚0.4～0.5厘米（图六一，2）。

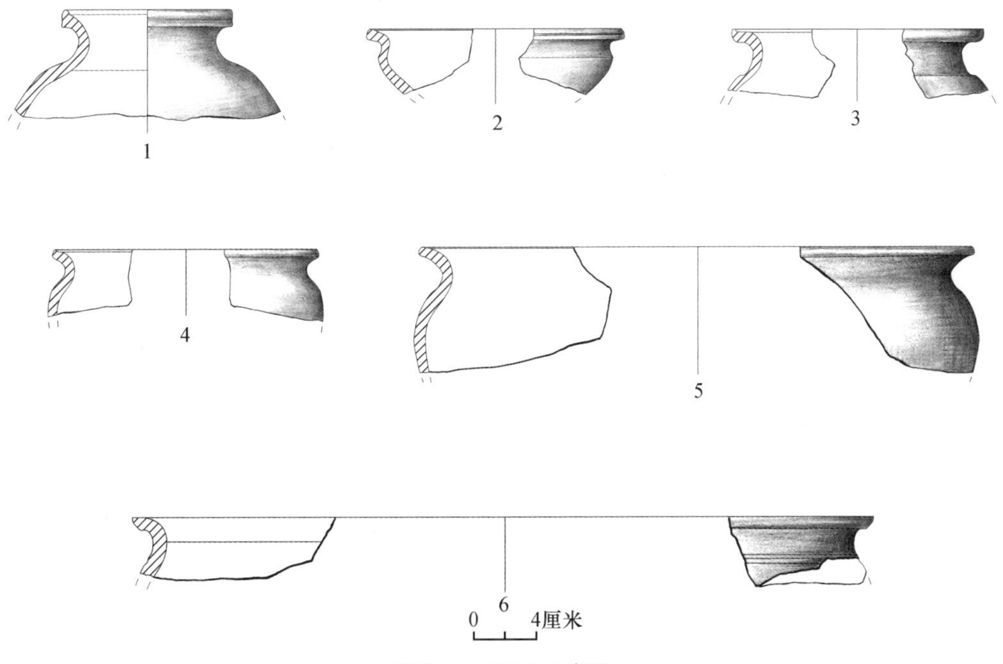

图六一　H2出土陶器

1. A型小口罐（H2①：1）　2、4. A型盂（H2①：5、H2①：2）
3、6. Bb型大口罐（H2①：4、H2①：6）　5. Ba型大口罐（H2①：3）

3. H3

发现于第2层下，西部打破H5，东侧打破F7西南角。平面近椭圆形，弧壁平底，长轴方向68°。坑口距地表0.4、坑底距地表0.8米，坑口长径1.1、短径0.94米。坑内堆积为一层黄褐色亚黏土，夹杂大量散碎风化石块，包含红烧土块、草木灰、木炭颗粒等，出土少量陶片和铁器残片。陶器按陶质可分为夹砂和夹砂夹云母两种，以夹砂陶为主；按陶色可分为灰色、灰褐色、红褐色、黑褐色、黄褐色、黑皮等，以黑皮陶为主；可辨器形有侈口罐、甑、腰沿釜、纹饰陶片等。铁器均锈蚀严重，无法辨认器形（图六二；图版三三，3）。

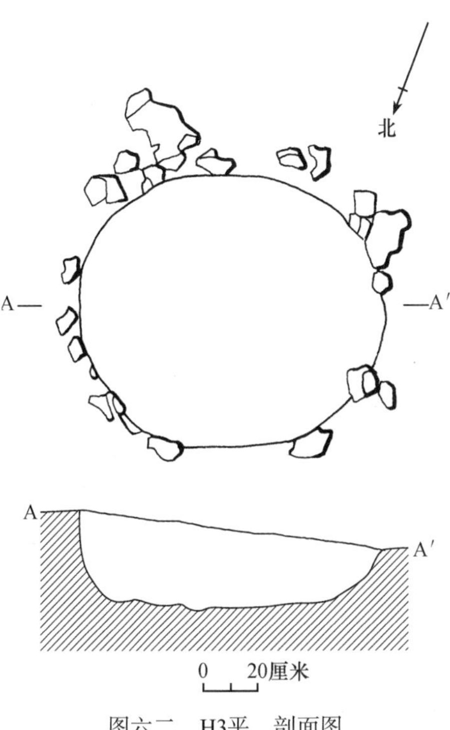

图六二　H3平、剖面图

陶侈口罐　1件。为大口罐。

Bb型　H3①：1，口沿。残。泥质灰陶。侈口，圆唇，短颈部划有暗纹，肩稍折，划有窄弦纹带两周。轮制。口径31.9、残高8、壁厚0.8～0.9厘米（图六三，1）。

陶甑　1件。

A型　H3①：2，甑底。残。夹砂灰胎黑皮陶。平底有椭圆形穿孔，斜腹。素面。轮制。底径26、残高2.2、壁厚0.7～0.8厘米（图六三，2）。

腰沿釜　1件。H3①：5，残。夹砂灰胎黑皮陶。腹部贴附有粗编织纹，横桥形耳残留根部，器壁内侧有腰沿一周。手制。残高6.5、壁厚0.4～0.5、腰沿宽2.5、厚0.6厘米（图六三，5）。

纹饰陶片　2件。H3①：3，肩颈部残片。夹砂灰陶。颈下划有绳纹一周。轮制。残长8.6、残宽7.9、壁厚0.9～1厘米（图六三，3）。H3①：4，肩颈部残片。夹砂灰胎黑皮陶。颈下划有绳纹一周。轮制。残长9.7、残宽6.7、壁厚0.5～0.8厘米（图六三，4）。

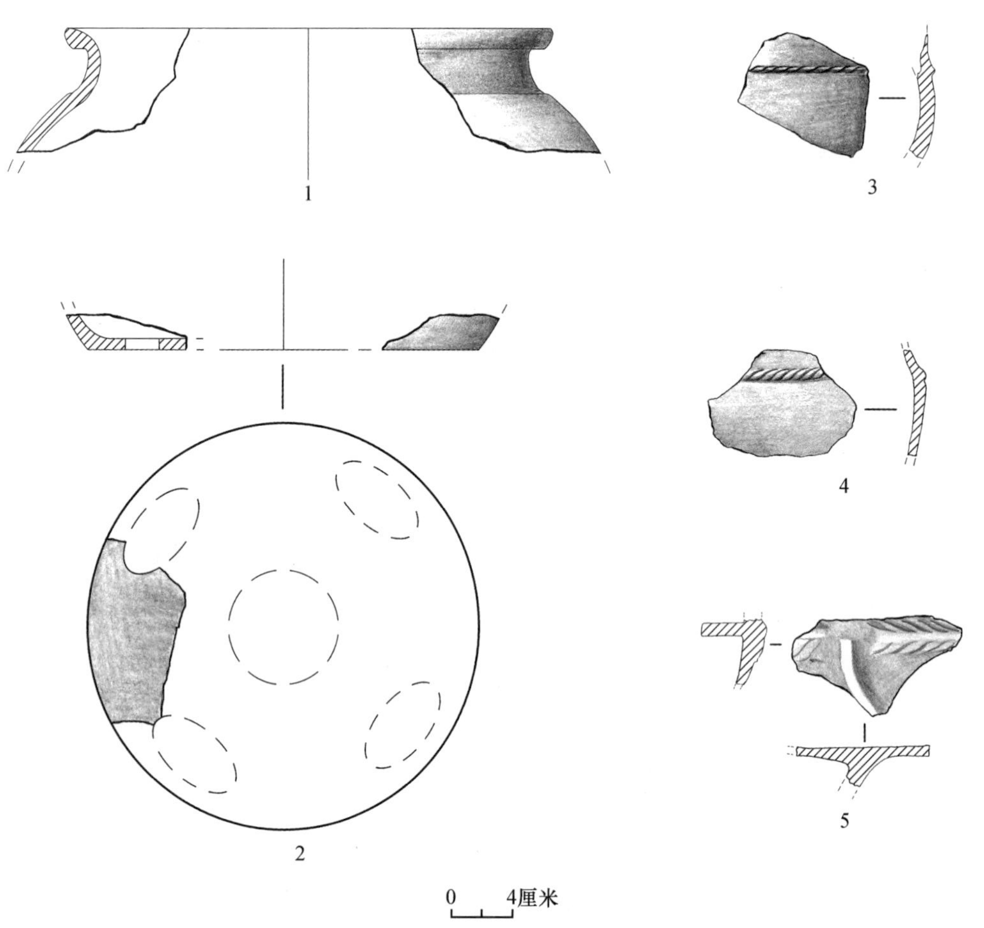

图六三　H3出土陶器

1. Bb型大口罐（H3①：1）　2. A型甑（H3①：2）

3、4. 纹饰陶片（H3①：3、H3①：4）　5. 腰沿釜（H3①：5）

4. H4

发现于第2层下，东邻H5，平面近椭圆形，斜壁平底，长轴方向68°。坑口距地表0.45、坑底距地表0.6米，坑口东西最长2.42、南北最宽1.13米。坑内堆积为一层黄褐色亚黏土，夹杂大量散碎风化石块，包含红烧土块、草木灰、木炭颗粒等，出土少量陶片、铁器和炼渣。陶器按陶质可分为夹砂、泥质和夹砂夹云母三种，以夹砂陶为主；按陶色可分为灰色、灰褐色、红褐色、黑褐色、黄褐色、黑皮等，以黑皮陶为主；可辨器形有腰沿釜、圆形陶片和捏制的小陶盅等。铁器有马衔等（图六四）。

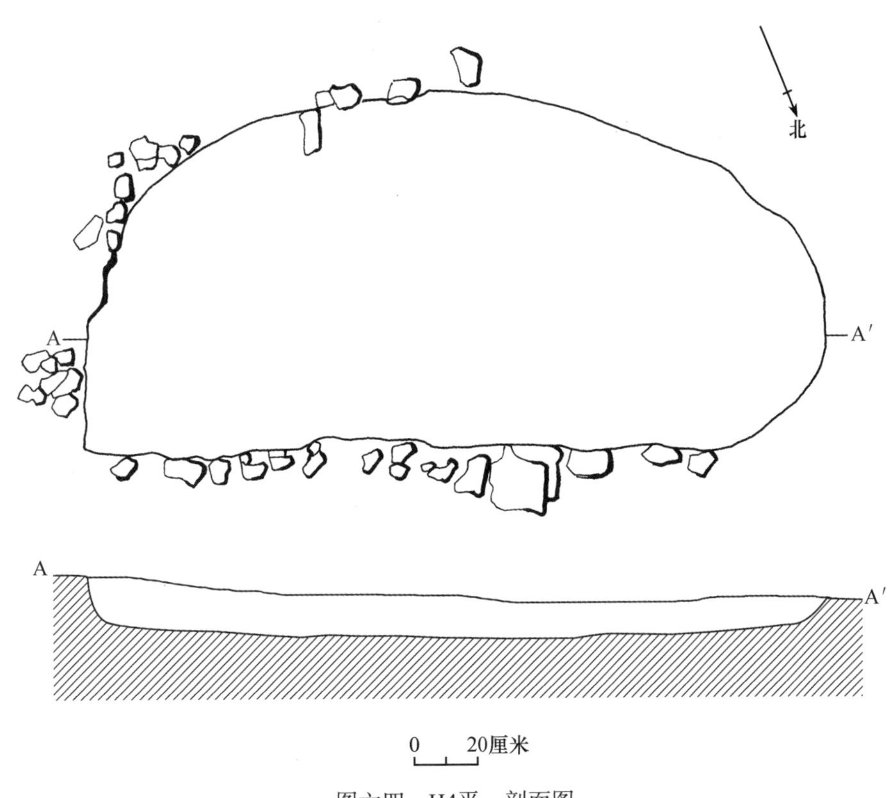

图六四 H4平、剖面图

陶盅 1件。H4①：1，残。夹砂红褐陶，器表局部呈灰黑色。平底略圜，直腹微鼓，敛口。素面。手制。口径2.5、高3.2、壁厚0.3～0.7厘米（图六五，1）。

陶腰沿釜 1件。H4①：4，残。夹砂灰胎黑皮陶，黑皮脱落。斜腹，肩腹部凸出一圈环状腰沿。素面。轮制。残高3.2、腰沿宽2.5、壁厚0.6厘米（图六五，3）。

圆形陶片 1件。H4①：3，残。夹砂黄褐黑皮陶，黑皮脱落。器表划有两组浅凹弦纹，其间分布U形纹。轮制。残长6.9、残宽6.5、壁厚0.6～0.7厘米（图六五，4）。

纹饰陶片 1件。H4①：5，残。泥质黄褐胎黑皮陶，黑皮有脱落。器表划有波浪纹。轮制。残长和宽均为5、壁厚0.4～0.5厘米（图六五，2）。

铁马衔 1件。H4①：2，铁质。残。以两端环各有一环的四棱形铁件的其中一端交扣而成，扣环残，另一端各套接一较大的圆环。锻制。通长26、外环直径4.6、内径2.2厘米，端环外径2.3、内径1.2厘米（图六五，5；图版四二，1）。

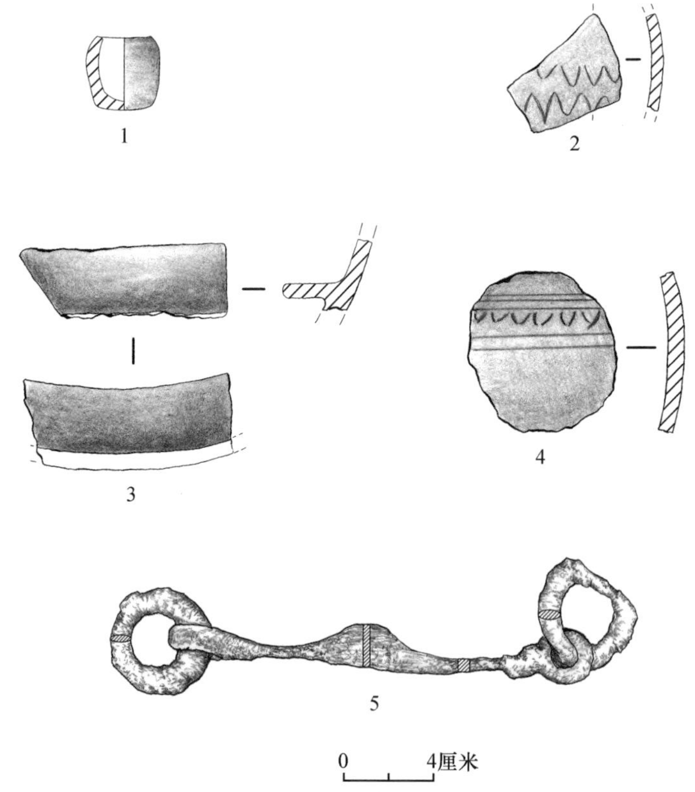

图六五　H4出土遗物

1. 陶盅（H4①：1）　2. 纹饰陶片（H4①：5）　3. 陶腰沿釜（H4①：4）　4. 圆形陶片（H4①：3）　5. 铁马衔（H4①：2）

5. H5

发现于第2层下，西邻H4，东部被H3打破，长轴方向68°，平面近葫芦形，北壁陡直，南壁较斜，坑底较平。坑口距地表0.45、坑底距地表0.65米，坑口东西最长3.8、南北最宽2.13米。坑内堆积为一层黄褐色亚黏土，夹杂大量散碎风化石块，包含红烧土块、草木灰、木炭颗粒等，出土少量陶片、铁器残块、石纺轮等。陶器按陶质可分为夹砂、泥质和夹砂夹云母三种，以夹砂陶为主；按陶色可分为灰色、灰褐色、红褐色、黑褐色、黄褐色、黑皮等，以红褐色为主；可辨器形有侈口罐、器耳、平底器等。铁器大多锈蚀严重，仅辨识出铁环。两件石质纺轮与红褐色手制夹云母陶罐残件伴出于西侧坑底，周边残存小片火烧痕迹（图六六；图版三三，3）。

陶侈口罐　1件。为大口罐。

D型　H5①：1，口沿。残。夹砂夹云母浅红褐陶。侈口，方唇中部划有浅凹槽一周，折沿边缘略盘，直腹微弧。素面。轮制。口径14.6、残高4.5、壁厚0.5～0.6厘米（图六七，1）。

陶罐　1件。

H5①：4，残。夹砂夹云母红胎黄褐皮陶。圆腹，平底。素面。手制。底径26.1、腹径46、残高41.5、壁厚1～1.6厘米（图六七，8）。

陶器耳　1件。

H5①：2，残。夹砂灰褐胎黑皮陶，黑皮脱落。横桥形，上窄下宽。素面。手制。跨度

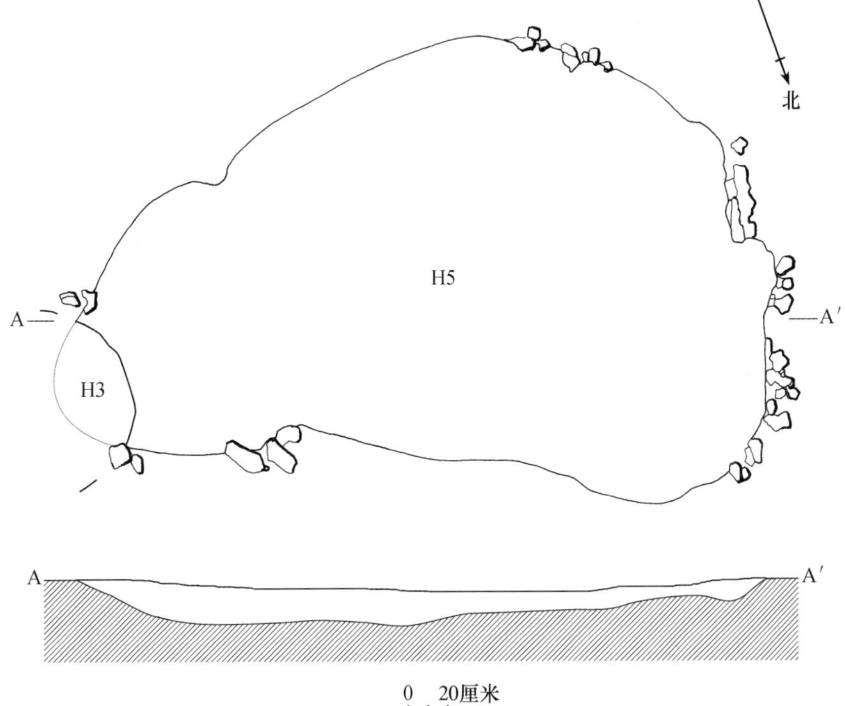

图六六　H5平、剖面图

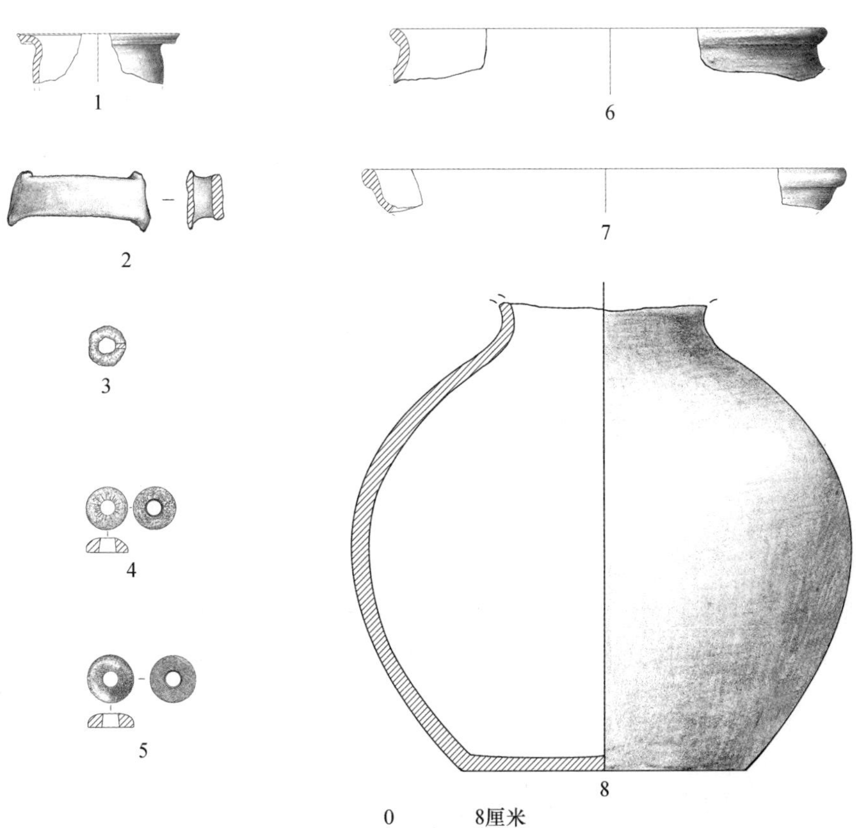

图六七　H5、H6出土遗物

1. D型陶侈口罐（H5①：1）　2. 陶器耳（H5①：2）　3. 铁环（H5①：3）　4、5. 石纺轮（H5①：5、H5①：6）　6. B型陶瓮（H6①：1）　7. 陶钵（H6①：2）　8. 陶罐（H5①：4）

13.2、面宽3.6、高1.7、壁厚0.8～0.9厘米（图六七，2）。

石纺轮　2件。

H5①：5，石质。完整。呈青灰色，顶部稍圆弧，平底，中有单面凿圆形穿孔，沿穿孔周边刻有短放射线纹饰。直径3.8、孔径1.4～1.6、最厚处1.2厘米（图六七，4；图版五四，5、6）。H5①：6，石质。完整。呈墨绿色，圆形，平底，顶部稍圆弧，中有单面凿圆形穿孔。素面磨光。直径4.2、孔径1.4～1.6、最厚处1.2厘米（图六七，5；图版五四，4）。

铁环　1件。H5①：3，铁质，锈蚀。圆环状，截面为矩形。外径3.6、内径1.5厘米（图六七，3）。

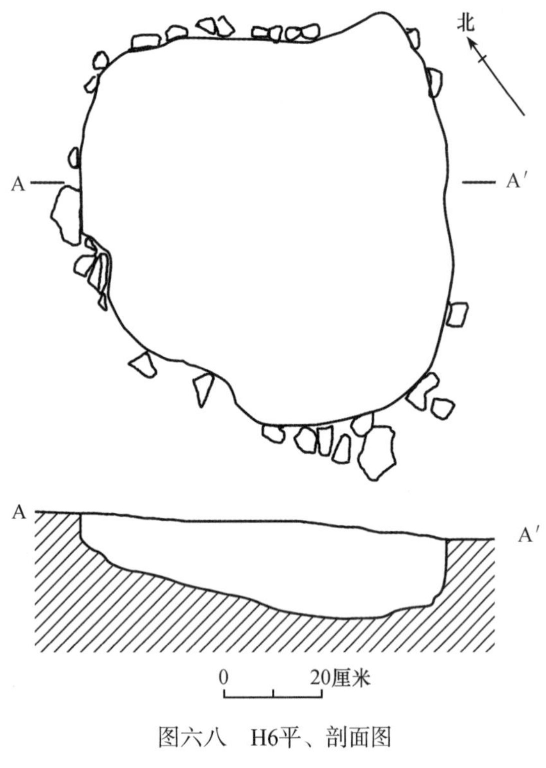

图六八　H6平、剖面图

6. H6

发现于第2层下，长轴方向323°，平面形状不规则，直壁，坑底略呈斜坡状，东北部较深。坑口距地表0.4、坑底距地表0.7米，坑口长0.77、宽0.75米。坑内堆积为一层黄褐色亚黏土，夹杂大量散碎风化石块，包含红烧土块、木炭颗粒等，出土少量陶片、铁器残块等。陶器按陶质可分为夹砂、夹砂夹云母、泥质三种，以夹砂陶为主；按陶色可分为灰褐色、黄褐色等，以灰褐色为主；可辨器形有瓮、钵等（图六八）。

陶瓮　1件。

B型　H6①：1，口沿。残。泥质灰陶。侈口，圆唇，卷沿。素面。轮制。口径39.9、残高4.7、壁厚0.9～1.1厘米（图六七，6）。

陶钵　1件。H6①：2，口沿。残。泥质灰胎黑皮陶。侈口，圆唇，卷沿。素面。轮制。口径43.7、残高3.9、壁厚0.6～0.8厘米（图六七，7）。

7. H7

发现于第2层下，北邻F3，东侧为F4。平面近椭圆形，斜壁平底，长轴方向25°。坑口距地表0.3、坑底距地表0.62米，坑口长径1.19、短径0.93米。坑内堆积为一层灰褐色土，夹杂大量散碎风化石块，包含有红烧土块、草木灰、木炭颗粒等（图六九）。

8. H8

发现于第2层下，南邻F6，东侧为F4。平面近圆形，斜壁平底，方向0°。坑口距地表0.28、坑底距地表0.58米，坑口直径0.83米。坑内堆积为一层灰褐色土，夹杂大量散碎风化石块，包含红烧土块、草木灰、木炭颗粒等（图七〇；图版三三，4）。

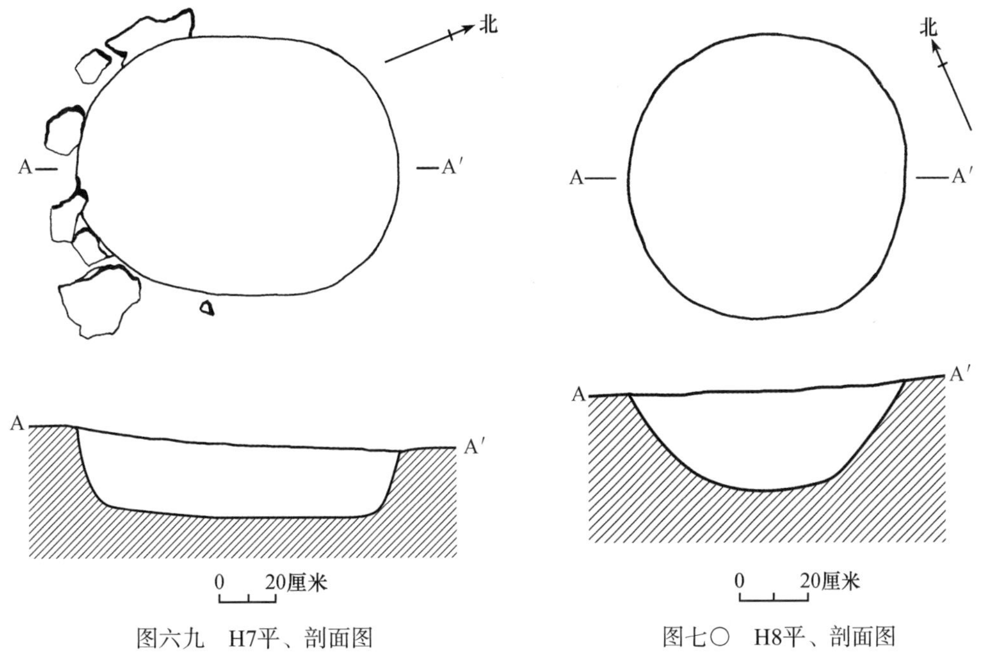

图六九　H7平、剖面图

图七〇　H8平、剖面图

四、水　井

共发现3眼，2004年发现两眼（J1、J2），对J1井口周边进行了简单清理，对J2进行了标注和测量；2009年清理了J3。

1. J1

位于山城东南部，西北距04TZF1约20米。地表现存圆形浅坑，口径约0.5、深约0.8米。坑壁以石块垒砌，坑内可见少量积水（图版三四，1）。

2. J2

位于山城东北部，北距四号门址约150米，现存为圆形，直壁平底。坑口周边有宽0.5米的石块铺砌的井台，坑口直径1.2、深约0.8米，坑内为黑灰色腐质土。

3. J3

位于F14西南角外侧，发现于第2层下，打破生土。口径0.72、深约1.2米。平面为圆形，口大底小，井壁微斜，有数块大型块石围于口部外侧，形成井台，井壁土质细腻光滑，井底凹凸不平，水由井底渗出（图七一；图版三四，2）。

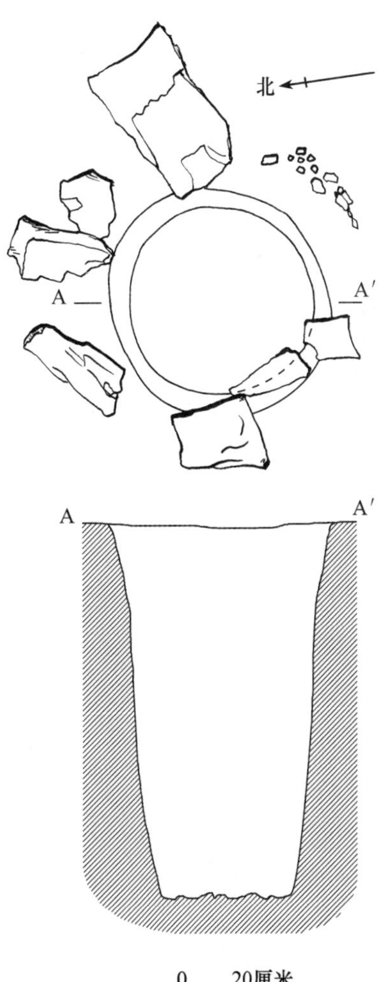

图七一　J3平、剖面图

第四节　地 层 遗 物

城内的地层堆积较为浅薄，又经长期扰乱，出土遗物较为散碎。按材质可分为陶器、铁器、铜器、石器等。

一、陶　　器

按陶质可分为夹砂、泥质和夹砂夹云母三种；按陶色可分为灰色、灰褐色、红色、红褐色、黑褐色、黑皮、黄褐色等；可辨器形有罐、瓮、盆、甑、盂、盘、壶、钵、瓶、杯等（表一）。

1. 陶罐

根据整体形态的不同分为侈口罐、敛口罐、直口罐、叠唇罐四大类。

（1）侈口罐

根据口部大小差异又可以分为大口罐和小口罐两小类。

大口罐　87件。

Aa型　4件。07TZT1①：5，口沿。残。夹砂灰胎黑皮陶，黑皮脱落。侈口，圆唇，折沿边缘较盘。素面。轮制。口径42、残高4.4、壁厚0.6～0.8厘米（图七二，14）。07TZT1②：8，口沿。残。泥质灰陶，表面施深灰色陶衣。侈口，尖唇，折沿外缘划浅凹槽一周，短颈，肩稍折，内侧有浅凸弦纹数周。轮制。口径34.1、残高7.8、壁厚0.7～1厘米（图七二，16）。07TZT2②：6，口沿。残。夹砂灰胎黑皮陶。侈口，抹角斜方唇，折沿边缘略盘，束颈。素面。轮制。口径19.9、残高4.3、壁厚0.4厘米（图七三，4）。07TZT4①：10，口沿。残。夹砂灰胎黄褐陶，器体受热不均，器表外侧呈灰色。侈口，尖唇，折沿外缘划有一道浅凹弦纹，短颈。素面。轮制。口径32、残高3.2、壁厚0.4～0.7厘米（图七三，12）。

Ab型　9件。07TZTG2②：5，口沿。残。夹砂灰褐胎黑皮陶。侈口，斜方唇，折沿略盘，短颈。素面。轮制。口径18.1、残高2.9、壁厚0.2～0.4厘米（图七二，1）。07TZTG2②：9，口沿。残。夹砂黄褐胎灰陶。侈口，圆唇，折沿边缘略盘，短颈。素面。手制。口径19、残高3.3、壁厚0.3～0.4厘米（图七二，8）。07TZT2①：14，口沿。残。夹砂红陶，胎芯呈灰色。侈口，方唇，折沿边缘划浅凹槽一周，短颈内侧刻细弦纹两周。轮制。口径18、残高3.1、壁厚0.5～0.6厘米（图七二，5）。07TZT4①：6，口沿。残。夹砂灰褐胎黑皮陶。侈口，圆唇，平沿外侧有浅凹弦纹一周，外缘略盘。素面。轮制。口径36、残高8.2、壁厚0.4～0.7厘米（图七三，14）。07TZT4②：18，口沿。残。夹砂灰陶。侈口，圆唇，折沿边缘略盘。颈肩部划有凸弦纹带一周。轮制。口径40.1、残高4.4、壁厚0.5～0.6厘米（图七四，8）。08TZT0302②：2，口沿。残。夹砂夹云母黄褐陶。侈口，抹角斜方唇，折沿，短颈。唇上部划有一周弦纹。轮制。口径11.5、残高6.5、壁厚0.4～0.6厘米（图七四，13）。08TZT0304①：3，口沿。残。夹砂红褐胎黑皮陶。侈口，斜方唇，折沿外缘微盘。素

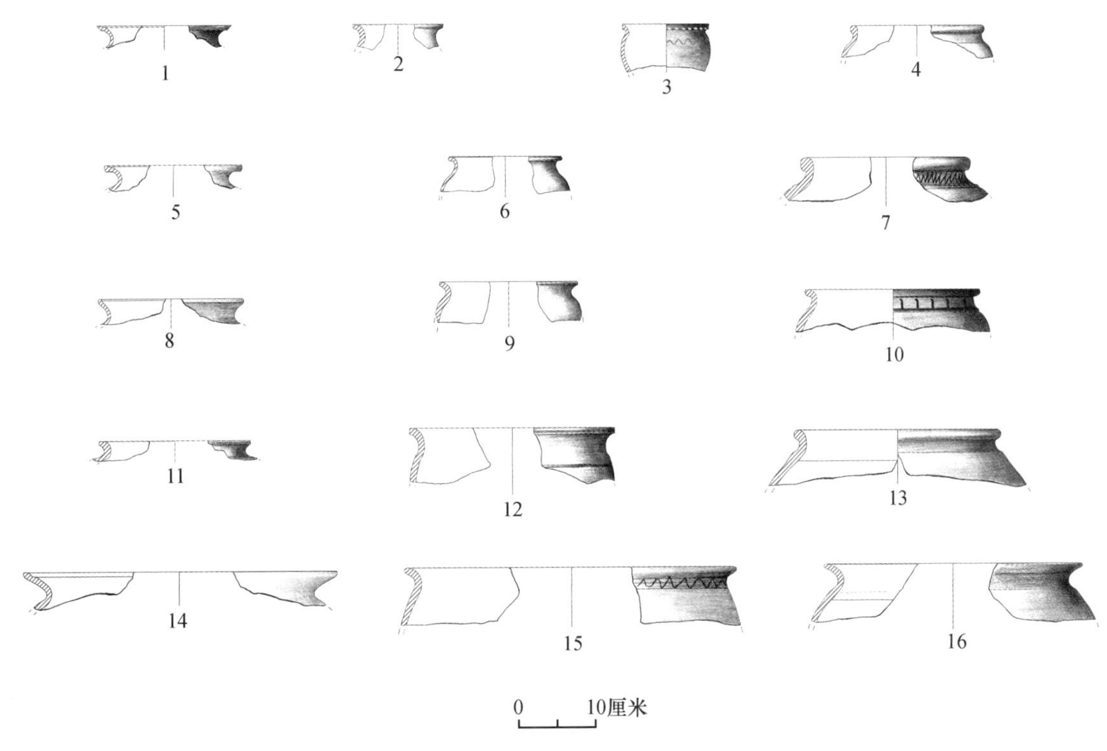

图七二　陶大口罐

1、5、8. Ab型（07TZTG2②：5、07TZT2①：14、07TZTG2②：9）　2、6、9～12. Bb型（07TZT2①：12、07TZTG2②：3、07TZT2①：7、07TZT1②：6、07TZT1①：4、07TZT2①：6）　3、15. Ba型（07TZT1②：4、07TZT2①：1）　4、7、13. C型（07TZT2①：9、07TZT2①：4、07TZTG2②：1）　14、16. Aa型（07TZT1①：5、07TZT1②：8）

面。轮制。口径30.1、残高3.8、壁厚0.5～0.6厘米（图七四，17）。08TZT0602②：1，口沿。残。泥质灰陶。侈口，方唇，沿外缘略盘。素面。轮制。口径41.9、残高5.5、厚0.7～0.8厘米（图七五，3）。09TZTG1⑤：8，口沿。残。夹砂灰褐胎黑皮陶。侈口，方唇中部有浅凹槽一周，折沿边缘略宽，短颈，鼓肩稍折。素面。轮制。口径28、残高8.8、壁厚0.5～0.7厘米（图七六，4）。

Ba型　16件。07TZT1②：4，口沿。残。夹砂红褐胎灰褐陶。微侈，方唇中部有浅凹槽一周，下唇边缘被压成花边状，折唇边缘有一周浅凹槽，短颈。肩部刻划波浪纹。轮制。口径11.6、残高6.3、壁厚0.4～0.5厘米（图七二，3）。07TZT2①：1，口沿。残。夹砂黄褐胎黑皮陶。侈口，圆唇，折沿。口沿下方饰有黑色波折纹。轮制。口径43.6、残高7.5、壁厚0.8～0.9厘米（图七二，15）。07TZT2②：7，口沿。残。夹砂灰黑陶。胎体受热不均，局部呈红色，侈口，方唇，溜肩。口沿内侧及肩部划有凸弦纹数周。轮制。口径17.9、残高5.7、壁厚0.6～0.8厘米（图七三，3）。07TZT2②：9，口沿。残。夹砂灰胎黑皮陶，黑皮有脱落。侈口，方唇，平沿，鼓肩。素面。轮制。口径17.6、腹径19.6、残高7.1、壁厚0.6～0.7厘米（图七三，1）。07TZT3①：2，口沿。残。夹砂黄褐陶。侈口，尖唇，平沿，肩稍折。素面。轮制。口径13.4、残高3、壁厚0.5厘米（图七三，8）。07TZT4②：15，口沿。残。夹砂灰胎红褐皮陶。侈口，方唇，平沿。颈部划有浅凹弦纹两周，口沿下侧有短戳印纹。轮制。口径35.8、残高5.2、壁厚0.6～0.7厘米（图七四，7）。07TZT4②：17，口沿。残。

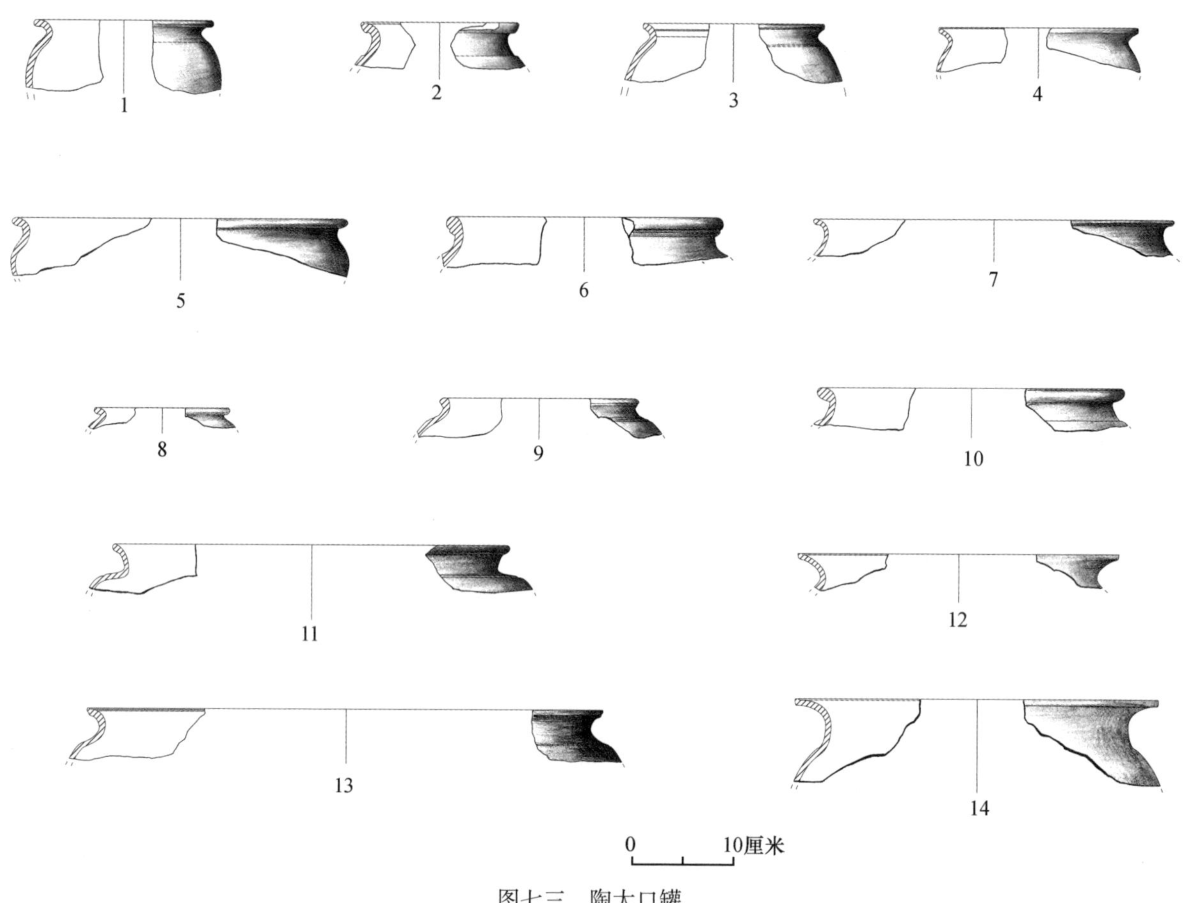

图七三　陶大口罐

1、3、8. Ba型（07TZT2②：9、07TZT2②：7、07TZT3①：2）　2、5、7、11、13. Bb型（07TZT2②：5、07TZT2②：1、07TZT2②：11、07TZT3②：1、07TZT3②：3）　4、12. Aa型（07TZT2②：6、07TZT4①：10）　6、9、10. C型（07TZT2②：2、07TZT4①：7、07TZT4①：1）　14. Ab型（07TZT4①：6）

夹砂灰陶。侈口，尖唇，折沿，鼓肩稍折。短颈部划有短竖线纹。轮制。口径27.7、残高5.6、壁厚0.4～0.5厘米（图七四，2）。08TZT0203①：3，口沿。残。夹砂黄褐陶。侈口，斜方唇，折沿，溜肩。素面。轮制。口径27.9、残高8、壁厚0.7～0.8厘米（图七四，11）。08TZT0303①：4，口沿。残。夹砂灰陶。侈口，方唇，折沿。素面。轮制。口径40、残高5.4、壁厚0.5～0.6厘米（图七四，15）。08TZT1320①：1，口沿。残。夹砂灰胎黑皮陶，黑皮脱落。侈口，平沿，尖唇，短束颈，圆肩微折。素面。轮制。口径27.9、残高5、壁厚0.5～0.8厘米（图七五，5）。08TZT1320①：2，口沿。残。夹砂灰褐陶。侈口，展沿，方唇，短颈，上腹部划有凹弦纹一周。轮制。口径35.8、残高6.6、壁厚0.4厘米（图七五，6）。08TZT1320②：1，口沿。残。夹砂黄褐胎黑皮陶，黑皮有脱落。侈口，平沿略卷，圆唇略尖，短束颈。素面。轮制。口径51.4、残高8.9、壁厚0.8厘米（图七五，7）。09TZTG1⑥：2，口沿。残。夹砂红褐陶。侈口，方唇，平沿边缘略盘，溜肩。素面。轮制。口径17.9、残高4.8、壁厚0.5～0.6厘米（图七六，1）。09TZTG2⑤：4，口沿。残。泥质灰褐胎黑皮陶。侈口，尖唇，折沿边缘略盘，短颈，鼓肩。素面。轮制。口径31.6、残高5.4、壁厚0.4～0.5厘米（图七六，10）。09TZTG2⑤：16，口沿。残。夹砂灰胎黑皮陶。侈口，抹

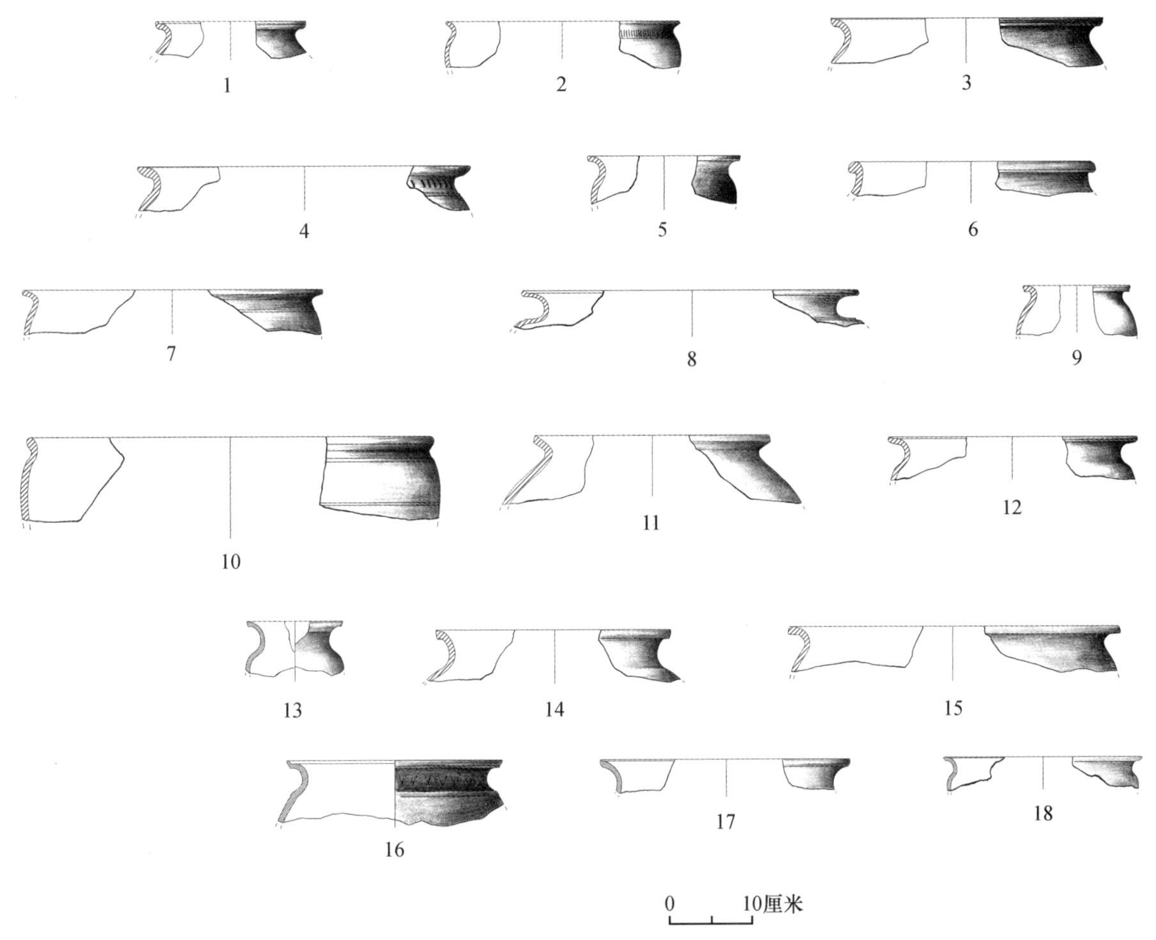

图七四 陶大口罐

1、3～5、9、12、14、16、18. Bb型（07TZT4②：16、07TZT4②：4、07TZT4②：2、07TZT4②：12、07TZT4②：11、08TZT0203①：4、08TZT0303①：1、08TZT0304①：1、08TZT0414①：2） 2、7、11、15. Ba型（07TZT4②：17、07TZT4②：15、08TZT0203①：3、08TZT0303①：4） 6. C型（07TZT4②：10） 8、13、17. Ab型（07TZT4②：18、08TZT0302②：2、08TZT0304①：3） 10. D型（07TZT4②：7）

角方唇中部略凸，折沿边缘划有浅凹槽一周，短颈。素面。轮制。口径22.8、残高9.3、壁厚0.4～0.7厘米（图七六，15）。09TZTG2⑥：12，口沿。残。泥质灰陶。侈口，抹角斜方唇，折沿边缘略盘，短颈，鼓肩。素面。轮制。口径30.1、残高4.9、壁厚0.5～0.6厘米（图七七，8）。

Bb型 44件。07TZTG2②：3，口沿。残。夹砂夹云母红褐胎灰皮陶。侈口，方唇上部划有一道浅凹弦纹，折沿边缘略盘，短颈，鼓肩。素面。手制。口径14.5、残高4.9、壁厚0.3～0.5厘米（图七二，6）。07TZT1①：4，口沿。残。夹砂夹云母黑褐陶。侈口，方唇下部及折沿边缘各有浅凹槽一周，短颈下部有细凸棱一周。轮制。口径19.8、残高2.6、壁厚0.4～0.9厘米（图七二，11）。07TZT1②：6，口沿。残。夹砂红胎灰褐皮陶。侈口，卷沿，圆唇。短颈部划有竖条纹，下方有凸棱一周。轮制。口径23.2、残高5.5、壁厚0.7～0.9厘米（图七二，10）。07TZT2①：6，口沿。残。泥质灰陶。侈口，方唇，折沿，短颈，肩稍折。外侧划有浅凹弦纹一周，内侧饰浅凸弦纹数周。轮制。口径27.1、残高7.3、壁厚0.7～0.9厘米（图七二，12）。07TZT2①：7，口沿。残。泥质灰褐胎灰陶，表面磨光。侈口，方唇。

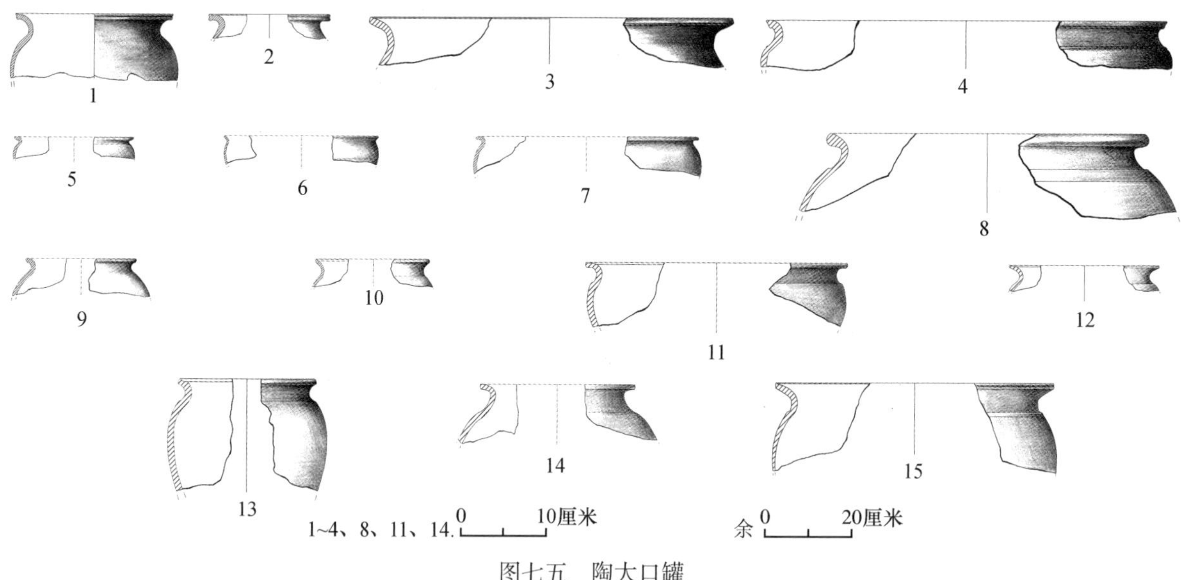

图七五　陶大口罐

1、2、4、8～15. Bb型（08TZT0502②：3、08TZT0514①：3、08TZT0602②：2、08TZT1321①：1、08TZTG2①：3、08TZTG2①：7、09TZTG1①：1、09TZTG1②：6、09TZTG1②：2、09TZTG1②：9、09TZTG1②：1）　3. Ab型（08TZT0602②：1）　5～7. Ba型（08TZT1320①：1、08TZT1320①：2、08TZT1320②：1）

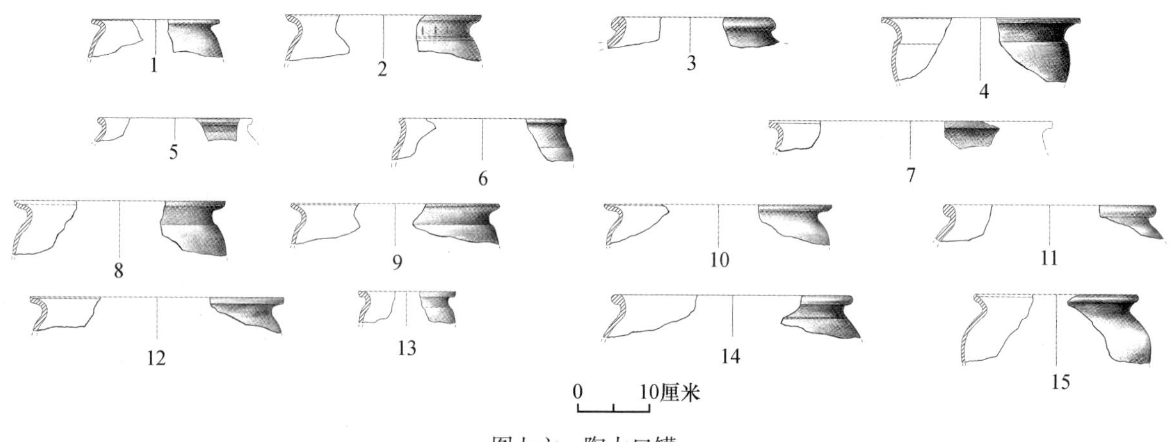

图七六　陶大口罐

1、10、15. Ba型（09TZTG1⑥：2、09TZTG2⑤：4、09TZTG2⑤：16）　2、7～9、12、13. Bb型（09TZTG1⑤：4、09TZTG2②：2、09TZTG2⑤：1、09TZTG2⑤：2、09TZTG2⑤：6、09TZTG2⑤：9）　3、5、6、11、14. C型（09TZTG1⑤：6、09TZTG2②：1、09TZTG2③：1、09TZTG2⑤：7、09TZTG2⑤：12）　4. Ab型（09TZTG1⑤：8）

折沿边缘划浅凹弦纹带一周。轮制。口径18、残高4.7、壁厚0.6～0.8厘米（图七二，9）。07TZT2①：12，口沿。残。夹砂灰陶。侈口，抹角方唇，折沿边缘划有浅凹槽一周。素面。轮制。口径12、残高3.3、壁厚0.6～0.8厘米（图七二，2）。07TZT2②：1，口沿。残。夹砂灰胎黑皮陶，黑皮脱落。侈口，卷沿，尖唇，短颈，鼓肩。素面。轮制。口径33.1、残高5.6、壁厚0.4～0.7厘米（图七三，5）。07TZT2②：5，口沿。残。夹砂灰陶。侈口，抹角斜方唇，折沿边缘略盘，短颈，肩稍折。素面。轮制。口径15.7、残高4.6、壁厚0.6～0.8厘米（图七三，2）。07TZT2②：11，口沿。残。夹砂灰陶。侈口，上折沿。尖唇下方刻有一道弦纹。短颈。轮制。口径35.6、残高3.5、壁厚0.3～0.5厘米（图七三，7）。07TZT3②：1，口沿。残。夹砂灰陶，侈口，尖唇，折沿，束颈。肩部上方划有一周浅凹弦纹。轮制。口径39.7、残高4.8、壁厚0.4～0.6厘米（图七三，11）。07TZT3②：3，口沿。残。夹砂红褐陶，胎芯呈灰色。侈口，肩部稍折。斜方唇中部划有浅凹弦纹一道，折沿边缘划浅凹弦纹带一周。轮制。口径51.9、残高5、壁厚0.5～0.7厘米（图七三，13）。07TZT4②：2，口沿。残。夹砂红褐胎黄褐陶。侈口，尖唇，平沿。短颈上划有短竖直线纹，下有窄凸弦纹带一周。轮制。口径39.7、残高5.2、壁厚0.7～0.9厘米（图七四，4）。07TZT4②：4，口沿。残。夹砂灰陶。侈口，短颈。斜方唇中部划有窄凸弦纹带一周，折沿边缘划有浅凹槽一周，颈肩部内侧划有弦纹两周。素面。轮制。口径32.9、残高5.7、壁厚0.5～0.7厘米（图七四，3）。07TZT4②：11，口沿。残。夹砂黑陶。侈口，方唇下部有凹槽一周，平沿，短颈，溜肩。素面。轮制。口径12.8、残高5.9、壁厚0.4～0.7厘米（图七四，9）。07TZT4②：12，口沿。残。夹砂灰胎黑皮陶，黑皮脱落。侈口，方唇，折沿边缘划有浅槽一周，短颈，肩稍折。素面。轮制。口径18、残高5.8、壁厚0.6～0.8厘米（图七四，5）。07TZT4②：16，口沿。残。泥质黄褐胎黑皮陶。侈口，斜方唇，上部划有浅凹弦纹一周，折沿边缘略盘。素面。轮制。口径17.8、残高4.3、壁厚0.6～0.8厘米（图七四，1）。08TZT0203①：4，口沿。残。泥质灰陶。侈口，方唇，折沿外缘略盘。短颈下部刻有三道斜线纹。轮制。口径30.1、残高5.1、壁厚0.5～0.6厘米（图七四，12）。08TZT0303①：1，口沿。残。泥质灰陶。侈口，方唇，折沿外缘略盘。短颈下划有灰色竖条暗纹。轮制。口径25、残高5.6、壁厚0.5～0.7厘米（图七四，14）。08TZT0304①：1，口沿。残。泥质灰陶。侈口，尖唇。折沿边缘划有浅凹槽一周，短颈部划有一周网纹，颈肩部刻有两周弦纹。轮制。口径25.6、残高7.7、壁厚0.6～0.8厘米（图七四，16）。08TZT0414①：2，口沿。残。夹砂灰褐胎黑皮陶。侈口，尖唇。素面。轮制。口径24、残高4.2、壁厚0.4～0.6厘米（图七四，18）。08TZT0502②：3，口沿。残。夹砂红胎黄褐皮陶。侈口，方唇中部有浅凹槽，折沿边缘略盘，短颈。素面。轮制。口径18、残高7.3、壁厚0.3～0.6厘米（图七五，1）。08TZT0514①：3，口沿。残。夹砂灰陶。侈口，方唇中部内凹，平沿外缘略盘。素面。轮制。口径13.9、残高2.7、壁厚0.3～0.7厘米（图七五，2）。08TZT0602②：2，口沿。残。泥质灰陶。侈口，斜方唇。短颈下有一周窄弦纹带。轮制。口径45.8、残高5.4、壁厚0.6～0.9厘米（图七五，4）。08TZT1321①：1，口沿。残。夹砂灰褐胎黑皮陶，黑皮脱落。侈口，展沿，圆唇，短束颈，折肩。素面。轮制。口径36、残高9.5、壁厚0.6～0.9厘米（图七五，8）。08TZTG2①：3，口沿。残。夹砂夹云母灰褐陶。侈口，抹角斜方唇，折沿，短颈。素面。轮制。口径25.6、残高8.5、壁厚0.9～1.1厘米（图七五，9）。08TZTG2①：7，口沿。残。泥质灰胎黑皮陶。侈口，方唇，折沿边缘划有浅凹槽一周，短颈，肩稍折。素面。轮制。口径26.8、残高6.5、壁厚0.5～0.6厘米（图七五，10）。09TZTG1①：1，口沿。残。夹砂黄褐陶。侈口，尖唇，折沿边缘略盘，鼓腹稍折。短颈内侧划有浅凹弦纹数周。轮制。口径29.9、残高7.2、壁厚0.6～0.7厘米（图七五，11）。09TZTG1②：1，口沿。残。夹砂灰胎黑皮陶。侈口，方唇中部划有浅凹槽一周，折沿边缘略盘，短颈，鼓肩，肩颈处有浅凸棱一周。轮制。口径31.8、残高9.8、壁厚0.3～0.7厘米（图七五，15）。09TZTG1②：2，口沿。残。夹砂黄褐陶。器体受热不均，呈红黑相间。侈口，圆角方唇，折沿边缘划有浅凹槽一周，略盘，短颈，鼓肩稍折，圆腹。素面。手制轮修。口径15.5、残高12.5、壁厚0.7～0.8厘米（图七五，13）。

09TZTG1②：6，口沿。残。夹砂夹云母灰褐陶。侈口，方唇，折沿边缘略盘，短颈，肩稍折。素面。轮制。口径17、残高2.8、壁厚0.4～0.5厘米（图七五，12）。09TZTG1②：9，口沿。残。泥质黄褐陶，胎芯局部呈灰色。侈口，方唇，折沿，短颈，鼓肩。素面。轮制。口径17.8、残高6.4、壁厚0.5～0.7厘米（图七五，14）。09TZTG1⑤：4，口沿。残。泥质灰陶。侈口，尖唇，折沿边缘微盘。短颈下划有凸棱一周及四个短线状暗纹。素面。轮制。口径27.9、残高6.4、壁厚0.5～0.7厘米（图七六，2）。09TZTG2②：2，口沿。残。夹砂灰胎黑皮陶。侈口，方唇，折沿边缘略盘，短颈。素面。轮制。口径39.7、残高3.5、壁厚0.4～0.6厘米（图七六，7）。09TZTG2⑤：1，口沿。残。泥质灰胎黑皮陶。侈口，方唇，折沿边缘略盘，短颈。素面。轮制。口径29.8、残高7.5、壁厚0.4～0.8厘米（图七六，8）。09TZTG2⑤：2，口沿。残。泥质灰胎黑皮陶。侈口，抹角方唇，折沿边缘略盘，短颈，溜肩稍折。素面。轮制。口径30、残高5.4、壁厚0.5～0.6厘米（图七六，9）。09TZTG2⑤：6，口沿。残。泥质灰陶。侈口，抹角方唇，折沿边缘划有浅凹槽一周，短颈。素面。轮制。口径35.6、残高4.7、壁厚0.6～0.7厘米（图七六，12）。09TZTG2⑤：9，口沿。残。夹砂黑褐陶。侈口，尖唇，折沿边缘略盘，短颈，溜肩。素面。轮制。口径13.6、残高4.2、壁厚0.5～0.7厘米（图七六，13）。09TZTG2⑥：1，口沿。残。夹砂灰胎黑皮陶。侈口，抹角斜方唇，折沿边缘略盘，短颈，溜肩。素面。轮制。口径38、残高6.5、壁厚0.6～0.7厘米（图七七，1）。09TZTG2⑥：3，口沿。残。夹砂夹云母红褐胎黑皮陶。侈口，圆唇，折沿边缘略盘，鼓肩。素面。轮制。口径20、残高4.4、壁厚0.4～0.5厘米（图七七，2）。09TZTG2⑥：4，口沿。残。泥质灰胎黑皮陶。侈口，抹角斜方唇，折沿，束颈。素面。轮制。口径16.8、残高3.6、壁厚0.7～0.8厘米（图七七，3）。09TZTG2⑥：6，口沿。残。泥质灰陶。侈口，圆唇，折沿边缘划有浅凹槽一周，短颈。素面。轮制。口径26、残高4.5、壁厚0.5～0.9厘米（图七七，7）。09TZTG2⑥：13，口沿。残。泥质灰胎黑皮陶。侈口，抹角斜方唇，平沿，短颈。素面。轮制。口径17.3、残高3.4、壁厚0.7厘米（图七七，4）。09TZTG2⑥：16，口沿。残。泥质灰陶。侈口，圆唇，卷沿。短颈下有凸棱一周。素面。轮制。口径31.5、残高4.5、壁厚0.8～0.9厘米（图七七，9）。09TZTG2⑥：18，口沿。残。夹砂夹云母灰褐胎黑皮陶。侈口，

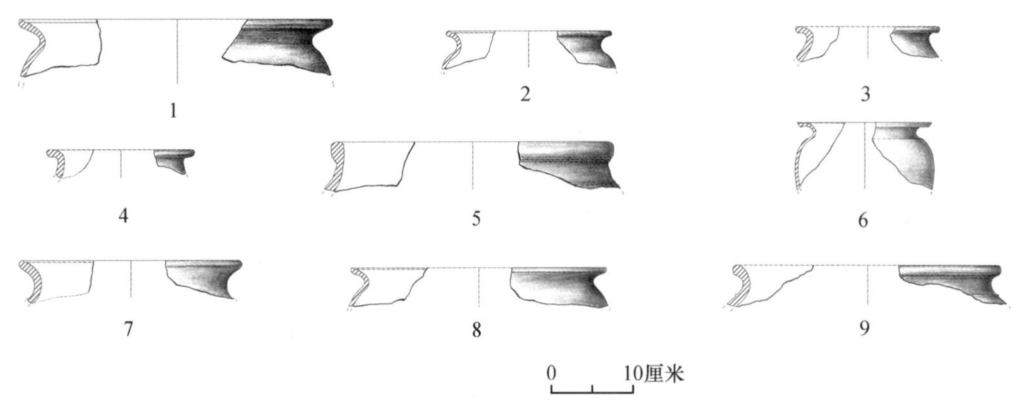

图七七　陶大口罐

1～4、6、7、9. Bb型（09TZTG2⑥：1、09TZTG2⑥：3、09TZTG2⑥：4、09TZTG2⑥：13、09TZTG2⑥：18、09TZTG2⑥：6、09TZTG2⑥：16）　5. C型（09TZTG2⑥：11）　8. Ba型（09TZTG2⑥：12）

斜方唇，平沿边缘略盘，短颈，溜肩稍折。素面。轮制。口径16、残高7.2、壁厚0.3～0.5厘米（图七七，6）。

C型　13件。07TZTG2②：1，口沿。残。夹砂灰褐胎黑皮陶，黑皮脱落。侈口，圆唇，短颈，肩稍折。素面。轮制。口径27、残高7.5、壁厚0.8～1.2厘米（图七二，13）。07TZT2①：4，口沿。残。泥质灰褐胎灰陶，器表受热不均，局部呈黑色。侈口，卷沿，圆唇。短颈下划有灰色锯齿纹，并饰细凸弦纹带一周。轮制。口径21.7、残高5.8、壁厚1～1.1厘米（图七二，7）。07TZT2①：9，口沿。残。泥质灰陶。侈口，卷沿，圆唇，短颈，肩稍折。素面。轮制。口径17.4、残高4.3、壁厚0.5～0.6厘米（图七二，4）。07TZT2②：2，口沿。残。泥质红褐胎黑皮陶，胎芯呈灰色。侈口，卷沿，圆唇，短颈。沿中部划有浅凹槽一周，凹槽下饰凸弦纹两周。轮制。口径27、残高4.8、壁厚0.8～1厘米（图七三，6）。07TZT4①：1，口沿。残。夹砂灰胎黑皮陶，黑皮有脱落。侈口，卷沿，圆唇。素面。轮制。口径30、残高4.2、壁厚0.6～0.7厘米（图七三，10）。07TZT4①：7，口沿。残。夹砂灰褐胎黑皮陶。侈口，抹角方唇，折沿短颈，肩稍折。素面。轮制。口径19.4、残高3.8、壁厚0.5～0.8厘米（图七三，9）。07TZT4②：10，口沿。残。泥质灰褐陶。胎芯呈灰色，侈口，卷沿，圆唇。素面。轮制。口径30、残高4.1、壁厚0.7～0.9厘米（图七四，6）。09TZTG1⑤：6，口沿。残。夹砂灰陶。口微侈，圆唇，卷沿。素面。轮制。口径21.6、残高4.2、壁厚1厘米（图七六，3）。09TZTG2②：1，口沿。残。泥质灰胎黑皮陶。侈口，方唇，折沿边缘微盘，短颈。素面。轮制。口径21.6、残高3.1、壁厚0.6厘米（图七六，5）。09TZTG2③：1，口沿。残。夹砂夹云母红褐胎黑皮陶。口微侈，尖唇，鼓肩微折。素面磨光。轮制。口径23.5、残高6.3、壁厚0.6～0.8厘米（图七六，6）。09TZTG2⑤：7，口沿。残。夹砂夹云母红褐胎黄褐陶。侈口，卷沿，圆唇，短颈。素面。轮制。口径29.2、残高4.6、壁厚0.6～0.8厘米（图七六，11）。09TZTG2⑤：12，口沿。残。泥质灰胎黑皮陶。侈口，圆唇，卷沿上平，束颈。素面。轮制。口径32.9、残高5.9、壁厚0.5～0.7厘米（图七六，14）。09TZTG2⑥：11，口沿。残。夹砂夹云母灰陶。口微侈，圆唇。卷沿下方及短颈下各划有细凸弦纹一周。轮制。口径33、残高5.6、壁厚0.8～1厘米（图七七，5）。

D型　1件。07TZT4②：7，口沿。残。夹砂灰陶。侈口，圆唇，卷沿，鼓肩稍折。腹部划有一周窄弦纹带。轮制。口径48、残高9.8、壁厚0.8～1厘米（图七四，10）。

小口罐　5件。

A型　3件。08TZT0302②：1，口沿。残。夹砂灰陶。侈口，圆唇，短颈，折沿。肩部划有三周凸弦纹。轮制。口径10、残高7.4、壁厚0.5～0.7厘米（图七八，3）。08TZT0503②：1，口沿。残。夹砂黄褐胎灰皮陶。侈口，圆唇略尖，折沿。短颈部凸出一周细弦纹。轮制。口径18、残高13.2、壁厚0.4～0.7厘米（图七八，4）。09TZTG2⑥：20，口沿。残。夹砂灰胎黑皮陶。侈口，圆唇，折沿，短颈，鼓肩稍折。素面。轮制。口径12、残高5.9、壁厚0.5～0.6厘米（图七八，5）。

B型　2件。07TZT1①：2，口沿。残。夹砂黄褐胎黑皮陶。口微侈，卷沿，圆唇，短颈，肩部稍折。素面。轮制。口径12.1、残高5.7、壁厚0.5～0.8厘米（图七八，1）。07TZT2②：3，口沿。残。夹砂灰陶。侈口，卷沿，圆唇。素面。轮制。口径13.9、残高5.2、

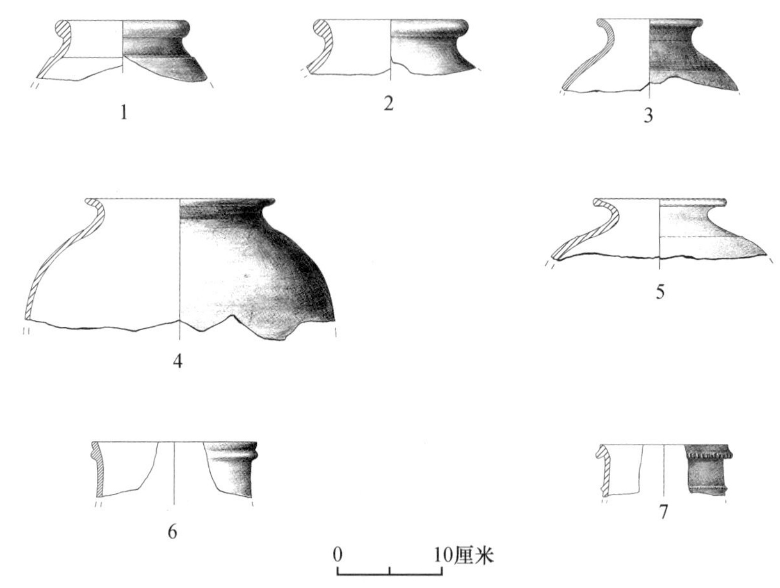

图七八　陶小口罐、叠唇罐

1、2.B型小口罐（07TZT1①：2、07TZT2②：3）　3～5. A型小口罐（08TZT0302②：1、08TZT0503②：1、09TZTG2⑥：20）　6. A型叠唇罐（08TZT0502②：1）　7. B型叠唇罐（09TZTG1⑥：4）

壁厚0.7～0.8厘米（图七八，2）。

（2）敛口罐

22件。

A型　6件。07TZTG1①：1，口沿。残。夹砂夹云母灰胎黄褐陶。敛口，抹角方唇，短颈。素面。轮制。口径18、残高3.9、壁厚0.5～0.7厘米（图七九，1）。07TZTG2①：1，口沿。残。夹砂黑胎灰陶。敛口，抹角方唇，肩稍折。短颈部划浅凸弦纹三周。轮制。口径21.9、残高4.4、壁厚0.9厘米（图七九，2）。07TZT4②：5，口沿。残。夹砂夹云母灰褐陶，器表泛金色。敛口，抹角方唇，短颈，鼓肩稍折。素面。轮制。口径17.3、残高5.9、壁厚0.5～1厘米（图七九，8）。08TZT0615①：1，口沿。残。夹砂红褐胎灰陶。敛口，圆唇，肩微鼓。素面。轮制。口径39、残高5.5、壁厚0.5～0.7厘米（图七九，14）。08TZT1321①：7，口沿。残。夹砂红褐胎黑皮陶。敛口，抹角方唇，窄颈。素面。轮制。口径30.9、残高3、壁厚0.4～0.9厘米（图七九，16）。09TZTG2⑤：14，口沿。残。夹砂黄褐胎黑皮陶。敛口，方唇，短直颈，鼓肩。素面。轮制。口径14、残高3.1、壁厚0.4～0.5厘米（图七九，22）。

B型　6件。07TZT2②：10，口沿。残。夹砂夹云母红褐陶。胎体受热不均，局部呈黑褐色，敛口，方唇，唇内侧下划有浅凹槽一周，短直颈，肩部稍折。素面。轮制。口径28、残高3.3、壁厚0.5～1.1厘米（图七九，6）。07TZT4②：3，口沿。残。夹砂夹云母灰陶。敛口，方唇，短颈，鼓肩，口沿内侧有划痕。手制。口径15、残高4.3、壁厚0.7～0.9厘米（图七九，7）。08TZT0304①：5，口沿。残。泥质黄褐胎灰皮陶。敛口，方唇。素面。轮制。口径8、残高1.2、壁厚0.3～0.4厘米（图七九，10）。08TZT0414①：1，口沿。残。夹砂夹云母灰胎黄褐陶。敛口，方唇，短颈，折肩。素面。轮制。口径18.2、残高5.5、壁厚

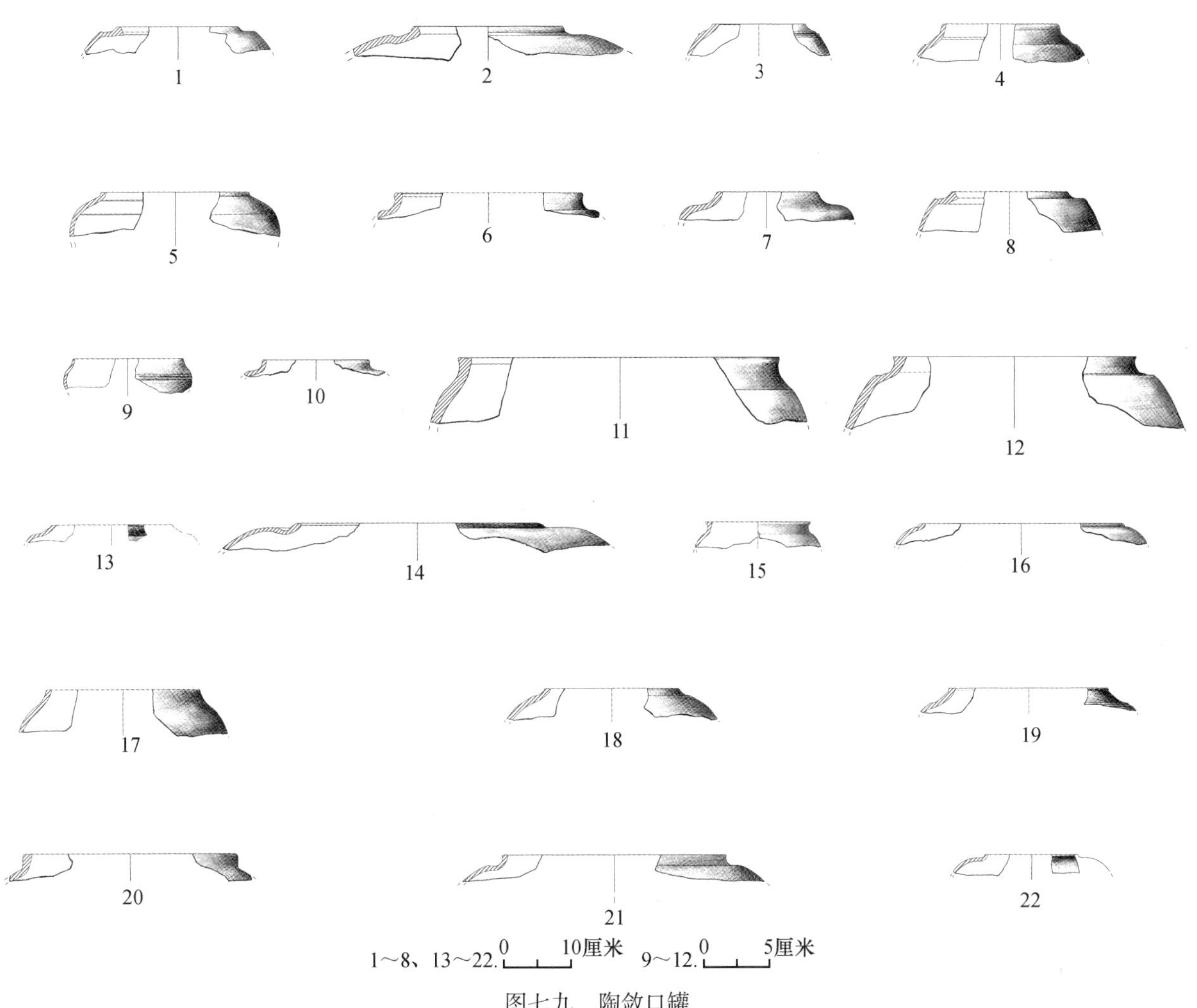

图七九　陶敛口罐

1、2、8、14、16、22. A型（07TZTG1①：1、07TZTG2①：1、07TZT4②：5、08TZT0615①：1、08TZT1321①：7、09TZTG2⑤：14）　3~5、9、11、13、17~19、21. C型（07TZT1①：9、07TZT1②：7、07TZT2①：2、08TZT0302②：3、08TZT0404①：1、08TZT0504①：1、09TZTG1②：4、09TZTG1②：5、09TZTG1②：8、09TZTG1⑤：9）　6、7、10、12、15、20. B型（07TZT2②：10、07TZT4②：3、08TZT0304①：5、08TZT0414①：1、08TZT1320②：2、09TZTG1⑤：1）

0.5~0.7厘米（图七九，12）。08TZT1320②：2，口沿。残。夹砂红褐胎黑皮陶，陶胎受热不均呈现红黑两色。敛口，抹角方唇，内唇微凸出，短束颈，肩微折。素面。轮制。口径16、残高3.7、壁厚0.4~0.6厘米（图七九，15）。09TZTG1⑤：1，口沿。残。夹砂灰胎黑皮陶。敛口，抹角方唇，短颈，鼓肩稍折。素面。轮制。口径33.4、残高3.5、壁厚0.6~0.7厘米（图七九，20）。

C型　10件。07TZT1①：9，口沿，残，泥质黄褐胎黑皮陶，敛口，方唇，短颈下有凸棱两周，鼓肩。轮制。口径14.1、残高4.6、壁厚0.5~0.8厘米（图七九，3）。07TZT1②：7，口沿。残。泥质灰褐胎黄褐陶，器表受热不均，局部呈灰黑色。敛口，抹角方唇，肩稍折。肩部内侧饰凸弦纹数周。轮制。口径15.7、残高5.7、壁厚0.5~1厘米（图七九，4）。07TZT2①：2，口沿。残。夹砂灰褐胎黑皮陶。敛口，方唇，圆肩。口沿及肩部划有细弦纹数周。轮制。口径22、残高6.4、壁厚0.5~0.7厘米（图七九，5）。08TZT0302②：3，口沿。残。夹砂黄褐胎黑皮陶。敛口，圆唇。肩部划有三周凹弦纹。轮制。口径8.1、残高

2.6、壁厚0.2～0.4厘米（图七九，9）。08TZT0404①：1，口沿。残。夹砂黄褐胎灰皮陶。敛口，方唇中间有一道凹槽，肩部稍折。素面。轮制。口径23.9、残高4.9、壁厚0.6～0.8厘米（图七九，11）。08TZT0504①：1，口沿。残。泥质灰胎黑皮陶。敛口，方唇。短颈部划有斜线纹，颈肩部有凸棱一周。轮制。口径18、残高2.6、壁厚0.5～0.6厘米（图七九，13）。09TZTG1②：4，口沿。残。泥质红褐胎灰皮陶。敛口，方唇，颈斜。素面。轮制。口径22.7、残高6.8、壁厚0.6～0.7厘米（图七九，17）。09TZTG1②：5，口沿。残。泥质灰陶。敛口，方唇，短颈，鼓肩。素面。轮制。口径19.8、残高4.5、壁厚0.8～0.9厘米（图七九，18）。09TZTG1②：8，口沿。残。夹砂灰褐胎黑皮陶。敛口，方唇，斜颈，鼓肩。颈肩部有凸棱数周。轮制。口径23.8、残高2.8、壁厚0.7～0.9厘米（图七九，19）。09TZTG1⑤：9，口沿。残。夹砂夹云母灰褐陶。敛口，方唇。素面。轮制。口径33.3、残高3.9、壁厚0.8～1.2厘米（图七九，21）。

（3）直口罐

11件。

A型　6件。07TZT4②：21，口沿。残。夹砂灰陶，器表内侧呈黑灰色。直口，方唇，短直颈，鼓肩。素面。轮制。口径17.7、残高4.3、壁厚0.6厘米（图八〇，1）。08TZT0502②：4，口沿。残。夹砂灰胎黑皮陶。直口，尖唇。素面。轮制。口径14、残高3.8、壁厚0.3～0.5厘米（图八〇，6）。09TZTG1②：3，口沿。残。夹砂夹云母灰胎黑皮陶。直口，方唇，口沿略内卷。素面。手制。口径37.5、残高9.3、壁厚1～1.5厘米（图八〇，9）。09TZTG1②：7，口沿。残。夹砂黄褐胎黑皮陶。直口，方唇。口径12.2、残高2.9、壁厚0.2～0.3厘米（图八〇，8）。09TZTG2⑥：2，口沿。残。泥质灰胎黑皮陶。直口，方唇，平肩。肩腹部划有浅凹槽一周。轮制。口径20、残高3.9、壁厚0.4～0.8厘米（图八〇，11）。09TZTG2⑥：17，口沿。残。夹砂灰褐胎黑皮陶。直口，方唇。短直颈上划有灰色竖条纹。鼓肩。轮制。口径16、残高5.9、壁厚0.7厘米（图八〇，10）。

B型　5件。08TZT0203①：2，口沿。残。夹砂红褐胎灰皮陶。直口，方唇，短颈。素面。轮制。口径22、残高8.6、壁厚0.7～0.9厘米（图八〇，2）。08TZT0302②：4，口沿。

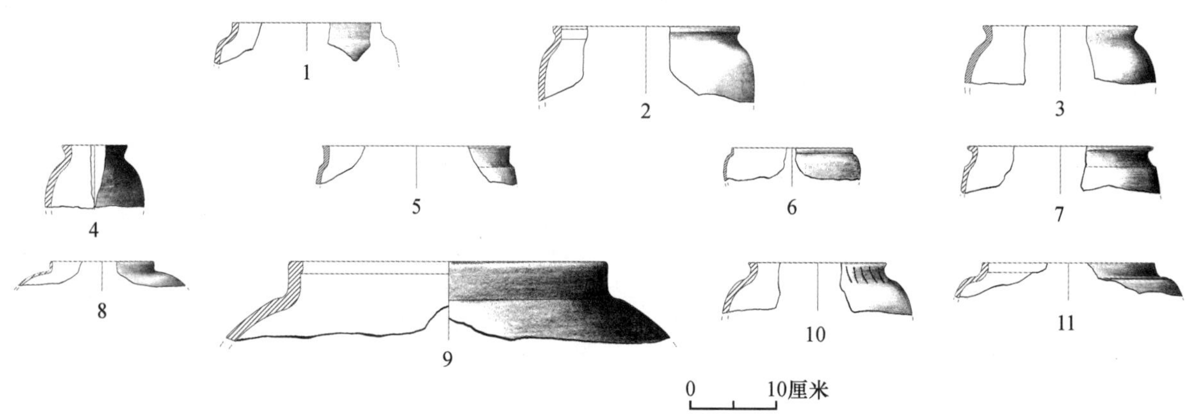

图八〇　陶直口罐

1、6、8～11. A型（07TZT4②：21、08TZT0502②：4、09TZTG1②：7、09TZTG1②：3、09TZTG2⑥：2、09TZTG2⑥：17）
2～5、7. B型（08TZT0203①：2、08TZT0302②：4、08TZT0303①：2、08TZT0304①：2、08TZTG2①：1）

残。夹砂灰陶。直口，方唇。素面。轮制。口径18、残高6.7、壁厚0.6～0.8厘米（图八○，3）。08TZT0303①：2，口沿。残。夹砂灰胎黑皮陶。直口，方唇。素面。轮制。口径8、残高7.1、壁厚0.6～0.9厘米（图八○，4）。08TZT0304①：2，口沿。残。夹砂灰褐胎黑皮陶。直口，方唇，微折肩。素面。轮制。口径22.4、残高4.3、壁厚0.5～0.8厘米（图八○，5）。08TZTG2①：1，口沿。残。夹砂红褐陶，陶胎受热不均，局部呈黑色。直口，平沿，尖唇，短颈。素面。轮制。口径21.8、残高5.4、壁厚0.5～0.7厘米（图八○，7）。

（4）叠唇罐

2件。

A型　1件。08TZT0502②：1，口沿。残。夹砂夹云母黄褐陶。侈口，双圆唇。素面。手制。口径16、残高4.4、壁厚0.5～0.6厘米（图七八，6）。

B型　1件。09TZTG1⑥：4，口沿。残。夹砂红褐陶。侈口，重唇下方附加一周戳印纹口沿，直颈下方贴附一周戳印纹。手制轮修。口径12、残高4.6、壁厚0.4～0.6厘米（图七八，7）。

2. 陶瓮

25件。

A型　9件。07TZTG2②：11，残。夹砂夹云母灰褐胎黑皮陶。侈口，方唇，折沿，短颈，圆腹，腹中部附有两横桥耳。素面。手制。口径32.1、残高40.5、腹最大径58.3、壁厚0.8～1.4厘米（图八一，2）。07TZT1①：8，口沿。残。夹砂灰陶。侈口，卷沿，抹角方唇。素面。轮制。口径47.1、残高4.5、壁厚0.8～0.9厘米（图八一，4）。07TZT4①：3，口沿。残。夹砂灰褐胎黄褐陶。侈口，圆唇，卷沿，短颈，肩稍折。素面。轮制。口径38.5、残高6.4、壁厚0.9～1.3厘米（图八一，9）。08TZT1220②：1，口沿。残。夹砂灰胎黑皮陶。

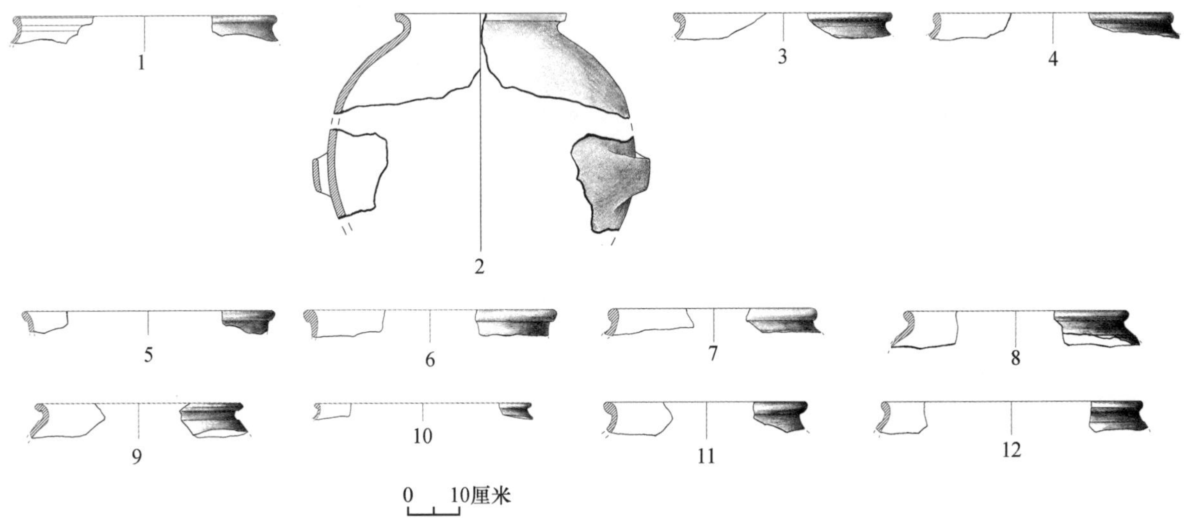

图八一　陶瓮

1、3、5～8、10～12. B型（07TZTG2①：3、07TZT1①：3、07TZT1②：1、07TZT1②：2、07TZT2①：3、07TZT3①：1、07TZT4①：5、07TZT4②：1、07TZT4②：9）　2、4、9. A型（07TZTG2②：11、07TZT1①：8、07TZT4①：3）

侈口，展沿，圆唇，短束颈下有浅凹槽一周，溜肩。素面。轮制。口径44、残高14.7、壁厚0.8～1.3厘米（图八二，3）。08TZTG2①：5，口沿。残。夹砂黄褐胎黑皮陶。侈口，圆唇，折沿。素面。轮制。口径39.7、残高5.8、壁厚05～0.8厘米（图八二，4）。08TZTG2①：6，口沿。残。夹砂夹云母黄褐胎灰皮陶。侈口，圆唇，卷沿。短颈下划有一周凸弦纹。轮制。口径38.9、残高10.7、壁厚0.7～1厘米（图八二，5）。09TZTG1⑤：7，口沿。残。夹砂红褐胎黑皮陶。侈口，斜方唇，卷沿。素面。轮制。口径38、残高3.3、壁厚0.7厘米（图八二，6）。09TZTG2⑥：8，口沿。残。泥质灰胎黑皮陶。侈口，圆唇，卷沿，短颈。素面。轮制。口径40、残高3.9、壁厚0.6～0.7厘米（图八二，12）。09TZTG2⑥：9，口沿。残。泥质黑褐陶。侈口，圆唇，卷沿，短颈。素面。轮制。口径37、残高4、壁厚0.8～0.9厘米（图八二，13）。

B型　16件。07TZTG2①：3，口沿。残。夹砂夹云母灰胎红褐陶。侈口，圆唇，短颈。素面。手制。口径49.2、残高5.1、壁厚0.6～0.8厘米（图八一，1）。07TZT1①：3，口沿。残。夹砂灰褐胎黑皮陶。侈口，卷沿，圆唇。素面。轮制。口径44、残高5.1、壁厚0.8～1.3厘米（图八一，3）。07TZT1②：1，口沿。残。夹砂红褐胎黑皮陶。侈口，卷沿，圆唇下方有一周凸棱，短颈。素面。轮制。口径48、残高4.9、壁厚0.7～0.8厘米（图八一，5）。07TZT1②：2，口沿。残。夹砂灰胎灰褐陶。侈口，卷沿，圆唇，短颈，肩稍折。素面。轮制。口径48、残高5、壁厚0.9～1厘米（图八一，6）。07TZT2①：3，口沿。残。夹砂灰胎黄褐陶。侈口，卷沿，圆唇。短颈下方有细凸弦纹一周。轮制。口径41、残高5、壁厚0.9～1.2厘米（图八一，7）。07TZT3①：1，口沿。残。夹砂灰陶。侈口，卷沿，圆唇。口沿内部划有细弦纹一道，短颈下方凸出一道弦纹。轮制。口径44、残高5.9、壁厚0.7～1厘米（图八一，8）。07TZT4①：5，口沿。残。夹砂灰胎黑皮陶。侈口，圆唇，卷沿。素面。轮制。口径42、残高3、壁厚0.7～0.9厘米（图八一，10）。07TZT4②：1，口沿。残。夹砂黄褐胎黑皮陶，黑皮脱落。侈口，圆唇，卷沿。素面。轮制。口径40、残高5.6、壁厚0.9～1厘米（图八一，11）。07TZT4②：9，口沿。残。泥质红褐胎黑皮陶，胎芯呈灰色。侈口，圆唇，折沿，短颈，肩稍折。素面。轮制。口径49.8、残高6、壁厚0.9～1.1厘米（图八一，12）。

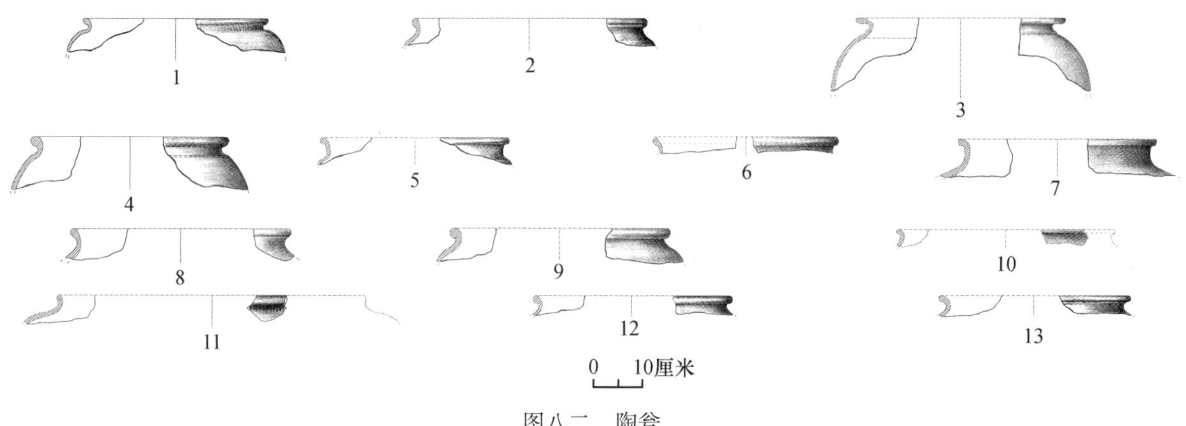

图八二　陶瓮

1、2、7～11. B型（08TZT0203①：1、08TZT0714①：1、09TZTG1⑥：1、09TZTG1⑥：3、09TZTG2⑤：3、09TZTG2⑤：5、09TZTG2⑤：10）　3～6、12、13. A型（08TZT1220②：1、08TZTG2①：5、08TZTG2①：6、09TZTG1⑤：7、09TZTG2⑥：8、09TZTG2⑥：9）

08TZT0203①：1，口沿。残。夹砂灰褐陶。侈口，圆唇，卷沿。短颈部划有褐色锯齿纹。轮制。口径38.8、残高7、壁厚0.7～1厘米（图八二，1）。08TZT0714①：1，口沿。残。夹砂红褐胎黑皮陶。侈口，卷沿。圆唇中部划有凹弦纹一周。短颈下按压弦纹。轮制。口径48.1、残高5.8、壁厚1厘米（图八二，2）。09TZTG1⑥：1，口沿。残。夹砂夹云母红褐陶，器表局部呈黑色。侈口，方唇，卷沿，颈较长。素面。手制。口径38、残高8、壁厚1.1～1.2厘米（图八二，7）。09TZTG1⑥：3，口沿。残。夹砂灰陶。侈口，圆唇，卷沿下方划有浅凹槽一周，短颈。轮制。口径43、残高6.5、壁厚0.8～1.2厘米（图八二，8）。09TZTG2⑤：3，口沿。残。夹砂夹云母红褐胎黑皮陶。侈口，卷沿，圆唇，短颈，鼓肩。素面。轮制。口径43、残高6.3、壁厚0.8厘米（图八二，9）。09TZTG2⑤：5，口沿。残。泥质灰陶。侈口，圆唇，卷沿。短颈上划有黑色竖条纹，颈肩部划有浅凹槽一周。轮制。口径64.1、残高5.5、壁厚0.5～0.6厘米（图八二，11）。09TZTG2⑤：10，口沿。残。夹砂黄褐陶。侈口，圆唇，折沿，短颈。素面。轮制。口径45.6、残高3.7、壁厚0.8～0.9厘米（图八二，10）。

3. 陶盆

13件。

A型 9件。07TZT4②：6，口沿。残。夹砂灰胎红褐陶。侈口，斜方唇中部划有弦纹一周，短颈。素面。轮制。口径37.9、残高6.9、壁厚0.5～0.8厘米（图八三，1）。08TZT0303①：5，口沿。残。夹砂黄褐陶。侈口，唇略尖。素面。轮制。口径38.4、残高6.3、壁厚0.7～0.8厘米（图八三，3）。08TZT0504①：2，口沿。残。夹砂灰陶。侈口，抹角方唇，折沿烧制变形，厚薄不均，肩部稍折。素面。轮制。口径43.9、残高5.7、壁厚0.4～0.6厘米（图八三，4）。08TZT0514①：2，口沿。残。夹砂灰陶，器表受热不均，局部呈现红褐色。侈口，方唇，平沿边缘略盘，短颈下方略内凹。素面。轮制。口径29.9、残高3.5、壁厚0.6～0.8厘米（图八三，5）。08TZT0712①：1，口沿。残。夹砂夹云母灰胎红褐陶。侈口，斜方唇。唇中部划有一周浅凹弦纹。素面。手制。口径44.4、残高4.2、壁厚0.7～0.8厘米（图八三，8）。08TZTG2①：2，口沿。残。泥质黄褐陶，器表内侧局部呈黑色。侈口，方唇，折沿外缘略盘。素面。轮制。口径41.8、残高6.9、壁厚0.5～0.7厘米（图八三，9）。09TZTG2⑥：5，口沿。残。泥质黄褐陶，胎芯呈灰色。侈口，抹角方唇，平沿中部划有凹槽一周，腹上部微折，颈腹部斜收。素面。轮制。口径21、残高5、壁厚0.4～0.7厘米（图八三，12）。09TZTG2⑥：7，口沿。残。泥质灰陶。侈口，方唇，平沿，短颈下方有凸棱一周。肩部内侧划有弦纹及斜线纹。轮制。口径43.7、残高4.8、壁厚0.8～1.1厘米（图八三，13）。09TZTG2⑥：14，口沿。残。夹砂灰胎黑皮陶。侈口，方唇，折沿，短颈。素面。轮制。口径33.7、残高7.5、壁厚0.6～0.9厘米（图八三，11）。

B型 4件。07TZT4②：8，口沿。残。夹砂黄褐胎灰皮陶，灰皮脱落。侈口，斜方唇，折沿，短颈，鼓肩。素面。轮制。口径44.4、残高7.2、壁厚0.5～0.7厘米（图八三，2）。08TZT0514①：1，口沿。残。夹砂黄褐胎黑皮陶，黑皮脱落。侈口，方唇，短颈，腹上部微折。素面。轮制。口径33.9、残高5.3、壁厚0.5～0.7厘米（图八三，6）。08TZT0702②：1，口沿。残。夹砂夹云母红褐胎黑皮陶。侈口，方唇稍圆，短颈，鼓腹，腹上部贴附横桥状耳。

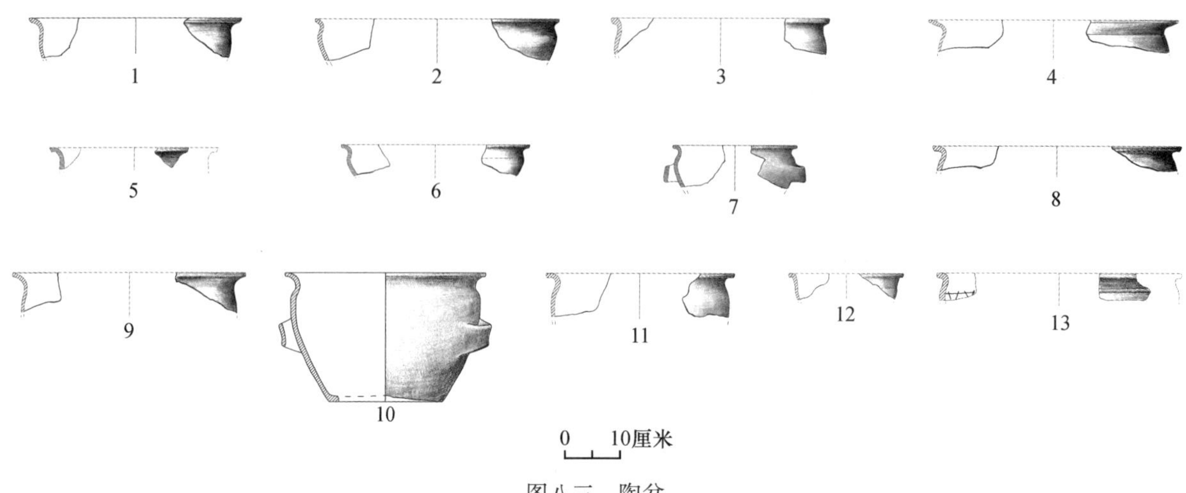

图八三　陶盆

1、3～5、8、9、11～13. A型（07TZT4②：6、08TZT0303①：5、08TZT0504①：2、08TZT0514①：2、08TZT0712①：1、08TZTG2①：2、09TZTG2⑥：14、09TZTG2⑥：5、09TZTG2⑥：7）　2、6、7、10. B型（07TZT4②：8、08TZT0514①：1、08TZT0702②：1、09TZTG2①：3）

素面。手制。口径21.8、残高7.4、壁厚0.5～0.6厘米（图八三，7）。09TZTG2①：3，残。泥质灰褐陶，黑皮脱落。侈口，尖唇，折沿，短颈，鼓肩，斜弧腹贴附横桥形耳，平底。素面。轮制。耳跨度7.2、高1.7、厚0.6厘米，口径35.9、底径20.3、腹径34、高22.6、壁厚0.6～1厘米（图八三，10；图版三六，4）。

4. 陶甑

11件。

A型　6件。07TZT3②：2，甑底。残。夹砂灰胎黑皮陶，黑皮有脱落。平底，斜腹，底部均匀分布若干椭圆穿孔。素面。轮制。底径22、残高2.9、壁厚0.6～0.9厘米（图八四，4）。08TZT0604①：1，甑底。残。夹砂黄褐陶。平底，斜腹，底残留有穿孔，孔由底外侧向内侧一面穿入，腹部刻有细弦纹若干。手制。底径24、残高8、厚0.9～1.1厘米（图八四，6）。08TZT1220①：1，甑底。残。夹砂灰胎黑皮陶。平底，斜腹，底有椭圆形穿孔。素面。手制。底径23.6、残高3.9、厚0.8～1厘米（图八四，7）。08TZT1320①：3，甑底。残。夹砂黄褐胎黑皮陶。平底，斜腹，底中心有圆形穿孔，周围均匀环绕四个椭圆穿孔，椭圆孔由内外两面钻入。素面。手制。底径26.4、残高5.5、厚0.6～0.7厘米（图八四，8）。09TZTG2①：2，残。泥质灰陶。侈口微敛，方唇中部有浅凹槽一周，折沿边缘略盘，短颈，鼓肩，斜弧腹两侧各贴附横桥形耳，平底有四个圆孔。素面。轮制。口径39.2、底径22.2、孔径4.9、腹径37.2、高26.5、壁厚0.9～1.7厘米（图八四，9；图版三六，5、6）。09TZTG2⑥：21，甑底。残。夹砂灰褐胎黑皮陶。平底有椭圆形穿孔，斜腹。素面。轮制。底径30.4、残高7.5、壁厚0.9～1.1厘米（图八四，11）。

B型　5件。07TZT2②：8，甑底。残。夹砂黄褐陶。平底上均匀分布13个圆形穿孔，穿孔由外侧向内侧一面钻。斜腹内侧下刻有一道弦纹。手制。底径18、孔径1.4、残高4.7、壁厚0.5～0.9厘米（图八四，1）。07TZT2②：13，甑底。残。夹砂灰陶。两面平，上钻有圆形小

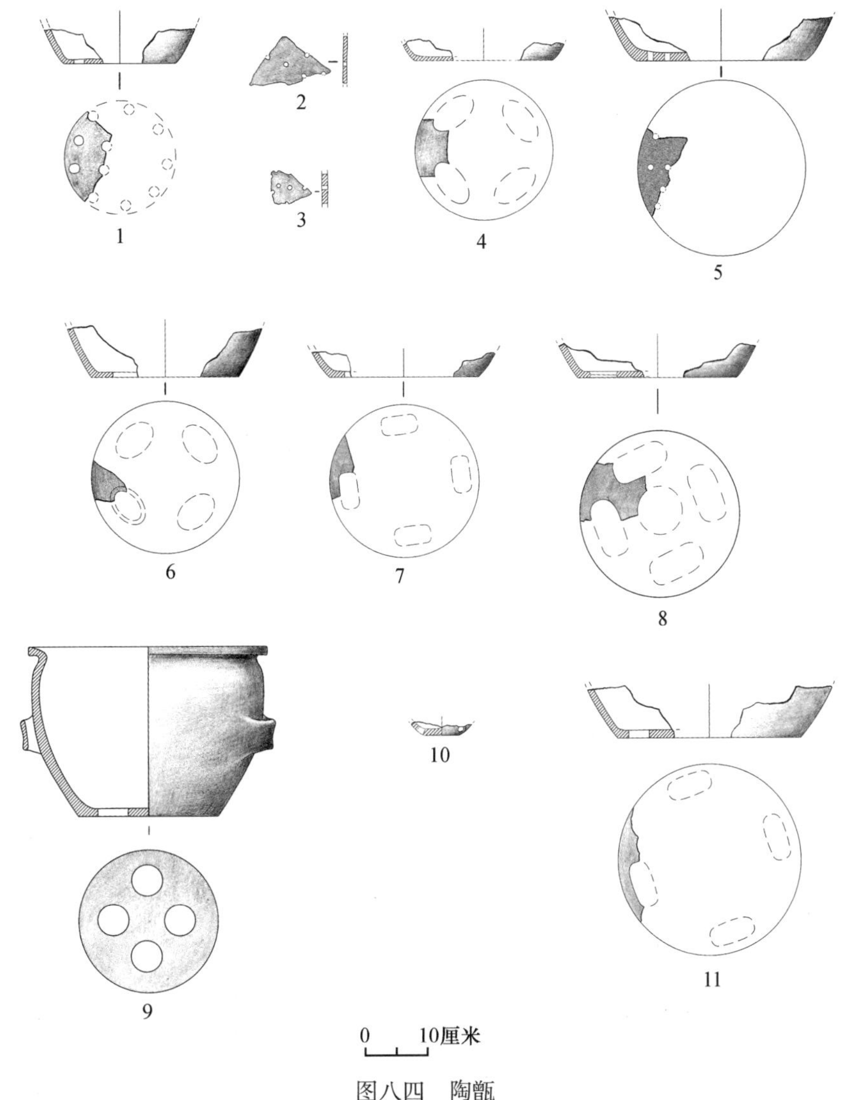

图八四 陶甑

1～3、5、10. B型（07TZT2②：8、07TZT2②：13、07TZT4①：4、07TZT4②：20、09TZTG2②：5）
4、6～9、11. A型（07TZT3②：2、08TZT0604①：1、08TZT1220①：1、08TZT1320①：3、09TZTG2①：2、09TZTG2⑥：21）

孔。素面。手制。残长13.2、残宽7.8、孔径0.8、壁厚0.7厘米（图八四，2）。07TZT4①：4，甑底。残。夹砂红褐胎灰褐陶。平底上有圆形穿孔，孔为单面钻。轮制。残长6.5、残宽5.2、孔径0.7、壁厚0.9厘米（图八四，3）。07TZT4②：20，甑底。残。夹砂灰褐胎红皮陶。圆形平底上一面钻有圆形穿孔，斜腹。素面。手制。底径27.2、残高6.8、孔径1、壁厚1～1.7厘米（图八四，5）。09TZTG2②：5，残。夹砂黄褐陶，胎芯泛红黑。底略内凹，斜腹，腹底交界处有圆孔。素面。手制。底径5.4、残高1.5、壁厚0.7～0.9厘米（图八四，10）。

5. 陶盂

14件。

A型 13件。07TZTG2①：2，口沿。残。夹砂黄褐胎灰陶。侈口，平沿，尖唇，鼓肩，弧腹。素面。轮制。口径9.8、残高3.4、壁厚0.4～0.5厘米（图八五，1）。07TZT1①：1，

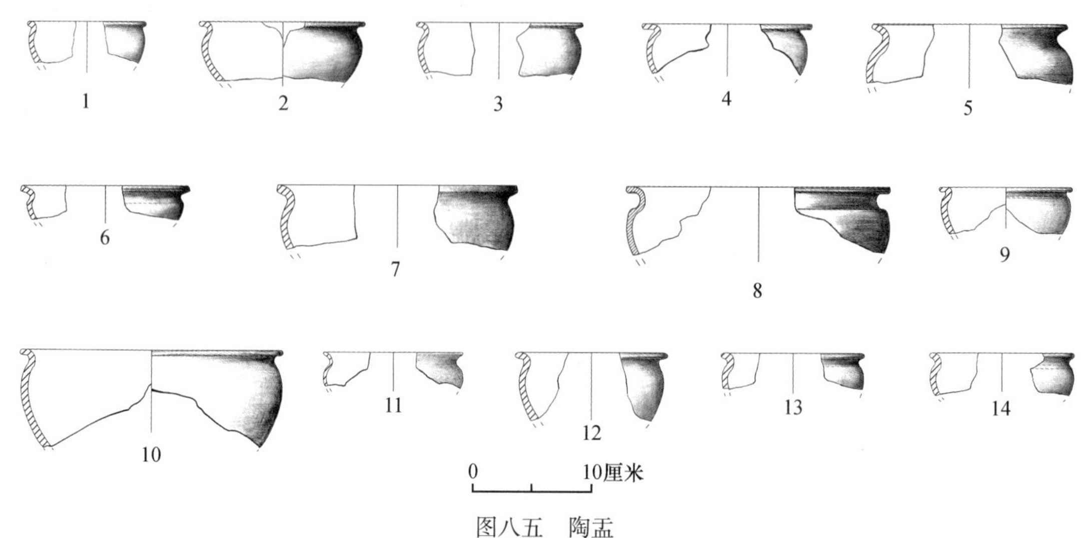

图八五　陶盂

1～5、7～14. A型（07TZTG2①：2、07TZT1①：1、07TZT2①：8、07TZT2①：11、07TZT2②：4、07TZT4①：2、08TZT0714①：2、08TZTG2①：4、09TZTG1⑤：5、09TZTG2②：3、09TZTG2⑤：11、09TZTG2⑤：13、09TZTG2⑥：15）
6. B型（07TZT2②：12）

口沿。残。夹砂黄褐胎黑皮陶。侈口，平沿，圆唇，短颈，鼓腹。素面。轮制。口径13.8、残高4.8、壁厚0.4～0.5厘米（图八五，2）。07TZT2①：8，口沿。残。夹砂黄褐胎黑皮陶。侈口，抹角方唇，短颈，鼓腹。素面。轮制。口径13.9、残高4.4、壁厚0.4～0.5厘米（图八五，3）。07TZT2①：11，口沿。残。夹砂灰褐胎黑皮陶。侈口，平沿，抹角方唇。素面。轮制。口径14.2、残高4.2、壁厚0.4厘米（图八五，4）。07TZT2②：4，口沿。残。夹砂灰陶。表面磨光。侈口，方唇，折沿边缘划浅凹槽一周，短颈，鼓肩。素面。轮制。口径16.4、残高4.7、腹径16.9、壁厚0.5～0.7厘米（图八五，5）。07TZT4①：2，口沿。残。夹砂灰陶。侈口，方唇，折沿，鼓肩。表面磨光。轮制。口径20.4、腹径19.8、残高5.2、壁厚0.4～0.5厘米（图八五，7）。08TZT0714①：2，口沿。残。夹砂灰褐胎黑皮陶。侈口，展沿外缘有浅凹槽一周，抹角方唇，短束颈，圆肩稍折，弧腹。轮制。口径22、残高6、壁厚0.4～0.6厘米（图八五，8）。08TZTG2①：4，口沿。残。泥质黄褐胎黑皮陶。口稍侈，尖唇，平沿，鼓腹。素面。轮制。口径11.3、残高3.8、壁厚0.4～0.6厘米（图八五，9）。09TZTG1⑤：5，口沿。残。夹砂灰胎黑皮陶。侈口，尖唇，平沿，鼓腹。素面。轮制。口径22.2、残高7.9、壁厚0.5～0.6厘米（图八五，10）。09TZTG2②：3，口沿。残。夹砂灰胎黑皮陶。侈口，尖唇，折沿，束颈，圆肩。素面。轮制。口径11.8、残高3.7、壁厚0.4～0.5厘米（图八五，11）。09TZTG2⑤：11，口沿。残。夹砂灰褐胎黑皮陶。侈口下方有弦纹一周，尖唇，平沿，束颈，鼓腹。轮制。口径12.6、残高5、壁厚0.4～0.6厘米（图八五，12）。09TZTG2⑤：13，口沿。残。夹砂灰陶。侈口，尖唇，折沿，短颈，鼓肩。素面。轮制。口径11.6、残高2.8、壁厚0.5～0.6厘米（图八五，13）。09TZTG2⑥：15，口沿。残。夹砂灰陶。侈口，尖唇，折沿，短颈，鼓肩。器表磨光。轮制。口径12.4、残高3.5、壁厚0.4～0.6厘米（图八五，14）。

B型 1件。07TZT2②：12，口沿。残。夹砂夹云母黑陶。侈口，折沿，方唇中部刻有弦纹一周，束颈，肩稍折，弧腹。轮制。口径14.4、腹径12.9、残高2.8、壁厚0.3～0.4厘米（图八五，6）。

6. 陶盘

1件。

B型 1件。07TZT2①：10，残。泥质灰陶。平面呈多边形，平底，直口，方唇。素面。轮制。残长4.5、残宽2.7、高1.7、壁厚0.6～0.7厘米（图八六，11）。

7. 陶壶

8件。07TZTG1①：2，口沿。残。夹砂灰陶。侈口，折沿，唇中部有一周凹弦纹，下部饰一周绳纹，直颈。手制。口径19.9、残高5.5、壁厚0.4～0.6厘米（图八六，1）。07TZT2①：5，口沿。残。夹砂黑胎红褐陶。侈口，方唇，直颈。素面。手制。口径16.5、残高5.2、壁厚0.5～0.6厘米（图八六，2）。07TZT3②：4，残。夹砂灰胎黑皮陶。侈口，斜方唇，颈中部外凸，内侧划有弦纹带一周。轮制。口径11.6、残高2.7、壁厚0.5～0.7厘米（图八六，3）。08TZT0502②：2，口沿。残。夹砂黄褐胎黑皮陶。侈口，方唇。素面。轮制。口径9.7、残高3.7、壁厚0.5～0.8厘米（图八六，4）。09TZTG1⑤：2，口沿。残。泥质灰褐陶黑皮陶。侈口，斜方唇，中部划有凹槽一周，折沿边缘亦有浅凹槽一周，短颈。素面。轮制。口径17.7、残高4.8、壁厚0.8～1厘米（图八六，5）。09TZTG1⑤：3，口沿。残。夹砂红褐陶。侈口，斜方唇，折沿，短颈，溜肩。素面。轮制。口径12.6、残高4.8、壁厚0.5～0.8厘米

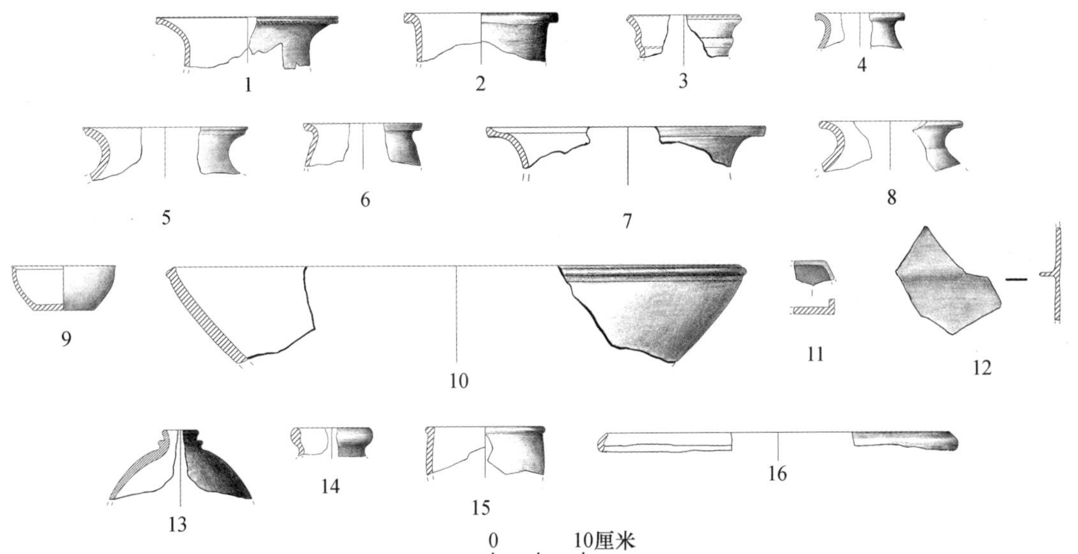

图八六 陶壶、陶钵、陶盘、陶瓶、陶杯、盘口陶器

1～8. 陶壶（07TZTG1①：2、07TZT2①：5、07TZT3②：4、08TZT0502②：2、09TZTG1⑤：2、09TZTG1⑤：3、09TZTG2①：4、09TZTG2②：4） 9、10. 陶钵（09TZTG2⑤：19、09TZTG2⑥：10） 11. B型陶盘（07TZT2①：10） 12. 陶腰沿釜（07TZT2②：14） 13、14. 陶瓶（08TZT0302②：5、09TZTG2⑤：15） 15. 陶杯（07TZTG2②：2） 16. 盘口陶器（09TZTG2⑥：22）

（图八六，6）。09TZTG2①：4，口沿。残。夹砂红褐胎黑皮陶。烧制过程中有变形，侈口，方唇，折沿边缘略盘。素面。轮制。口径31、残高4.4、壁厚0.4～0.6厘米（图八六，7）。09TZTG2②：4，口沿。残。夹砂灰褐陶。侈口，圆唇，折沿，曲颈，颈肩处有窄浅凸棱。轮制。口径15.4、残高5.5、壁厚0.8厘米（图八六，8）。

8. 陶钵

2件。09TZTG2⑤：19，残。夹砂灰胎黑皮陶。平底，斜腹，敞口，尖唇。素面。轮制。底径6.7、口径11.3、残高4.7、壁厚0.5～0.8厘米（图八六，9）。09TZTG2⑥：10，口沿。残。夹砂灰陶。敞口，抹角方唇，中部划有浅凹弦纹一周，唇下方划有浅凹槽一周，斜腹。轮制。口径63.6、残高10.4、壁厚0.9～1厘米（图八六，10）。

9. 陶瓶

2件。08TZT0302②：5，残。夹砂灰褐胎黄褐皮陶。侈口，双圆唇。肩部下方划有凹弦纹一周。轮制。口径3.7、残高7.5、壁厚0.5～1厘米（图八六，13）。09TZTG2⑤：15，残。夹砂黄褐胎灰皮陶。圆唇，盘口上敛。素面。轮制。口径8.2、残高3.1、壁厚0.6～1.1厘米（图八六，14）。

10. 陶杯

1件。07TZTG2②：2，夹砂红褐陶。直口，抹角方唇，直腹略弧。口径12.6、残高5.1、壁厚0.6～0.7厘米（图八六，15）。

11. 盘口陶器

1件。09TZTG2⑥：22，残。泥质灰褐陶。敛口，尖唇。素面。轮制。口径38、残高2、壁厚0.5～0.7厘米（图八六，16）。

12. 陶腰沿釜

1件。07TZT2②：14，陶器。残。夹砂灰褐胎黑皮陶。不规则残陶片，上有口沿式凸棱。素面。轮制。残长、残宽均为11.6、壁厚0.5厘米（图八六，12）。

13. 陶器纽

1件。08TZT0514②：3，似为器盖残部。夹砂灰陶。平顶，直口，盖沿弧线下折。素面。轮制。口径7.2、残高2、壁厚0.5～0.6厘米（图八七，1）。

14. 陶器盖

3件。07TZT4①：9，残。夹砂灰陶，胎芯局部呈红褐色。盖顶微弧，抹角下折沿，尖唇。素面。轮制。口径28.7、残高1.2、壁厚0.3～0.4厘米（图八七，3）。08TZT0514②：4，残。夹砂黄褐陶。盖顶略呈弧形，表面刻有弦纹两周。手制。径11.8、残高1.8、壁厚0.4～1

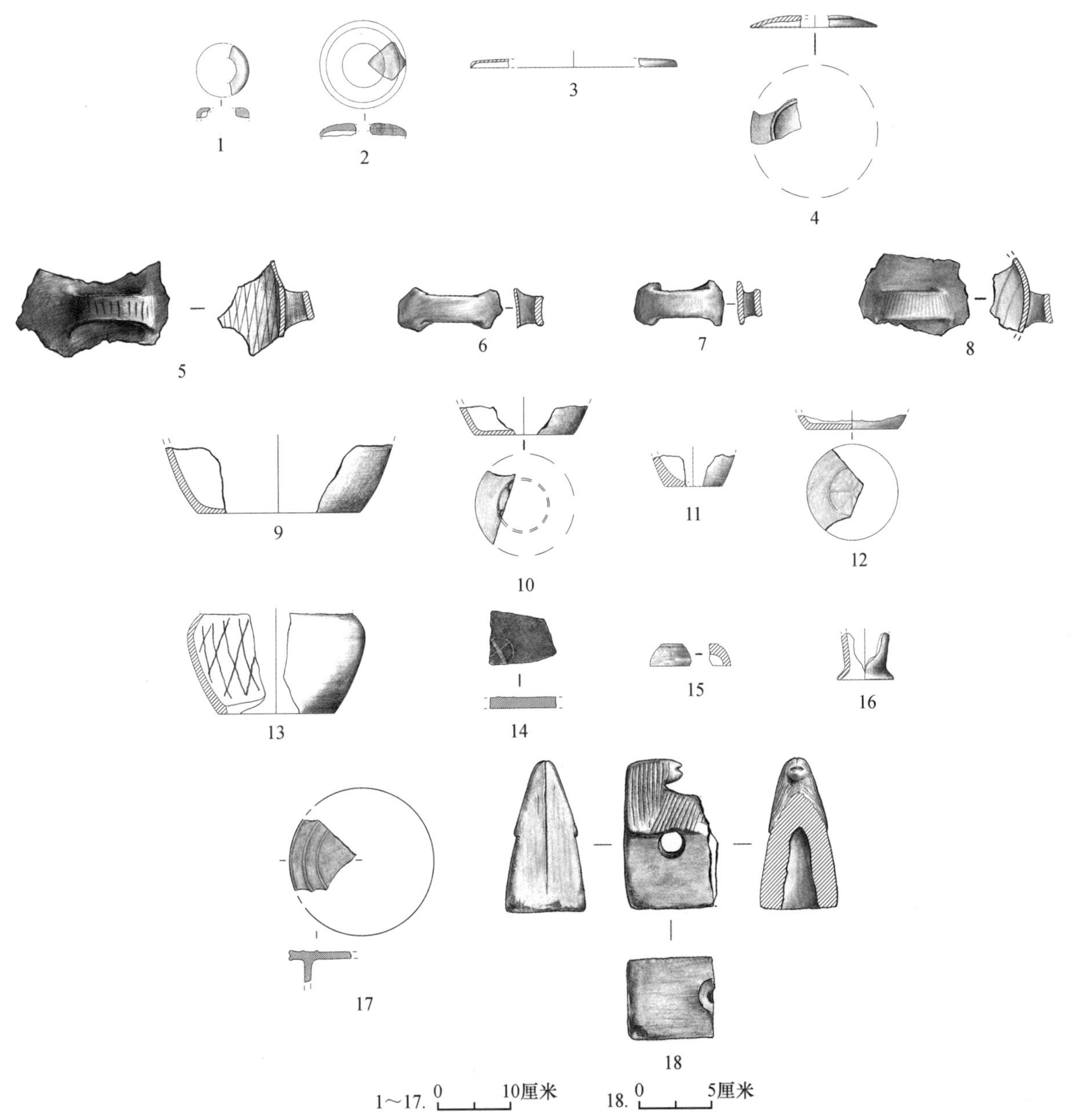

图八七　陶器纽、陶器盖、陶器耳、陶器底、陶器座、陶三孔器

1. 陶器纽（08TZT0514②：3）　2～4. 陶器盖（08TZT0514②：4、07TZT4①：9、09TZTG2⑤：18）　5～8. 陶器耳（07TZTG2②：8、09TZTG1⑥：5、09TZTG2①：1、09TZTG2⑥：19）　9～14. 陶器底（07TZTG2②：6、07TZT1①：7、07TZT1②：5、08TZT0303①：6、08TZT0303①：3、08TZT0701②：1）　15～17. 陶器座（08TZT0604①：2、07TZT4②：13、08TZT0310①：1）　18. 陶三孔器（08TZT0515①：1）

厘米（图八七，2）。09TZTG2⑤：18，陶片。残。夹砂黄褐陶。弧形盖顶，中部刻有凸棱一周，尖唇。轮制。盖径18、残高1.5、壁厚0.4～1厘米（图八七，4）。

15. 陶器耳

4件。07TZTG2②：8，残。夹砂灰褐胎黑皮陶，黑皮有脱落。横桥状，表面按压直线纹，器耳所附器壁内侧刻有网纹。手制。跨度11.8、面宽3.7、厚0.8～0.9厘米（图八七，5）。

09TZTG1⑥：5，残。泥质灰陶。贴附于器壁，桥形。素面。表面磨光。手制。跨度13.7、面宽3.6、高2.5、壁厚1厘米（图八七，6）。09TZTG2①：1，残。泥质灰陶。桥形，贴附于器壁。素面。手制。跨度12.5、面宽3.5、壁厚1厘米（图八七，7）。09TZTG2⑥：19，残。泥质灰陶。横桥形，上窄下宽，贴附于器壁，上划有暗纹。手制。跨度12、面宽4、高3.6、壁厚0.9厘米（图八七，8）。

16. 陶器底

6件。07TZTG2②：6，残。夹砂黄褐胎灰陶。平底，斜弧腹。素面。轮制。底径22.3、残高9、壁厚0.5～1厘米（图八七，9）。07TZT1①：7，残。夹砂黄褐胎灰陶。平底外侧凸出一圈直径7厘米的轮辐纹，斜腹。轮制。底径14、残高3.8、壁厚0.5～0.7厘米（图八七，10）。07TZT1②：5，残。夹砂黄褐胎红褐陶。平底，斜弧。素面。手制。底径8、残高4.3、厚0.6～1.6厘米（图八七，11）。08TZT0303①：3，残。夹砂灰胎黑皮陶。属器壁和器底的一部分。圆肩，斜腹，平底，内壁划有网纹。轮制。底径16.1、最大腹径24.7、残高13.6、壁厚0.6～1.2厘米（图八七，13）。08TZT0303①：6，残。夹砂黄褐胎黑皮陶。平底，斜腹，底部外侧凸出一直径7.2厘米的八辐轮形纹。轮制。底径13.2、残高1.8、壁厚0.7～0.8厘米（图八七，12）。08TZT0701②：1，残。夹砂灰陶。一侧器表呈红褐色，平底，底部凸出一圈直径3.8厘米的四辐轮形纹。手制。残长9.3、残宽7.3、壁厚1.4厘米（图八七，14）。

17. 陶器座

3件。07TZT4②：13，残。泥质红褐胎黑褐皮陶。圆形中空外侈。素面。轮制。似豆柄。底径8、残高6.2、壁厚0.5～0.8厘米（图八七，16）。08TZT0310①：1，残。夹砂灰陶。圆盘状上部有凸弦纹两周，唇部有凹槽，下部有窄弦纹带两周。轮制。径20、残高4、壁厚0.7～1厘米（图八七，17）。08TZT0604①：2，残。夹砂灰胎红褐陶。覆钵状，平顶有圆形钻孔，弧腹，顶腹间划有一周浅凹槽，槽下凸出一周弦纹，平底中空。轮制。顶径6.1、底径9.6、残高3、壁厚1～1.5厘米（图八七，15）。

18. 陶纺轮

3件。07TZTG2②：10，完好。夹砂灰褐陶。圆形，面微鼓，中间有圆形穿孔，孔为两面对钻。素面。磨制。直径6.3、孔径1、厚1～1.3厘米（图八八，1；图版三八，5）。09TZTG2③：3，残。泥质灰陶。圆形，底微上凸，顶略弧，中有一圆孔，两面钻凿。素面。磨制。外径7.8、内径0.8、厚1厘米（图八八，2）。09TZTG2⑤：8，残。泥质黑褐陶。圆形，两面平，中间有圆形穿孔。素面。轮制。外径6、孔径0.6、厚0.8～0.9厘米（图八八，3）。

19. 陶三孔器

1件。08TZT0515①：1，残。夹砂黄褐胎黑皮陶。整体接近房屋形状，且屋脊两端带有鸱吻，并刻划出屋面的沟棱。器身仅残存一半，器身中部横向有圆柱形穿孔，两面对钻，器底中

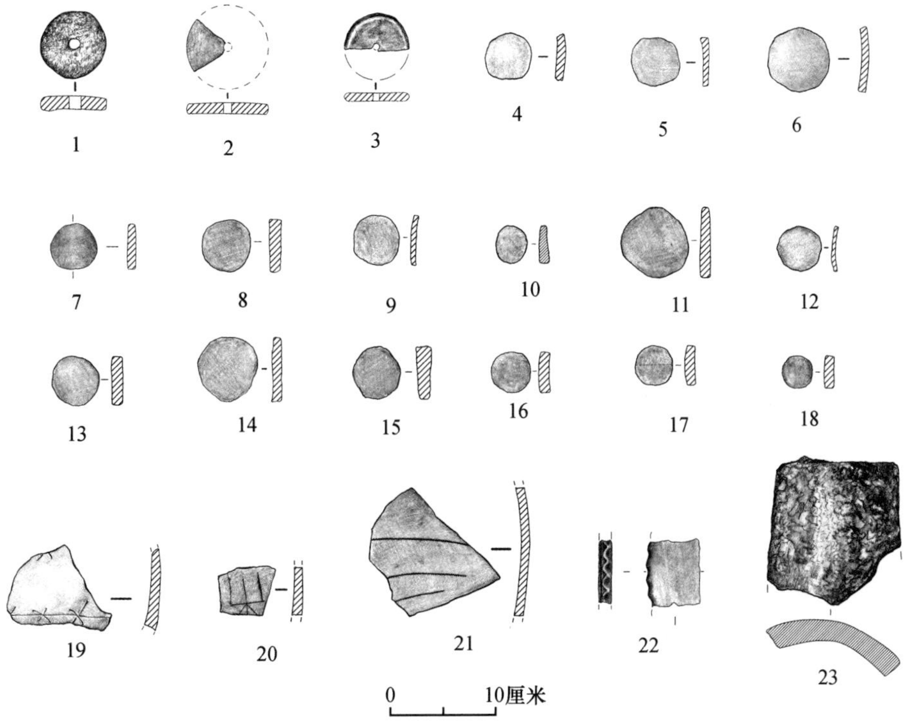

图八八 陶纺轮、圆形陶片、纹饰陶片、筒瓦

1～3. 陶纺轮（07TZTG2②：10、09TZTG2③：3、09TZTG2⑤：8） 4～18. 圆形陶片（07TZTG1①：3、07TZTG2①：4、07TZTG2①：5、07TZT4①：8、08TZT0203①：5、08TZT0301①：1、08TZT0304①：4、08TZT1321①：2、08TZT1321①：3、08TZT1321①：4、08TZT1321①：5、08TZT1321①：8、09TZTG1②：10、09TZTG2⑤：17、09TZTG2③：2） 19～22. 纹饰陶片（07TZTG2②：4、07TZTG2②：7、07TZT1②：3、08TZT1321①：6） 23. 筒瓦（08TZT0514①：4）

部竖向有一圆锥形穿孔，一面钻。器首表面刻划有篦齿纹。手制。通高10.1、器底残长6.1、宽5.4厘米，器身孔径2、深4.2厘米，器底孔径2.5、深5.6厘米（图八七，18；图版三七）。

20. 圆形陶片

15件。07TZTG1①：3，残。泥质灰陶。圆形，面略内凹，以陶器器壁磨制而成。径4.3、厚0.7～0.8厘米（图八八，4）。07TZTG2①：4，残。夹砂灰胎黑皮陶。圆形，面平，以陶器器壁打制而成。径4.6、厚0.5～0.8厘米（图八八，5）。07TZTG2①：5，残。夹砂灰褐胎黑皮陶，黑皮脱落。圆形，面略内凹，以陶器器壁打制。径6、厚0.6厘米（图八八，6）。07TZT4①：8，残。夹砂红陶。圆形，面平，以陶器器底磨制。径4.4、壁厚0.7～0.8厘米（图八八，7）。08TZT0203①：5，残。夹砂黄褐胎黑皮陶。近圆形，面平，以陶器器底磨制。直径4.9、厚1～1.2厘米（图八八，8）。08TZT0301①：1，残。夹砂红褐胎黑皮陶。圆形，一面稍内凹。素面。陶片磨制。直径4.6、厚0.5厘米（图八八，9）。08TZT0304①：4，残。泥质灰陶。圆形，一面稍内凹。素面。以陶器残片磨制。直径3.5、厚0.6～0.9厘米（图八八，10）。08TZT1321①：2，残。夹砂灰陶。圆形，面平。素面。以陶器器底磨制。径6.5、厚0.7～1厘米（图八八，11）。08TZT1321①：3，残。泥质灰胎黑皮陶。圆形，略内凹。素面。器壁残片磨制。径4.2、厚0.4厘米（图八八，12）。08TZT1321①：4，残。夹砂灰褐胎黑皮陶。圆形，面平。素面。器底打制。径4.7、厚1～1.1厘米（图八八，13）。08TZT1321①：5，残。夹砂夹云母红褐陶。胎芯呈灰色，圆形，一面凸。素面。以陶器器底磨制。径6、厚0.8～0.9厘米（图八八，14）。08TZT1321①：8，残。夹砂灰褐陶。圆形，面内凹。素面。器壁打制。径4.9、厚0.9～1.4厘米（图八八，15）。09TZTG1②：10，残。夹砂灰褐胎黑皮陶。圆形，面略内凹。磨制。素面。径3.9、厚0.9厘米（图八八，16）。09TZTG2③：2，残。泥质灰陶。圆形，面平，以陶器器壁残片磨制，一面刻有弦纹。径3、厚1厘米（图八八，18）。09TZTG2⑤：17，残。泥质灰陶。圆形面略内凹，一面中部划有凹弦纹，器壁残片磨制。径3.7、厚0.8厘米（图八八，17）。

21. 纹饰陶片

4件。07TZTG2②：4，残。夹砂红褐陶，胎体受热不均，局部呈灰色。器表划有浅凹弦纹，其上均匀分布X形纹。手制。残长9.9、残宽7.9、壁厚0.7～1厘米（图八八，19）。07TZTG2②：7，残。夹砂灰陶。器表刻有陶文符号。手制。残长5.4、残宽4.4、壁厚0.7～0.9厘米（图八八，20）。07TZT1②：3，残。夹砂夹云母灰胎红褐陶。器表压印细绳纹三道。手制。残长12.4、残宽11.9、壁厚0.8～1厘米（图八八，21）。08TZT1321①：6，口沿。残。夹砂黄褐胎黑皮陶。方唇。折沿贴附手指按压状附加堆纹。轮制。残长6.2、残宽5.2、壁厚0.4～0.5厘米（图八八，22）。

22. 筒瓦

1件。08TZT0514①：4，残。夹砂灰胎黑皮陶。内侧饰布纹。手制。残长13.1、宽11.7～13.2、厚1.8～2.2厘米（图八八，23）。

二、铁　　器

主要有兵器、工具和生活用具，包括镞、矛、铲、钉、带扣等。

1. 镞

7件。

B型　3件。07TZT2①：13，铁质。完好。柳叶形锋，截面呈扁菱形，锋尖弯折，方锥形铤。锻制。锋长2.8、通长9.6、最宽处1.2厘米（图八九，1；图版五〇，1）。08TZT0503①：1，铁质。完好。柳叶形锋，锋截面呈扁菱形，中有浅凸脊，铤呈四棱形。锻制。锋长3.9、最宽处1.4、铤长2.6、最宽处0.5、最厚处0.4厘米（图八九，4；图版五〇，2）。09TZTG2⑤：20，铁质。较完整。叶形锋镞，镞锋剖面呈椭圆形，方锥形铤。锋长4.7、宽2.8、厚0.4厘米，铤残长2.8、最宽处0.9厘米（图八九，5；图版五〇，3）。

C型　3件。07TZT4②：19，铁质。基本完好。铲形锋镞，锋剖面呈扁梯形，直刃略弧，长方形关，方锥形铤。锻制。通长12、铤长5.9、锋刃宽3.5厘米（图八九，2；图版五一，

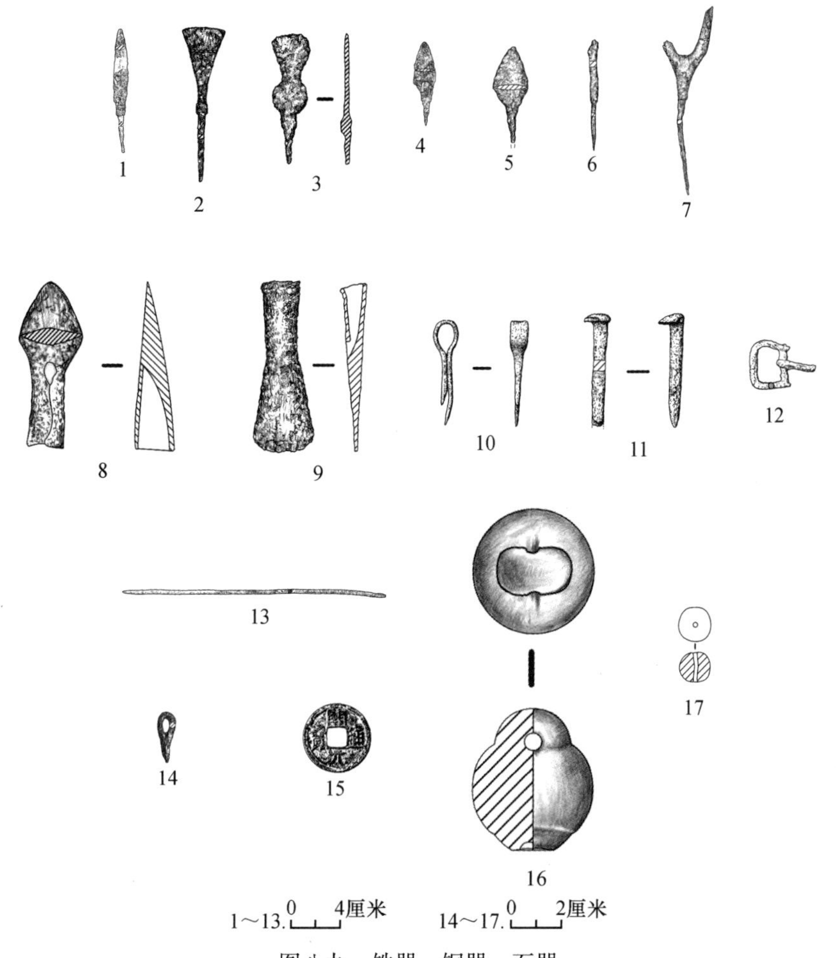

图八九　铁器、铜器、石器

1、4、5. B型铁镞（07TZT2①：13、08TZT0503①：1、09TZTG2⑤：20）　2、3、6. C型铁镞（07TZT4②：19、07TZT4②：22、09TZTG2⑤：21）　7. E型铁镞（09TZTG2⑤：22）　8. 铁矛（07TZT4②：14）　9. 铁铲（07TZT2②：15）　10. 铁环钉（08TZT0615①：2）　11. B型铁钉（08TZT0712①：2）　12. 铁带扣（08TZT0512②：1）　13. 铜簪（08TZT1321①：9）　14. 铜环钉（08TZT0603①：1）　15. 铜钱（09TZTG2⑧：1）　16. 石杈（07TZT1①：6）　17. 水晶珠（08TZT1321②：1）

2）。07TZT4②：22，铲形镞。铁质。基本完好。束腰长锋，上半部扁平似铲形，下半部有起脊，短细铤。锻制。通长10.1、锋长6.5、宽3.1厘米（图八九，3；图版五一，1）。09TZTG2⑤：21，铁质。较完整。方锥形锋镞，镞尖微残，方锥形铤。锋长4.9、宽0.6、厚0.4厘米，铤长3.7、厚0.3、最宽处0.4厘米（图八九，6）。

E型　1件。09TZTG2⑤：22，铁质。残。扁叉形锋镞，U形内刃，方锥形铤。锋长7.2、厚0.1厘米，铤长7.4、厚0.3、最宽处0.6厘米（图八九，7；图版五二，3）。

2. 矛

1件。07TZT4②：14，铁质，锈蚀。三角形锋，锋面起脊，剖面呈扁菱形，锋后有装柄銎，銎背有卷制痕迹，銎孔截面呈椭圆形，锻制。通长13、锋长4.9、宽5.1、銎宽3厘米（图八九，8；图版四〇，3、4）。

3. 铲

1件。07TZT2②：15，铁质。完好。舌状铲面，椭圆形锋，后有装柄銎，銎背有卷制痕迹，銎孔截面呈椭圆形。通长13.3、舌面长7、宽2.6～4.9、銎宽1.8厘米（图八九，9；图版四〇，1、2）。

4. 环钉

1件。08TZT0615①：2，铁质。完整。扁方锥铁条对折而成，上端呈椭圆环形。通长8.2、环径2.3、铁条最宽处1.4厘米（图八九，10；图版四二，2）。

5. 钉

1件。B型。08TZT0712①：2，铁质。残。伞形帽，帽偏向一侧，体呈方锥形，下部趋尖。钉帽径2.1、通长8.7、体最厚处1.1厘米（图八九，11）。

6. 带扣

1件。08TZT0512②：1，铁质。残。宽舌形，带针T形，与带扣铆接。长3.8、宽3.4、扣针长3.3厘米（图八九，12；图版四一，1）。

三、铜　　器

仅发现3件。

1. 铜环钉

1件。08TZT0603①：1，青铜质。完好。圆形铜条对折，上端呈椭圆环形。通长2、环径0.6厘米（图八九，14；图版五三，1）。

2.铜簪

1件。08TZT1321①：9，青铜质。完整。细圆条形，略弯，一端呈尖状，另一端呈方锥状。长21、径0.3厘米（图八九，13；图版五三，4）。

3.铜钱

1件。09TZTG2⑧：1，青铜质。完整。圆形方孔，上铸“开元通宝”四字，背星，“宝”字旁边有一微孔。直径2.4、厚0.1、边郭宽0.2、方孔边长0.7厘米（图八九，15；图版五三，3）。

四、玉、石器

仅有2件。

1.石杈

1件。07TZT1①：6，石质。完好。主体呈圆球形，顶端有环形纽，圆形纽孔，底端有椭圆状凹陷。底端稍上方刻有一周凹弦纹。磨制。直径4.8、孔径0.7、底径1.7、通高5.5厘米（图八九，16；图版五四，1）。

2.水晶珠

1件。08TZT1321②：1，水晶。完整。球形，白色透明，球体中部有钻孔，两面管状对钻，钻孔未对齐。直径1.3、孔径0.2厘米（图八九，17；图版五四，3）。

第四章　类型学分析

自安山城城内出土遗物以日用陶器、铁器为主，除少量为辽金时期遗物，其余出土遗物形制均为高句丽时期所常见，且器物类型相对丰富。经过对山城出土的高句丽时期器物的分析排队，根据器物形制特征，对部分陶器和铁器中的铁镞、铁钉、蹄铁等进行了初步的类型学考察。

第一节　日 用 陶 器

日用陶器主要有罐、瓮、壶、盆、盂、盘、甑、钵等。按照不同器类分别进行类型的划分。壶和钵由于出土数量较少，且器形变化不大，未进行类型划分（图九〇）。

大口罐　根据口、腹部变化分为四型。

A型　口部外敞。根据颈部差异分二亚型。

Aa型　无颈或颈部内折。07TZT1①：5，口沿。残。夹砂灰胎黑皮陶，黑皮脱落。侈口，圆唇，折沿边缘较盘，素面，轮制。口径42、残高4.4、壁厚0.6～0.8厘米；F1①：1，夹砂灰胎黑皮陶。斜方唇，溜肩。口径30、残高6.3、壁厚0.5～0.6厘米。

Ab型　短曲颈。07TZT4①：6，夹砂灰褐胎黑皮陶。圆唇，弧肩。口径36、残高8.2、壁厚0.4～0.7厘米。08TZTG3②：6，泥质灰胎黑皮陶。圆唇，短束颈下划有一周浅凸弦纹带。口径42.1、残高8.3、壁厚0.6～0.8厘米。

B型　口部外侈较大。根据颈部差异分二亚型。

Ba型　无颈或颈部内折。07TZT2②：7，夹砂灰黑陶。方唇。口径17.9、残高5.7、壁厚0.6～0.8厘米。08TZT1320①：1，夹砂灰胎黑皮陶。尖唇，浅鼓腹。口径27.9、残高5、壁厚0.5～0.8厘米。

Bb型　短曲颈。08TZT0502②：3，夹砂红胎黄褐皮陶。方唇中部有浅凹槽，鼓腹。口径18、残高7.3、壁厚0.3～0.6厘米。09TZTG1②：9，泥质黄褐陶。方唇，弧肩。口径17.8、残高6.4、壁厚0.5～0.7厘米。

C型　口部稍外侈。07TZT2①：4，泥质灰褐胎灰陶。卷沿，圆唇，短颈下部划有一周灰色锯齿纹和细凸弦纹带。口径21.7、残高5.8、壁厚1～1.1厘米。09TZTG2⑤：12，泥质灰胎黑皮陶。圆唇，溜肩。口径32.9、残高5.9、壁厚0.5～0.7厘米。

D型　近直腹。07TZT4②：7，夹砂灰陶。圆唇，直腹微弧，腹部划有一周窄弦纹带。口径48、残高9.8、壁厚0.8～1厘米。口径12.6、残高5.1、壁厚0.6～0.7厘米。08TZTG3①：1，夹

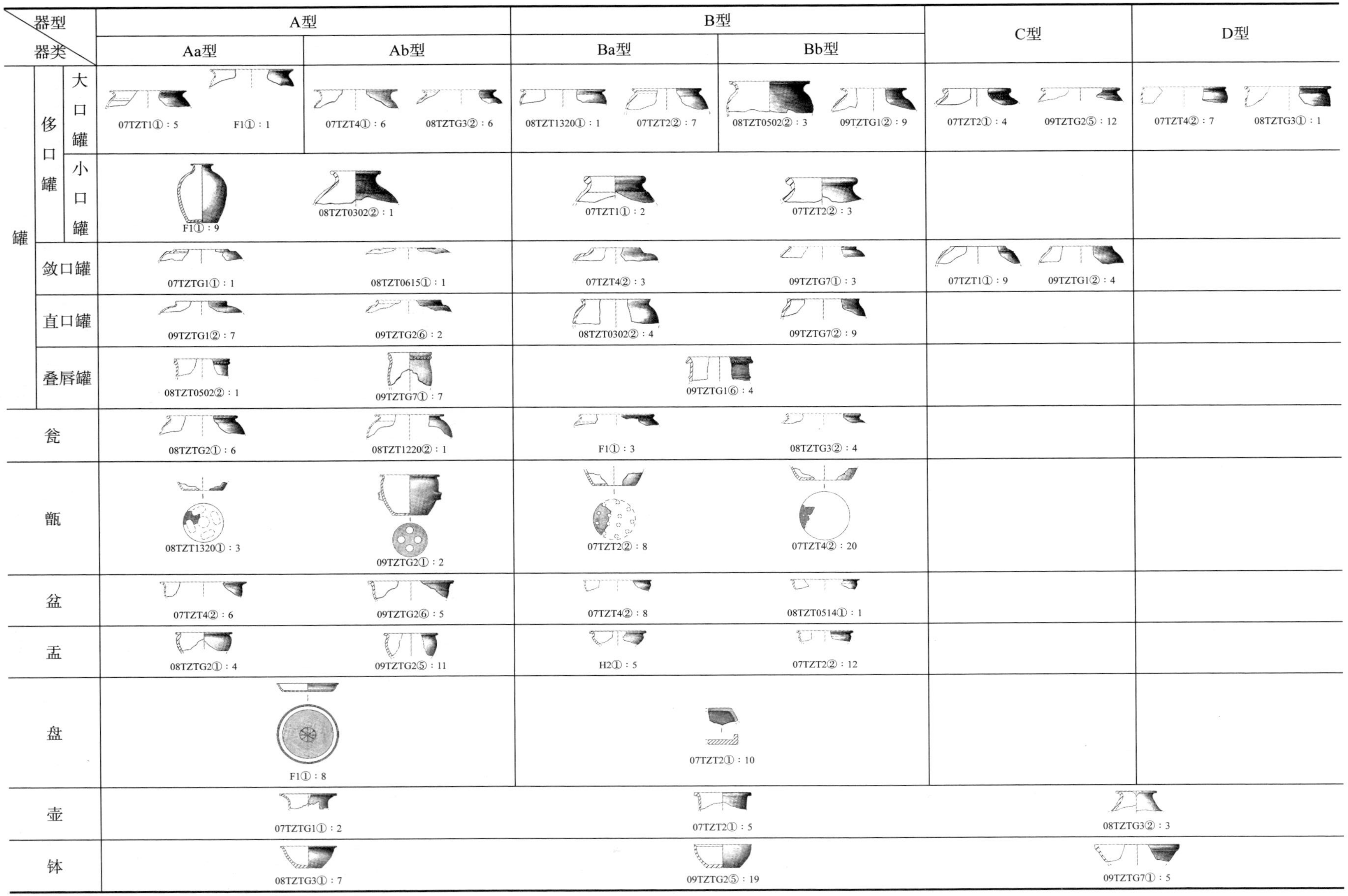

器类＼器型		A型 Aa型	A型 Ab型	B型 Ba型	B型 Bb型	C型	D型
罐	侈口罐 大口罐	07TZT1①：5；F1①：1	07TZT4①：6；08TZTG3②：6	08TZT1320①：1；07TZT2②：7	08TZT0502②：3；09TZTG1②：9	07TZT2①：4；09TZTG2⑤：12	07TZT4②：7；08TZTG3①：1
罐	侈口罐 小口罐	F1①：9	08TZT0302②：1	07TZT1①：2	07TZT2②：3		
罐	敛口罐	07TZTG1①：1	08TZT0615①：1	07TZT4②：3	09TZTG7①：3	07TZT1①：9；09TZTG1②：4	
罐	直口罐	09TZTG1②：7	09TZTG2⑥：2	08TZT0302②：4	09TZTG7②：9		
罐	叠唇罐	08TZT0502②：1	09TZTG7①：7	09TZTG1⑥：4			
瓮		08TZTG2①：6	08TZT1220②：1	F1①：3	08TZTG3②：4		
甑		08TZT1320①：3	09TZTG2①：2	07TZT2②：8	07TZT4②：20		
盆		07TZT4②：6	09TZTG2⑥：5	07TZT4②：8	08TZT0514①：1		
盂		08TZTG2①：4	09TZTG2⑤：11	H2①：5	07TZT2②：12		
盘		F1①：8		07TZT2①：10			
壶		07TZTG1①：2		07TZT2①：5		08TZTG3②：3	
钵		08TZTG3①：7		09TZTG2⑤：19		09TZTG7①：5	

图九〇　出土陶器类型

砂夹云母灰胎红褐皮陶。圆唇，短竖颈。口径32.4、残高8.1、壁厚0.5～0.7厘米。H5①：1，夹砂夹云母浅红褐陶。方唇中部划有浅凹槽一周，平折沿。口径14.6、残高4.5、壁厚0.5～0.6厘米。

小口罐　根据口、颈部形态差异分为二型。

A型　口部外侈较大，短曲颈。F1①：9，夹砂红胎灰皮陶。平沿，方唇，鼓腹，器底略凹。口径8、腹径17.9、底径10.9、高21.8、壁厚0.2～1厘米。08TZT0302②：1，夹砂灰陶。圆唇，弧肩上划有三周凸弦纹。口径10.9、残高7.4、壁厚0.5～0.7厘米。

B型　口微侈，无明显颈部。07TZT1①：2，夹砂黄褐胎黑皮陶。卷沿，圆唇，溜肩。口径12.1、残高5.7、壁厚0.5～0.8厘米。07TZT2②：3，夹砂灰陶。圆唇。口径13.9、残高5.2、壁厚0.7～0.8厘米。

敛口罐　根据颈、肩部变化分为三型。

A型　颈部内折较甚，颈肩分界明显。07TZTG1①：1，夹砂夹云母灰胎黄褐陶。抹角方唇，折肩。口径18、残高3.9、壁厚0.5～0.7厘米。08TZT0615①：1，夹砂红褐胎灰陶。圆唇，肩微鼓。口径35.3、残高4.2、壁厚0.5～0.7厘米。

B型　曲颈，颈肩分界不明显。07TZT4②：3，夹砂夹云母灰陶。方唇，肩部稍折。口径15、残高4.3、壁厚0.7～0.9厘米。09TZTG7①：3，夹砂黄褐胎黑皮陶。方唇，弧肩。口径22、残高3.5、壁厚0.7～0.8厘米。

C型　无颈，口肩斜直相接。07TZT1①：9，泥质黄褐胎黑皮陶。方唇，短颈下方有凸棱两周。口径14.1、残高4.6、壁厚0.5～0.8厘米。09TZTG1②：4，泥质红褐胎灰皮陶。方唇，斜肩微鼓。口径22.7、残高6.8、壁厚0.6～0.7厘米。

直口罐　根据肩部变化分为二型。

A型　鼓肩近平。09TZTG1②：7，夹砂黄褐胎黑皮陶。圆唇。口径12.2、残高2.9、壁厚0.2～0.3厘米。09TZTG2⑥：2，泥质灰胎黑皮陶。方唇，肩部划有浅凹槽一周。口径20、残高3.9、壁厚0.4～0.8厘米。

B型　溜肩微弧。08TZT0302②：4，夹砂灰陶。方唇，弧肩，鼓腹。口径18、残高6.7、壁厚0.6～0.8厘米。09TZTG7②：9，夹砂灰陶。方唇，短颈下划有浅凸弦纹一周。口径17.9、残高4.7、壁厚0.8～0.9厘米。

叠唇罐　微侈口。根据口部形态的不同，分为二型。

A型　口部为重唇。08TZT0502②：1，夹砂夹云母黄褐陶。口径16、残高4.4、壁厚0.5～0.6厘米。09TZTG7①：7，夹砂红褐陶。直腹微鼓。口径12、残高9.6、壁厚0.5～0.7厘米。

B型　口沿下部为一圈附加堆纹。09TZTG1⑥：4，夹砂红褐陶。直颈下方贴附一周戳印纹。口径12、残高4.6、壁厚0.4～0.6厘米。

陶瓮　根据口部形态的不同分为二型。

A型　口部外侈较大。08TZTG2①：6，夹砂夹云母黄褐胎灰皮陶。圆唇，短颈下划有一周凸弦纹。口径38.9、残高10.7、壁厚0.7～1厘米。08TZT1220②：1，夹砂灰胎黑皮陶。圆唇，短颈下有浅弦纹一周，鼓腹。口径44、残高14.7、壁厚0.8～1.3厘米。

B型　口部稍外侈。F1①：3，夹砂夹云母灰褐陶。卷沿，圆唇，肩上部凸出一道弦纹。口径41、残高6.5、壁厚0.7～0.9厘米。08TZTG3②：4，夹砂红褐胎灰褐皮陶。圆唇，短束颈。口径37.1、残高4.9、壁厚0.5～0.8厘米。

陶盆　均为侈口，根据腹部形态的不同分为二型。

A型　斜弧腹。07TZT4②：6，夹砂灰胎红褐陶。斜方唇中部划有弦纹一周。口径37.9、残高6.9、壁厚0.5～0.8厘米。09TZTG2⑥：5，泥质黄褐陶。抹角方唇，平沿中部划有凹槽一周。口径21、残高5、壁厚0.4～0.7厘米。

B型　上腹略鼓，下腹弧收。07TZT4②：8，夹砂黄褐胎灰皮陶。方唇。口径44.4、残高7.2、壁厚0.5～0.7厘米。08TZT0514①：1，夹砂黄褐胎黑皮陶。方唇。口径33.9、残高5.3、壁厚0.5～0.7厘米。

陶盂　均为侈口，腹最大径小于口径。根据腹部形态的不同分为二型。

A型　鼓腹。08TZTG2①：4，泥质黄褐胎黑皮陶。尖唇，平沿。口径11.3、残高3.8、壁厚0.4～0.6厘米。09TZTG2⑤：11，夹砂灰褐胎黑皮陶。尖唇，平沿。口径12.6、残高5、壁厚0.4～0.6厘米。

B型　斜弧腹。H2①：5，夹砂夹云母灰胎黑皮陶。方唇中部刻有浅凹槽一周，折肩。口径16、残高4.1、壁厚0.4～0.5厘米。07TZT2②：12，夹砂夹云母黑陶。方唇中部刻有凹弦纹一周，肩稍折。口径14.4、腹径12.9、残高2.8、壁厚0.3～0.4厘米。

陶盘　根据整体形态的不同，分二型。

A型　圆形盘。F1①：8，夹砂红褐胎灰皮陶。侈口，浅斜弧腹，大平底，器底外部凸出一直径8厘米的六辐轮形纹。底径24.3、高4.2、壁厚0.4～0.7厘米。

B型　多角形盘。07TZT2①：10，泥质灰陶。平面呈多边形，直口，平底。残长4.5、残宽2.7、高1.7、壁厚0.6～0.7厘米。

陶甑　根据底部孔大小及分布的不同分为二型。

A型　大孔甑。08TZT1320①：3，夹砂黄褐胎黑皮陶。平底，斜腹，底中心有圆形穿孔，周围均匀环绕四个椭圆穿孔。底径26、残高5.5、厚0.6～0.7厘米。09TZTG2①：2，泥质灰陶。侈口，短颈，斜弧腹，腹部两侧贴附横桥形耳，平底均匀分布四个圆孔。口径39.1、底径22.2、孔径4.9、腹径37.2、高26.5、壁厚0.9～1.7厘米。

B型　小孔甑。07TZT2②：8，夹砂黄褐陶。平底上均匀分布13个小圆形穿孔，斜腹内侧下刻有一道弦纹。底径18、孔径1.4、残高4.7、壁厚0.5～0.9厘米。07TZT4②：20，甑底，残。夹砂灰褐胎红皮陶。圆形平底上一面钻有圆形穿孔，斜腹，素面，手制。底径27.2、残高6.8、孔径1、壁厚1～1.7厘米（表一）。

第二节　铁　　器

出土的铁器以铁镞和铁钉为主，蹄铁的性质也较有代表性，因此对这三类器物进行类型学分析，其余器物由于出土数量较少，未进行类型划分。

铁镞　根据镞锋形态的不同，可以分为六型（图九一）。

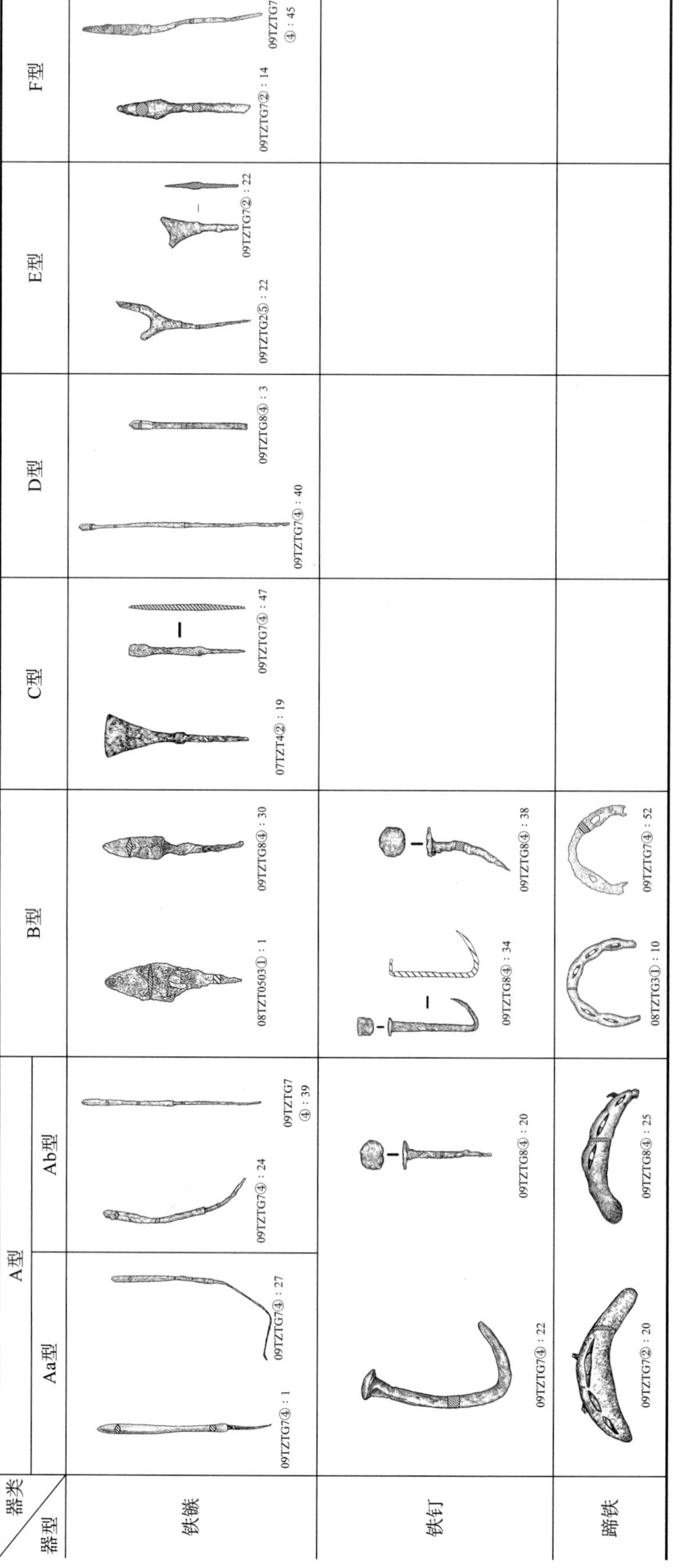

图九一　出土铁镞、铁钉、蹄铁的类型

A型 矛形锋。根据镞锋、关长度比可分二亚型。

Aa型 锋比关长（锋关比>1）。09TZTG7④：1，圆形关，方锥形铤。锋长8.3、宽1.1、厚0.6厘米，关长5.7、直径0.5～0.8厘米，铤残长4.6、最宽处0.4厘米。09TZTG7④：27，圆形关，方锥形铤。锋长7.8、宽0.7、厚0.4厘米，关长4.5、直径0.4～0.6厘米，铤长12.9、最宽处0.3厘米。

Ab型 锋比关短（锋关比<1）。09TZTG7④：24，圆形关，方锥形铤。锋长6、宽1、厚0.6厘米，关长6.9、直径0.6～0.8厘米，铤长6.5、最宽处0.5厘米。09TZTG7④：39，圆形关，方锥形铤。锋长5.5、宽0.9、厚0.5厘米，关长7.3、直径0.5～0.8厘米，铤残长12、最宽处0.5厘米。

B型 柳叶形锋。08TZT0503①：1，四棱形铤。锋长3.9厘米，最宽处1.4厘米，铤长2.6、最宽处0.5、最厚处0.4厘米。09TZTG8②：30，长方形关，方锥形铤。锋长3.5、宽1.2、厚0.2厘米，铤残长3.1、最宽处0.5厘米。

C型 铲形锋。07TZT4②：19，直刃略弧，长方形关，方锥形铤。通长12、铤长5.9、锋刃宽3.5厘米。09TZTG7④：47，长方形关，方锥形铤。通长9、锋长1.5、宽0.9、铤宽0.3厘米。

D型 圭形锋。09TZTG7④：40，长方形关下端有圆箍一周，方锥形铤。锋长2、宽0.8、厚0.3厘米，关长11.8、宽0.3～0.7厘米，铤残长13.5、最宽处0.6厘米。09TZTG8④：3，长方形关。锋长2.2、宽0.8、厚0.4厘米，关残长8.8、宽0.5厘米，铤残长26.3、最宽处0.5厘米。

E型 叉形锋。09TZTG2⑤：22，U形内刃，方锥形铤。锋长7.2、厚0.1厘米，铤长7.4、厚0.3、最宽处0.6厘米。09TZTG7②：22，长方形关，方锥形铤。锋残长2.5、铤长2.3厘米。

F型 锥形锋。09TZTG7②：14，圆锥形短锋，圆形铤。锋长2.6、宽0.9、厚0.6厘米，铤残长4、宽0.4、厚0.4厘米。09TZTG7④：45，方锥形锋，方关，方锥形铤。锋长6.5、宽1、厚0.6厘米，铤长10.6、最宽处0.6、厚0.3厘米。

铁钉 依据钉帽形态的不同，可以分为二型。

A型 正帽，多为圆形或伞形。09TZTG7④：22，帽径2.2、厚0.6厘米，钉身最宽0.9、长15厘米。09TZTG8④：20，帽径1.9、厚0.3厘米，钉身宽0.7、厚0.4、残长5.7厘米。

B型 偏帽，薄片状。09TZTG8④：34，方形钉帽。帽宽3.3、厚0.5厘米，钉身最宽1.8、长23.5厘米。09TZTG8④：38，圆形钉帽。帽径2、厚0.4厘米，钉身最宽0.5、长5.7厘米。

蹄铁 根据整体形状的不同，可以分二型。

A型 牛蹄铁，整体形状为月牙形。09TZTG7②：20，上有三个长方形穿孔，两孔内有铁钉残余。通长10、最宽处2.1、厚0.2厘米，孔长1.6、宽0.4厘米。09TZTG8④：25，上有三个长方形穿孔，一孔内有铁钉残余。通长11.2、最宽处2、厚0.2厘米，孔长1.9、宽0.3厘米（表二）。

B型 马蹄铁，整体形状为半圆弧形。08TZTG3①：10，上有五个长方形钉孔。通长22、宽0.7～1.8、厚0.3～0.9、孔径9.4厘米。09TZTG7④：52，上有四个长方形钉孔。通长约13.4、宽0.7～1.1、厚0.3～0.4厘米。

表一　出土部分陶器器型统计表

器类		型	数量	器物编号
侈口罐	大口罐	Aa型	6件	07TZT1①：5、07TZT1②：8、07TZT2②：6、07TZT4①：10、F1①：1、F12：1
		Ab型	12件	07TZTG2②：5、07TZTG2②：9、07TZT2①：14、07TZT4①：6、07TZT4②：18、08TZTG3②：6、08TZT0302②：2、08TZT0304①：3、08TZT0602②：1、09TZTG1⑤：8、F7①：19、F9①：2
		Ba型	23件	07TZT1②：4、07TZT2①：1、07TZT2②：7、07TZT2②：9、07TZT3①：2、07TZT4②：15、07TZT4②：17、08TZT0203①：3、08TZT0303①：4、08TZTG3①：2、08TZTG3①：4、08TZT1320①：1、08TZT1320①：2、08TZT1320②：1、09TZTG1⑥：2、09TZTG2⑤：4、09TZTG2⑤：16、09TZTG2⑥：12、09TZTG7①：9、F7①：7、F7①：18、F9①：4、H2：3、
		Bb型	63件	07TZTG2②：3、07TZT1①：4、07TZT1②：6、07TZT2①：6、07TZT2①：7、07TZT2①：12、07TZT2②：1、07TZT2②：5、07TZT2②：11、07TZT3②：1、07TZT3②：3、07TZT4②：2、07TZT4②：4、07TZT4②：11、07TZT4②：12、07TZT4②：16、08TZTG2①：3、08TZTG2①：7、08TZTG3①：3、08TZTG3②：9、08TZT0203①：4、08TZT0303①：1、08TZT0304①：1、08TZT0414①：2、08TZT0502②：3、08TZT0514①：3、08TZT0602②：2、08TZT1321①：1、09TZTG1①：1、09TZTG1②：1、09TZTG1②：2、09TZTG1②：6、09TZTG1②：9、09TZTG1⑤：4、09TZTG2②：2、09TZTG2⑤：1、09TZTG2⑤：2、09TZTG2⑤：6、09TZTG2⑤：9、09TZTG2⑥：1、09TZTG2⑥：3、09TZTG2⑥：4、09TZTG2⑥：6、09TZTG2⑥：13、09TZTG2⑥：16、09TZTG2⑥：18、09TZTG7①：6、09TZTG7①：8、09TZTG7②：4、F1①：4、F4①：1、F4①：2、F5①：4、F7①：1、F7①：3、F7①：4、F7①：16、F7①：20、F9①：3、F12①：2、H2①：4、H2①：6、H3①：1
		C型	17件	07TZTG2②：1、07TZT2①：4、07TZT2①：9、07TZT2②：2、07TZT4①：1、07TZT4①：7、07TZT4②：10、08TZTG3②：1、08TZTG3②：2、09TZTG1⑤：6、09TZTG2②：1、09TZTG2③：1、09TZTG2⑤：7、09TZTG2⑤：12、09TZTG2⑥：11、09TZTG7②：2、F7①：5
		D型	3件	07TZT4②：7、08TZTG3①：1、H5①：1
	小口罐	A型	6件	08TZT0302②：1、08TZT0503②：1、09TZTG2⑥：20、F1①：9、F1①：15、H2①：1
		B型	3件	07TZT1①：2、07TZT2②：3、F11①：1
敛口罐		A型	6件	07TZTG1①：1、07TZTG2①：1、07TZT4②：5、08TZT0615①：1、08TZT1321①：7、09TZTG2⑤：14
		B型	9件	07TZT2②：10、07TZT4②：3、08TZT0304①：5、08TZT0414①：1、08TZT1320②：2、09TZTG1⑤：1、09TZTG7①：2、09TZTG7①：3、F13①：1
		C型	13件	07TZT1①：9、07TZT1②：7、07TZT2①：2、08TZTG3①：6、08TZT0302②：3、08TZT0404①：1、08TZT0504①：1、09TZTG1②：4、09TZTG1②：5、09TZTG1②：8、09TZTG1⑤：9、F4①：3、F5①：3
直口罐		A型	7件	07TZT4②：21、08TZT0502②：4、09TZTG1②：3、09TZTG1②：7、09TZTG2⑥：2、09TZTG2⑥：17、F7①：2
		B型	8件	08TZTG2①：1、08TZT0203①：2、08TZT0302②：4、08TZT0303①：2、08TZT0304①：2、09TZTG7②：9、F1①：2、F5①：2
叠唇罐		A型	2件	08TZT0502②：1、09TZTG7①：7
		B型	1件	09TZTG1⑥：4

续表

器类	型	数量	器物编号
瓮	A型	14件	07TZTG2②：11、07TZT1①：8、07TZT4①：3、08TZTG3②：5、08TZTG2①：5、08TZTG2①：6、08TZT1220②：1、09TZTG1⑤：7、09TZTG2⑥：8、09TZTG2⑥：9、09TZTG7②：5、09TZTG7②：10、09TZTG7③：1、F8①：1
	B型	27件	07TZTG2①：3、07TZT1①：3、07TZT1②：1、07TZT1②：2、07TZT2①：3、07TZT3①：1、07TZT4①：5、07TZT4②：1、07TZT4②：9、08TZTG3②：4、08TZT0203①：1、08TZT0714①：1、09TZTG1⑥：1、09TZTG1⑥：3、09TZTG2⑤：3、09TZTG2⑤：5、09TZTG2⑤：10、09TZTG7①：1、09TZTG7①：4、09TZTG7②：1、09TZTG7②：3、04TZF1①：1、F1①：3、F2①：1、F9①：1、F10①：1、H6①：1
盆	A型	10件	07TZT4②：6、08TZTG2①：2、08TZT0303①：5、08TZT0504①：2、08TZT0514①：2、08TZT0712①：1、09TZTG2⑥：5、09TZTG2⑥：7、09TZTG2⑥：14、F5①：6
	B型	6件	07TZT4②：8、08TZT0514①：1、08TZT0702②：1、09TZTG2①：3、F5①：5、F7①：6
盂	A型	14件	07TZTG2①：2、07TZT1①：1、07TZT2①：8、07TZT2①：11、07TZT2②：4、07TZT4①：2、08TZTG2①：4、08TZT0714①：2、09TZTG1⑤：5、09TZTG2②：3、09TZTG2⑤：11、09TZTG2⑤：13、09TZTG2⑥：15、H2①：2
	B型	2件	07TZT2②：12、H2①：5
盘	A型	2件	04TZF1①：3、F1①：8
	B型	1件	07TZT2①：10
甑	A型	10件	07TZT3②：2、08TZT0604①：1、08TZT1220①：1、08TZT1320①：3、09TZTG2①：2、09TZTG2⑥：21、09TZTG7②：8、F7①：13、F7①：17、H3①：2
	B型	7件	07TZT2②：8、07TZT2②：13、07TZT4①：4、07TZT4②：20、09TZTG2②：5、09TZTG7②：23、13TZTG1①：1
钵		6件	08TZTG3①：5、08TZTG3①：7、09TZTG2⑤：19、09TZTG2⑥：10、09TZTG7①：5、H6①：2
壶		11件	07TZTG1①：2、07TZT2①：5、07TZT3②：4、08TZT0502②：2、08TZTG3②：3、09TZTG1⑤：2、09TZTG1⑤：3、09TZTG2①：4、09TZTG2②：4、09TZTG8③：1、F5①：1

表二　出土铁器器型统计表

器类	型	器物编号	数量
铁镞	Aa型	09TZTG7④：1、09TZTG7④：2、09TZTG7④：3、09TZTG7④：6、09TZTG7④：12、09TZTG7④：13、09TZTG7④：14、09TZTG7④：18、09TZTG7④：21、09TZTG7④：25、09TZTG7④：27、09TZTG7④：31、09TZTG7④：32、09TZTG7④：34、09TZTG7④：35、09TZTG7④：36、09TZTG7④：37、09TZTG7④：38、09TZTG7④：41、09TZTG7④：42、09TZTG7④：43、09TZTG7④：44	22件
	Ab型	09TZTG7②：17、09TZTG7④：5、09TZTG7④：7、09TZTG7④：8、09TZTG7④：19、09TZTG7④：24、09TZTG7④：26、09TZTG7④：28、09TZTG7④：29、09TZTG7④：33、09TZTG7④：39	11件
	B型	07TZT2①：13、08TZTG3①：8、08TZT0503①：1、09TZTG2⑤：20、09TZTG7④：48、09TZTG8④：4、09TZTG8④：5、09TZTG8④：12、09TZTG8④：26、09TZTG8④：30、09TZTG8④：31、04TZF1①：4、04TZF1①：5、F7①：15	14件
	C型	07TZT4②：19、07TZT4②：22、09TZTG2⑤：21、09TZTG7④：4、09TZTG7④：15、09TZTG7④：16、09TZTG7④：30、09TZTG7④：46、09TZTG7④：47、09TZTG8④：10、F9①：5	11件
	D型	09TZTG7④：40、09TZTG8④：3	2件
	E型	09TZTG2⑤：22、09TZTG7②：22	2件
	F型	09TZTG7①：13、09TZTG7②：14、09TZTG7④：45	3件

续表

器类	型	器物编号	数量
铁钉	A型	09TZTG7②：13、09TZTG7②：15、09TZTG7④：9、09TZTG7④：10、09TZTG7④：11、09TZTG7④：17、09TZTG7④：20、09TZTG7④：22、09TZTG7④：23、09TZTG7④：49、09TZTG8④：2、09TZTG8④：7、09TZTG8④：8、09TZTG8④：13、09TZTG8④：14、09TZTG8④：15、09TZTG8④：16、09TZTG8④：17、09TZTG8④：18、09TZTG8④：19、09TZTG8④：20、09TZTG8④：21、09TZTG8④：22、09TZTG8④：23、09TZTG8④：24、09TZTG8④：35、09TZTG8④：36、09TZTG8④：39	28件
	B型	08TZT0712①：2、09TZTG7②：18、09TZTG8④：6、09TZTG8④：27、09TZTG8④：28、09TZTG8④：29、09TZTG8④：34、09TZTG8④：37、09TZTG8④：38	9件
蹄铁	A型	09TZTG7①：10、09TZTG7②：20、09TZTG8④：25、F10①：2	4件
	B型	08TZTG3①：10、09TZTG7④：52、04TZF1①：6	3件

第五章　初 步 认 识

第一节　年代学分析

对自安山城年代的研究，以往多依据对城内采集的陶器特征的简单概括，缺乏相应的地层或遗迹证据，而且由于当时周边邻近区域同时期遗址的发掘材料较少，无法进行类比，因此对山城年代的认定证据明显不足。21世纪初，与高句丽相关的考古工作大规模展开，对高句丽山城的认识渐趋成熟；伴随着研究的深入，对高句丽时期的遗物，特别是对陶器的研究已经获得很多成果，这些都为我们对自安山城的年代进行深入探讨提供了坚实的基础。同时，对自安山城有计划的考古工作，也为我们的分析工作提供了新的、更直接的基础资料。现代自然科学的发展，特别是测年技术的进步，为我们认识和获取遗存的准确年代提供了途径。

一、始建年代的分析

（一）自安山城建筑特点与周边山城的对比

通过对自安山城主要建筑构筑特点的分析，并与鸭绿江、浑江中下游区域的通化赤柏松古城[1]、桓仁五女山城[2]、集安丸都山城[3]、霸王朝山城[4]等进行比对。

根据通化赤柏松山城近年的发掘所获成果来看，该城可能为汉代中央政权管辖范围内最东北处的一座具有重要政治、军事意义的县级城市[5]。城垣的夯土结构与自安山城西墙北段局部的墙体剖面结构相似，分为墙芯和护坡两部分。

[1]　吉林省文物考古研究所：《吉林通化赤柏松古城》，《中国文化遗产·增刊——中国考古新发现年度记录2009》，2010年。

[2]　辽宁省文物考古研究所：《五女山城——1996～1999、2003年桓仁五女山城调查发掘报告》，文物出版社，2004年。

[3]　吉林省文物考古研究所、集安市博物馆：《丸都山城》，文物出版社，2004年。

[4]　吉林省文物考古研究所、集安市博物馆：《吉林集安市霸王朝山城2015～2016发掘简报》，《考古》2021年第11期。

[5]　吉林省文物考古研究所：《吉林通化赤柏松古城》，《中国文化遗产·增刊——中国考古新发现年度记录2009》，2010年。

桓仁五女山城，从20世纪初期以来，多位学者都认为其是高句丽的初期王都[1]，经考古发掘证实，这种观点理由比较充分，可以信实。相较五女山城，自安山城的人工城垣比例明显增加；石材的选择、加工更为精细；砌筑技术有了明显进步，更加成熟。城门址的瓮门结构更为严谨，显然比五女山城东门那种瓮门的雏形更有利于防御。四号城门址晚期门道内侧的哨位位置、结构与五女山城西门址的门卫室较为类似。

集安丸都山城，发掘者认为现有格局的形成应不早于3世纪中叶，宫殿建筑和城内其他建筑均应毁于342年慕容皝攻陷丸都山城的战火。丸都山城的城垣大部分砌筑有十分规范、坚固、平整的墙面，所用石材也多为经加工的楔形石、梭形石、长条石等，石料加工规整，修筑方法也较多样。自安山城石质城垣石材的选择和砌筑方式与丸都山城基本一致。

集安霸王朝山城，城墙砌筑主要采用外立面楔形石和内部梭形石、块石拉结咬合，中间填充碎石的方式，楔形石、梭形石加工技术和错缝成层垒砌的砌法十分成熟。城门内出土遗物绝大多数属于高句丽时期，结合城门址发现炭样的^{14}C测年结果，初步判断霸王朝山城两处城门的使用年代最晚可达公元6世纪末至7世纪初。自安山城石材的加工方式和城垣的垒砌技法与霸王朝山城极其相似。

通过上述比对，可以认为自安山城石质城垣的始建年代应晚于五女山城，与丸都山城部分城垣的建筑年代较为接近，与霸王朝山城城垣的建造年代相差不远。自安山城四号门址晚期门道的构建年代应不早于五女山城西门址门卫室的设立年代，即五女山城第四期。

（二）出土遗物的类比

自安山城中出土的遗物较多，通过对特征比较明显的陶大口罐、陶敛口罐、陶直口罐、陶瓮、陶盆、陶甑、铁镞与五女山城、丸都山城、国内城[2]、霸王朝山城同类出土物的进行比对，得出表三（图九二）。

表三　自安山城部分出土遗物类比情况列表

自安山城出土遗物类型		其他遗址的相似遗物
陶大口罐	Aa型	五女山城T403②：6
	Ab型	霸王朝山城2015JBM1①：30
	Ba型	国内城蔬菜商场地点2000JGST2③：28
	Bb型	国内城体育场地点2003JGTYCT41④：16
	C型	国内城门球场地点2003JGMQC乙：2
陶小口罐	B型	霸王朝山城2015JBM1①：31
陶敛口罐	B型	五女山城T21③：2
陶盆	A型	五女山城T52③：2
	B型	五女山城T64②：8

[1] 辽宁省文物考古研究所：《五女山城——1996～1999、2003年桓仁五女山城调查发掘报告》，文物出版社，2004年。

[2] 吉林省文物考古研究所、集安市博物馆：《国内城——2000～2003年集安国内城与民主遗址试掘报告》，文物出版社，2004年。

续表

自安山城出土遗物类型		其他遗址的相似遗物
陶甑	A型	国内城体育场地点2003JGTYCF4：7
	B型	五女山城T56②：15
铁镞	B型	五女山城T24③：6
	C型	国内城2003JGCXBJ：1
	D型	丸都山城瞭望台B型铁镞 五女山城铁器窖藏中出土的JC：105
	E型	五女山城T47③：2
	F型	五女山城T49①：1

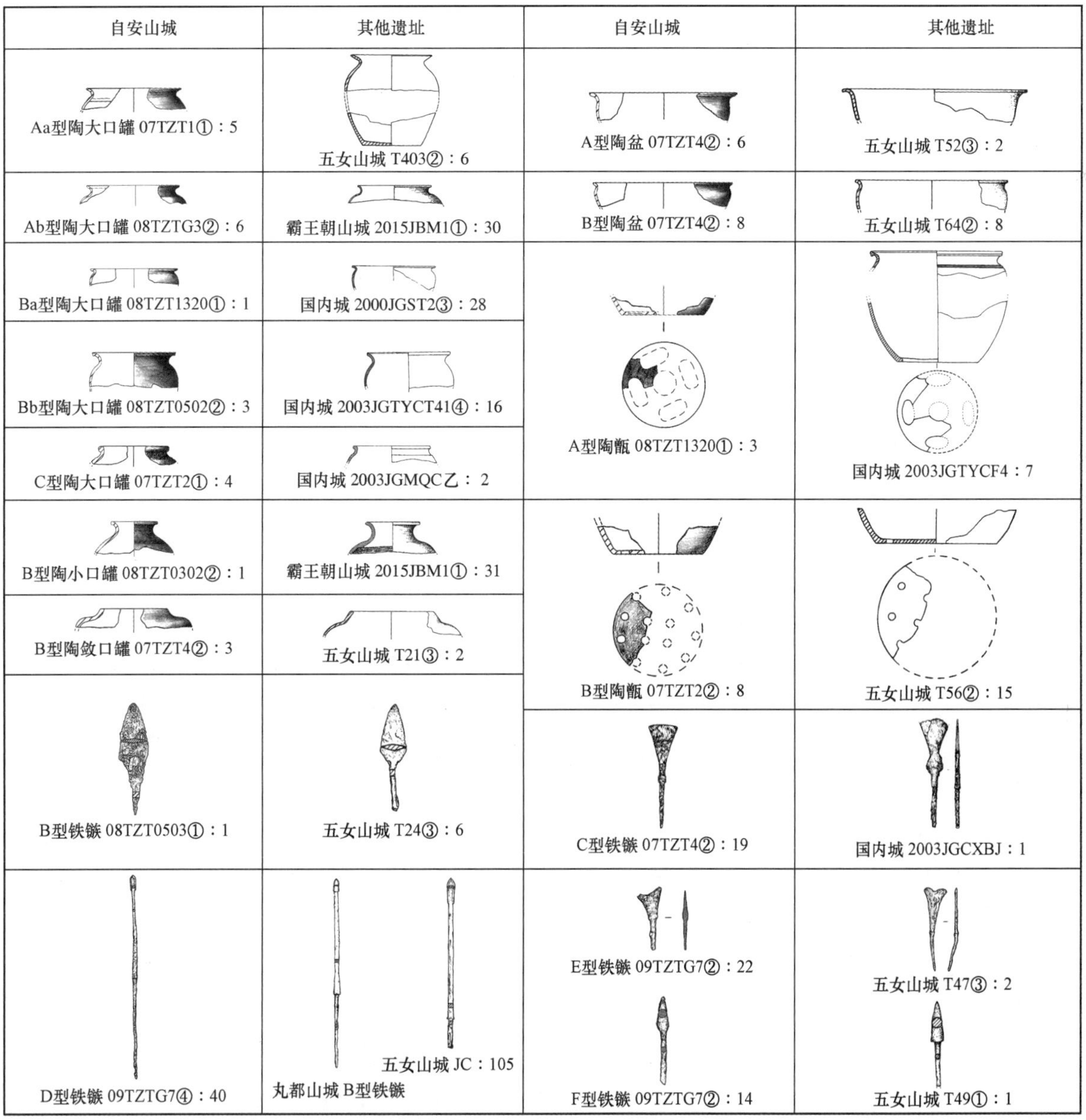

自安山城	其他遗址	自安山城	其他遗址
Aa型陶大口罐 07TZT1①：5	五女山城 T403②：6	A型陶盆 07TZT4②：6	五女山城 T52③：2
Ab型陶大口罐 08TZTG3②：6	霸王朝山城 2015JBM1①：30	B型陶盆 07TZT4②：8	五女山城 T64②：8
Ba型陶大口罐 08TZT1320①：1	国内城 2000JGST2③：28	A型陶甑 08TZT1320①：3	国内城 2003JGTYCF4：7
Bb型陶大口罐 08TZT0502②：3	国内城 2003JGTYCT41④：16		
C型陶大口罐 07TZT2①：4	国内城 2003JGMQC乙：2		
B型陶小口罐 08TZT0302②：1	霸王朝山城 2015JBM1①：31	B型陶甑 07TZT2②：8	五女山城 T56②：15
B型陶敛口罐 07TZT4②：3	五女山城 T21③：2		
B型铁镞 08TZT0503①：1	五女山城 T24③：6	C型铁镞 07TZT4②：19	国内城 2003JGCXBJ：1
D型铁镞 09TZTG7④：40	五女山城 JC：105 丸都山城 B型铁镞	E型铁镞 09TZTG7②：22 F型铁镞 09TZTG7②：14	五女山城 T47③：2 五女山城 T49①：1

图九二　自安山城出土遗物类比图

从类比结果可以确认自安山城的出土物与五女山城第四期、国内城高句丽中期、丸都山城的同类器物形态特征具有很高的相似性。

（三）始建年代的推测

自安山城缺乏相关文献的记载，根据山城的建筑特点、出土遗物的特征等方面与邻近城址同类型出土遗物的对比分析，基本可以认定自安山城石质城垣的建造和使用时间均为高句丽时期，始建年代不早于丸都山城，使用年代应与五女山城的第四期大体相当。自安山城三号城门址北侧的西城垣夯土内墙也为探索可能存在的早于高句丽时期的遗存提供了线索。

二、废弃年代的推测

自安山城三、四号城门址经历多次破坏、修复，残存的各类迹象为探讨城址的年代提供了最直接的证据。通过对三号城门址（Cm3）和四号城门址（Cm4）采集的木炭标本进行^{14}C年代测试，取得如下数据（表四）。

表四　加速器质谱（AMS）^{14}C测试报告

Lab编号	样品	样品原编号	出土地点	碳十四年代（BP）	树轮校正后年代	
					1σ（68.2%）	2σ（95.4%）
BA151977	炭样	13	2009TZCm3三层下门道	1080±25	901AD（19.4%）921AD 952AD（48.8%）995AD	895AD（26.2%）929AD 940AD（69.2%）1018AD
BA151978	炭样	14	2009TZCm4五层下瓮城	1575±20	429AD（6.8%）437AD 445AD（23.7%）473AD 486AD（10.3%）498AD 504AD（27.4%）535AD	423AD（95.4%）540AD
BA151979	炭样	15	2009TZCm4三层下门道	1490±20	560AD（68.2%）600AD	541AD（95.4%）623AD

注：所用^{14}C半衰期为5568年，BP为距1950年的年代。

树轮校正所用曲线为IntCal13 atmospheric curve（Reimer et al 2013），所用程序为OxCal v4.2.4 Bronk Ramsey（2013）；r：5

1. Reimer P J, Baillie M G L, Bard E, A Bayliss, J W Beck, C Bertrand, P G Blackwell, C E Buck, G Burr, K B Cutler, P E Damon, R L Edwards, R G Fairbanks, M Friedrich, T P Guilderson, K A Hughen, B Kromer, F G McCormac, S Manning, C Bronk Ramsey, R W Reimer, S Remmele, J R Southon, M Stuiver, S Talamo, F W Taylor, J van der Plicht, and C E Weyhenmeyer. 2004 *Radiocarbon* 46: 1029-1058.

2. Christopher Bronk Ramsey 2005, www.rlaha.ox.ac.uk/orau/oxcal.html

通过表四可知，三号城门址第3层下门道被毁的时间大体在895～1018年，已超出高句丽的纪年范围，且该处门址构筑于城门址的倒塌堆积之上，推测该门道的构建晚于城址主体的使用时间，可能是后期的渤海或辽金时期人类活动的遗留；四号城门址第3层下门道的被毁年代与高句丽被唐朝灭亡的时间相差不大，结合门址的形制和出土遗物特征判断该处门道可能是自安山城废毁前一直使用的主要通道之一；四号城门址第5层下瓮城的废毁年代处于423～540年，城址始建年代应不晚于此时。

通过对自安山城2004年、2007～2009年所获发掘资料以及2013年配合保护工程所采集的信息进行综合分析；总结归纳自安山城各类建筑遗迹构造方式以及城内出土遗物的特征；与周边山城及相关遗址进行对比研究，基本确认自安山城的始建年代应不晚于5世纪，废弃年代约当7世纪初。渤海至辽金时期也有人类活动的迹象，但相关遗存发现较少，活动范围和遗存性质依据现有资料难以进行分析和推断。

第二节　自安山城的选址和建筑特点

山城作为一种特殊形态的聚落，对其选址和建筑特点的考察多借用聚落考古学的理念和方法。

一、自安山城的选址

山城一般坐落在山势险峻，沿平原和江河的水陆交通要冲之处。自安山城三面环水、一面邻山。山体高耸，东侧峭壁直立、西侧坡陡地狭、北侧平缓开阔、南侧沟壑曲折，居高临下便于防御；山顶平坦开阔、光照充足、水源丰沛，良好的光照、水、土条件利于发展农业生产，利于长期的生产生活；自安山城周边江河环绕，东、南有浑江，西北则为哈泥河，这两处流域范围内沟深林密，动植物资源丰富，利于渔猎采集。可见自安山城的地理位置和地形地貌符合构筑城址的条件。此外，自安山城所在地为浑江右岸进入今通化、白山两地区的交通要冲,向北进入浑江支流大罗圈河经石湖关隘至通沟河上游，顺河南下可至丸都山城； 向南沿浑江支流苇沙河、清河河谷南行，经大川哨卡、关马山城，越老岭后，再沿通沟河谷地也可至丸都山城；再顺浑江向南，经新开河谷地，过霸王朝山城、望波岭关隘，由板岔河谷越老岭沿麻线沟到集安市区；沿浑江顺流而下可至辽宁桓仁五女山城；向西沿哈泥河支流二密河经三统河至柳河罗通山城。由此可见自安山城确为进入高句丽核心区的交通要冲和重要门户。

二、防御设施的构筑特点

防御设施包括城垣、转角墙和城门等设施，均为石砌，随其所处位置及功能变化，结构略有不同。

（一）城垣的构筑特点

城垣所处区域均为山体的边缘，走向随山势曲折。东侧由于下临浑江江道，山势陡峻，坡度和绝对高度极大，防御压力较小，无修筑人工墙体的必要；南面为两河汇流的三角洲和山间谷地，均较平缓，是山城水路交通出入的必经之地；西侧山下为河流台地，山体大部坡度较大，分布有数条沟谷，可直通山顶；北侧为山间盆地，地势平缓，是山城陆路交通的汇集点；因此山城的北、南、西三侧均修建有人工城垣。城垣的砌筑方式可分为单面式和双面式两种，城门门垛及涵洞两侧墙体多采用双面式，其余大部墙体多为单面式。

1．单面式

或称“靠山式”，墙体在修筑前，先将自然坡面垂直下切，直至基岩或坚实的生土层面，修整出L形平面，并开凿基槽，以固定墙基石；墙基底部皆用巨大的花岗岩石块或沉积岩石块略加修整构成墙底基石；墙基往上以花岗岩、青灰色水成岩、红褐色变质岩用干砌法砌筑；砌石最外缘为块石或楔形石的平整立面，楔形石多大头朝外，小头朝内；砌筑时，楔形石错缝、逐层平砌，由下向上逐层略有收分；梭形石的一端恰好插入楔形石尾部之间的空隙，上层梭形石则恰好压在下层楔形石的尾部之上，如此层层交替叠压砌筑，增加了墙体的牢固性，减少了外向张力；石砌部分紧贴或依靠自然堆积的立面。石砌墙体略高于城内地面，内侧以土或土石混筑成较低矮的斜坡，致密、坚硬，可能经过夯打，使内侧堆积的顶面和砌石顶面共同构成城垣顶面。“单面式”城垣多修筑于山坡顶部的边缘（图五）。

2．双面式

墙体一般凸出于地表，两侧均有较明显的石砌立面。墙体砌筑时多选择山脊的鞍部、较为平缓的自然台地、人工砌筑的平台，对内外高差较大的地形，先在外侧利用“单面式”方法砌筑到与内侧高度齐平后再进行双面砌筑。墙体两侧均采用楔形石或块石砌筑出较为平整的立面，内侧选择梭形石或长条石“干插”拉结，互相交叉咬合，中间缝隙再以碎石填充坚实；基础部位往往较宽，向上逐层收分，截面呈上窄下宽的梯形（图九三）。

（二）城门的构筑特点

城门作为城址的出入孔道，多位于山体周边平缓沟谷的顶端，下部的沟谷稍加修整就可作为出入通道使用，城门址的防御重要性也主要体现在此。故山城的门址多采用瓮门的结构，自安山城的5座城门中，五号城门由于未经发掘，形制不明，其余4座城门均采用瓮门的结构，利于防守。一、四号城门由于外侧地形较为平缓，不仅是出入城址的重要通道，更是对外防御的重点，因此瓮城向外扩展，面积加大；一号城门更是在最外端增筑两处墩台，抬高瓮城两侧的墙体；二号和三号城门外侧山体陡峭，防御压力不大，门内设置挡墙、哨位、门卫室等附属设施使城址的防御常态化、层次化。一号城门还是比较典型的水门，门址位于山城南端谷口，处于山城最低洼处，门道下部设立涵洞，上部盖石，既可排出山水，又是进出城的主要通道之一。

图九三　三号排水涵洞北侧的双面式墙体

（三）转角墙的构筑特点

转角墙多依地形而设，凸出于城垣，构筑方式与城垣基本一致，外立面以楔形石或块石砌筑出半圆形的墙体转角，内部结构与“单面式”墙体一致，上部多筑有一定面积的平台。对于整个防御体系而言，其作用相当于瞭望台和马面的集合体，对于瞭望、预警和交叉防御作用有极大提高。

三、生活设施的构筑特点

生活设施包括房址、灰坑、供排水系统等与生活密切相关的遗迹。

（一）房址构筑特点

1. 房址的分类

居住区是聚落的核心，是人们从事生产生活的根据地。而在居住区内，各种类型的房屋建筑则应是最主要的构成要素，居于主导地位。自安山城发现并清理的房址共有17座，其中04TZF2由于保存状况较差，形制不清楚；F14位于三号城门址附近，可能作为哨所使用，功能区别于一般居住址。其余15座房址结构、形制均保存较好，分布较为集中，根据房址地基处理方式的差别，可分为两类。

Ⅰ类　房址为浅地穴式，圆角方形或长方形，面积较小，结构简单，四周有墙，门多南向，室内仅发现一处灶址。仅发现一型（A型），以F12为代表。

Ⅱ类　房址为地面式，圆角方形或长方形，四周有墙，面积大小不一，依据房内用火、取暖设施的形制区分为三型（B、C、D型）。

B型　门多南向，墙为土筑，室内发现一或两处灶址或用火遗迹，以F11为代表。

C型　门向不一，以偏南向为主，墙为土石混筑，室内发现火炕设施和柱洞。火炕由灶址、烟道、烟囱底坑等组成，灶址有一或两处，烟道多开挖于生土上，由灶址开始向室内延伸，后汇成一条通入烟囱底坑。根据烟道分布方式可分为三亚型。

Ca型　烟道自灶址引出后在室内分叉成多条，分别延伸，后汇成一条进入烟囱，以F7为代表。

Cb型　烟道在室内接近U形分布，以F5为代表。

Cc型　烟道在室内呈环状分布，以F6为代表。

D型　门均偏南向，墙为土石混筑，室内发现石砌火炕设施和柱础，火炕为曲尺形，分为灶坑、烟道、烟囱底座三部分，烟道以块石或板石立砌，烟囱底座以石块砌成，包于墙角。以F1为代表。

2. 房址的功能

不同类型的房屋在聚落中往往发挥着不同的作用，即使是同一类型的房屋，由于在聚落中所处的位置不同，也可能具有不同的功用。房址作为山城内居民的主要生活场所，依据不同的要求，形制有所改变。A型和B型房址结构简单，应为临时性居所；C型和D型房址，室内设施较为完善，应为长期使用的稳定性居所。根据地层堆积层次和房址间的堆积关系判断，A型房址的使用年代明显早于其他三型房址；D型房址应为最晚期使用；B、C型房址的年代应介于二者之间。在地面式的房址中，B型房址在结构和设施方面更为简单，更接近于浅穴式的房址，年代可能也相差不远；C型房址室内烟道布局的变化和室内活动面积的增加不仅是房屋结构的复杂化和合理化的具现，也可能反映出整个聚落甚至整个社会组织结构的优化。

（二）灰坑的构筑特点

山城发现的灰坑形状为圆形、椭圆形和不规则形。圆形灰坑为斜壁圜底，椭圆形灰坑多斜壁平底，这两类灰坑形制较为规整，可能作为储藏坑或窖穴使用。不规则形灰坑，形成原因较为复杂，包含物较为杂乱，应为取土坑，后作为垃圾坑使用。灰坑均发现于房址周边，应与房址配套使用，构筑原因及方式与其用途有关。

（三）供、排水设施的构筑特点

1. 蓄水池构筑特点

蓄水池位于山城西北部，现为一处洼地，池壁均呈斜坡状，池底尚可见少量积水。东、南、西三面均为平缓的台地，高于现存池底，地表略向蓄水池方向倾斜。山城蓄水池构筑合理而科学，蓄水池面积较大，蓄水能力较强，作为城内最充足、最稳定的水源，一方面可以保证整个山城常年的水的供给，另一方面也解决了山城在战时长期困守的用水问题，这极大地提高了山城的守卫持续时间。蓄水池是城北部的最低点，是城址北部积水的唯一汇集区域，周边是城内最为平缓的区域之一，也应该是城内主要的居住区域之一，蓄水池的修筑也有效地解决了城内北部区域的排水和防涝泄洪问题。

2. 水井的构筑特点

经调查，城内现存水井3眼，分别位于城内的东北、中和南部。水井作为城内局部的重要水源，是山城供水系统中极重要的一环，多位于居住址附近，利用天然泉眼为城内居民提供清洁、便利的日常用水。水井的发现为了解城内的供水系统及城内居住区的分布提供了线索。

3. 排水设施构筑特点

城址的排水涵洞共有3处，是根据城内的地形分布规划建造的。一号涵洞位于北墙中部，主要用于排除蓄水池内的多余积水；二号涵洞位于一号城门址门道下部，用于排出山城南部汇入一号城门址内部谷底的水流；三号涵洞位于西墙中部，用于排出城内中西部的山水。三处涵洞的砌筑方式基本一致，以三号涵洞为例，排水设施分为进水口、涵洞洞体、出水口及进水口外铺石等几部分，进水口外铺石和两侧喇叭形墙体均是为了聚拢水流，并防止水流对墙基的冲刷，缓解水流对墙体的冲击；涵洞底部内高外低，更有利于排除积水；出水口底部铺石伸出墙垣外壁，避免了流水对墙体的直接冲刷、渗透，保证了墙体的稳定性。

（四）建筑石材的特点

山城的城垣、城门址、排水涵洞等大多用石材砌筑。砌筑城垣所用石材有块石、楔形石、梭形石、条形石等，各种石材普遍进行了加工。块石多用于砌筑墙底基石，墙体的外向立面多使用楔形石或块石，墙体内多使用梭形石或长条石拉结，修凿规整。楔形石呈大头小尾的四棱锥状，墙体下部使用的楔形石规格较厚重，长、宽、厚一般为50厘米×30厘米×30厘米，上部用石体形稍小，规格一般为45厘米×30厘米×25厘米，门道两侧墙体用石规格小于墙体用石，规格一般为30厘米×25厘米×20厘米。材质以花岗岩、青灰色沉积岩、红褐色变质岩为主（图九四）。

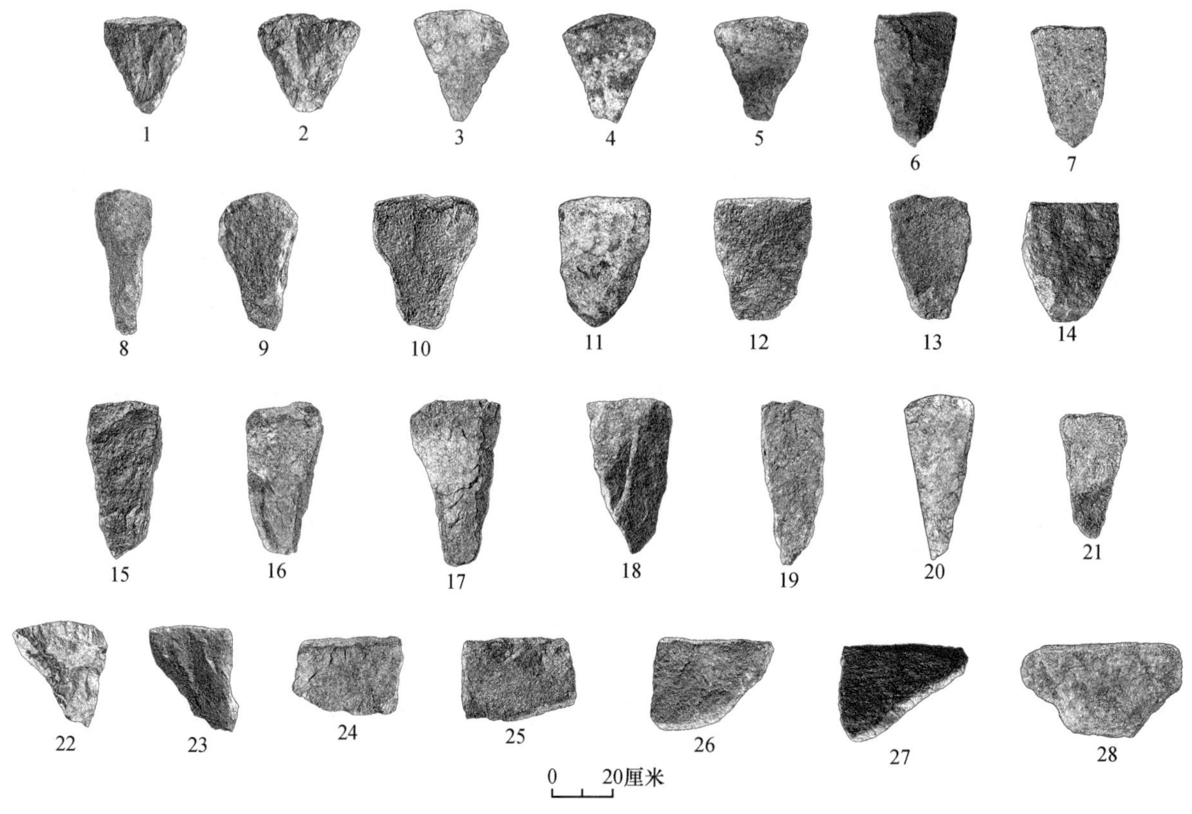

图九四　西、北城垣采集楔形石、块石形制举例

1～23、27、28. 楔形石　24～26. 块石

（五）房址的组合关系

房屋、水源、灰坑、排水设施实际就是人们日常所必需的基本生产生活设施。在聚落范围内，这些不同种类的设施一般都拥有特定的空间位置，在空间分布上既相对独立，分别发挥着各自不同的社会功能，同时又以一定的方式有机地组合在一起，从而构成了聚落的整体及其完整形态。

1. 房址间的组合

自安山城内发现的房址间的组合方式主要有两类：一种是合院式，另一种是凭依式。

合院式建筑，其格局为一个院子三面或四面建有房屋，将庭院合围在中间。自安山城发现的是三合院，即由F3、F4、F6从北、东、南三面围成的建筑组合。F3门向南，面向F6，F4门向西，正对F6东墙外灶址；F6门向北，朝向F3。中间围出的庭院表面裸露大量石块，分布极为散乱。庭院西侧有一条道路迹象，保留有较好的踩踏面迹象，宽约1.2米，表面为浅黄色亚黏土，四周均为散乱石块，道路范围内无凸出地表的石块（图九五）。

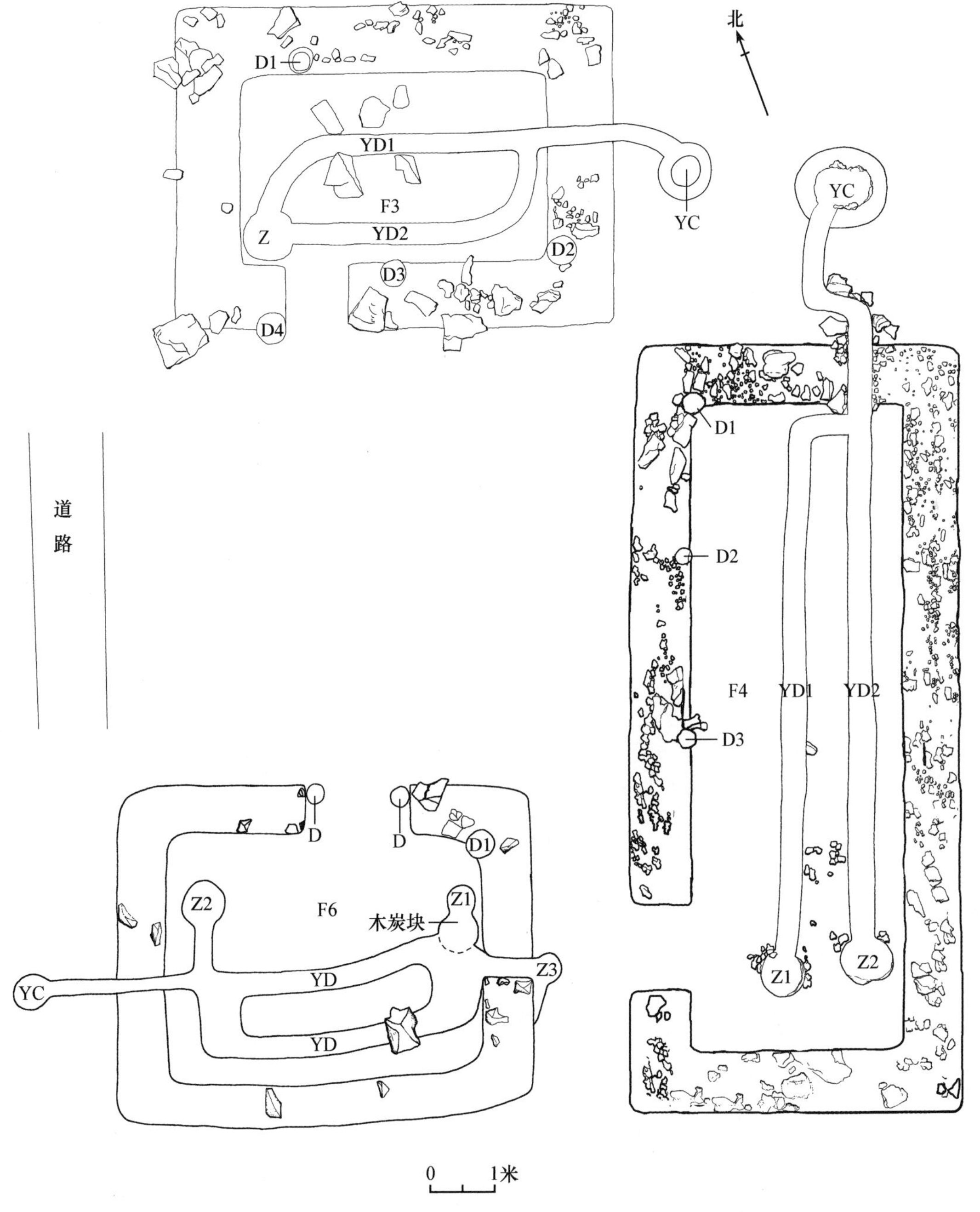

图九五　F3、F4、F6组成的合院式建筑群

凭依式建筑，是指借用一座房屋的一侧或一段墙体向外搭接出另一座房屋的建筑形式。自安山城发现有一处，为F10与F11，二者均发现于第2层下，F10利用F11东墙作为自己的西侧墙体（图九六）。这种组合表明房址之间有一定时间的共存关系。

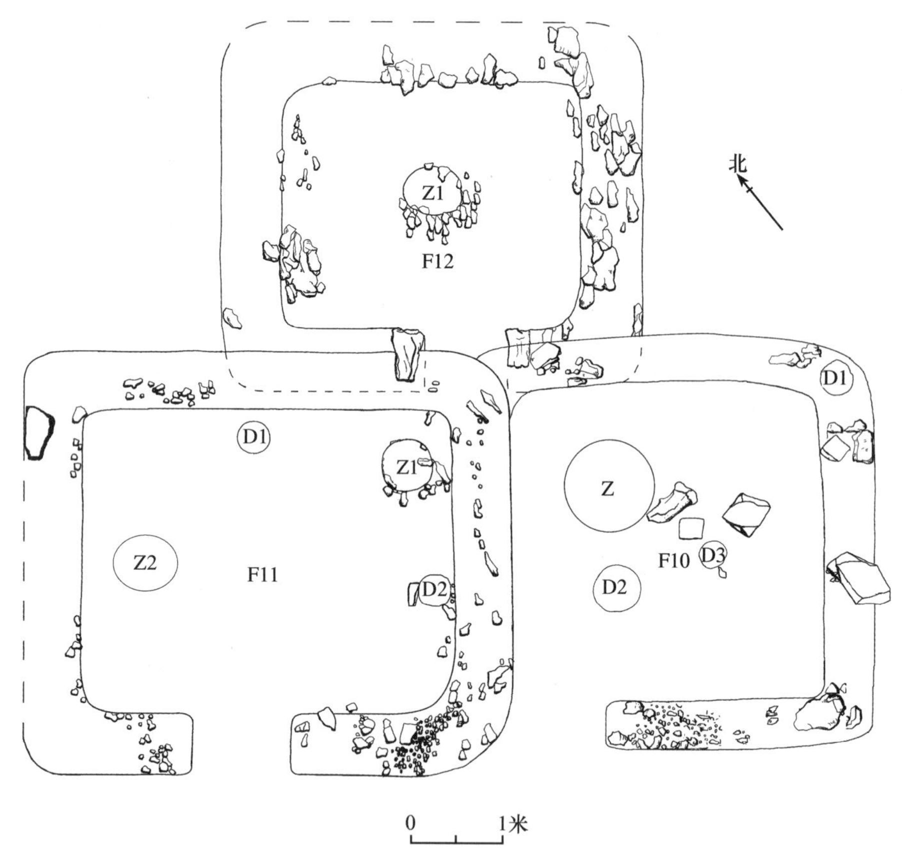

图九六　F10、F11、F12间相互关系图

2. 房址与其他设施的组合

这类组合仅发现一例，即F2与YL1（院落）的组合。二者均发现于第1层下，F2紧邻YL1南墙外侧，距YL1的门址仅3～4米。YL1仅发现了四周的长方形围墙墙基，其用途推测可能是作为圈养牲畜的围栏，F2则可能是看护人员的居所。

第三节　山城的性质、功能

综合自安山城的选址、地理位置以及防御性建筑的特点，不难看出自安山城是一座兼具军事驻守和临时性聚落的城址。

山城坐落于哈泥河与浑江交汇处，扼守高句丽早、中期的中心——桓仁、集安地区与浑江上游的交通要冲，是高句丽西北地区通往桓仁五女山城[1]、集安丸都山城[2]与国内城[3]的水、陆交通要塞，也是拱卫高句丽王都北部防线的重要屏障。作为交通要道上的城堡，其防御性设施的构筑极有特点，南、西、北三面城垣砌筑于山体边缘，墙体高大陡直，利于御敌，东面充分利用了自然天险防御。城门址设置于自然缓坡地带或谷口，在充分考虑交通便利的同时，亦加强了山城低缓地带的防御。

从城内建筑的形制和分布特点方面分析，山城在建造时可能进行过实地规划，至少已根据地势划分出不同的功能分区。城内发现的多数房址较为简易，房内一般设有取暖用的灶坑和火炕，周围分布有窖穴。可能与“高句丽在辽东之东千里，……多大山深谷，无原泽。随山谷以为居，食涧水。无良田，虽力佃作，不足以实口腹。……无大仓库，家家自有小仓，名之为桴京”[4]有关。在城内的西北部和东北部也可能存在长期使用的与驻守、防御有关的房屋建筑。

自安山城的发掘为高句丽城址研究提供了新的素材，也为研究高句丽时期山城的筑城思想、建筑技艺以及城内居民的生产生活提供了重要的基础资料，对研究高句丽的势力发展、疆域变迁、军事防卫体系建设、道路交通体系形成与演变及高句丽历史都具有重要的史料价值，也是研究东北亚地区历史时期民族关系的重要实证。

第四节　出土植物遗存分析

自安山城的浮选样品采集方法为针对性采样法，主要针对遗址中的房址、灰坑、灶址等，每个遗迹单位采样1份，共计12份。

经过实验室显微镜的观察和分类，自安山城浮选出土的炭化植物种子共计202粒，这些植物种子中以大豆数量最多，有124粒，占所有出土植物种子总数的61.4%。其他可鉴定的植物种属有粟、黍、稗等四种农作物和狗尾草属、接骨木属、鸭跖草、蓼科四种杂草种子以及一些特征不明显，或者由于炭化过甚而失去了特征部位的未知种属的果壳和种子（表五；图版五六）。

表五　出土植物种子统计表

植物种属	出土数量
粟	5
黍	2
稗	11
大豆	124
狗尾草属	8
接骨木属	1
鸭跖草	3
蓼科	28
果壳	2
未知	18
总计	202

自安山城是吉林省东部一处重要的高句丽时期城址。通过浮选可以帮助我们了解该城址先民的农业生产特点。此次浮选工作虽然规模较小，土样数量较少，但却在其中获得了

[1]　辽宁省文物考古研究所：《五女山城——1996～1999、2003年桓仁五女山城调查试掘报告》，文物出版社，2004年。

[2]　吉林省文物考古研究所、集安市博物馆：《丸都山城》，文物出版社，2004年。

[3]　吉林省文物考古研究所、集安市博物馆：《国内城——2000～2003年集安国内城与民主遗址试掘报告》，文物出版社，2004年。

[4]　《三国志》卷三十《魏书三十·乌丸鲜卑东夷传·第三十》，中华书局，1959年。

重要的考古信息，这也说明了在东北地区开展植物浮选工作的重要性和必要性。通过开展小规模的浮选，我们发现了比较丰富的炭化植物遗存，粟、黍种子的出土，说明当地仍然承续着以种植小米为特点的北方旱作农业传统。此次浮选出土的栽培稗，为我们探讨一种新的栽培作物品种以及早期文化交流提供了重要的实物证据。

第五节　出土铁器的工艺分析

自安山城出土铁器以兵器箭镞为主，铁钉次之，少量马蹄铁、刀、合页、带銙等生产、生活用具。为揭示该山城遗址铁器制作工艺及相关问题，采用金相显微镜、扫描电镜及附件能谱分析仪，对取自该遗址的铁器残片进行镜下观察及元素分析。

本书中1件铁器残件为2008年出土，8件为2009年出土。1～5号出自09TZTG7，位于三号门址外侧，6～8号出自09TZTG8，属于四号门址，9号来自08TZTG3，属三号门址内侧。器形分别为箭镞、刀、马蹄铁、钉、合页、带銙，详细信息参见表四。

由铁器金相组织可知：WB2017-11号马蹄铁为淬火马氏体组织，能够提高硬度使其耐磨，延长使用时间；WB2017-12号铁钉，铁素体组织，经锻造加工后高温退火，释放应力、增加材料延展性和韧性，符合铁钉不能太脆又要一定的强度和韧性的要求。WB2017-13号和WB2017-14号两件铁镞，样品取自铤部，铁素体+珠光体组织，锻打过程中产生加工硬化，为了消除这种影响，需加热使之再结晶。WB2017-15号铁刀刃部是淬火马氏体组织，而背部是回火马氏体组织，满足刀具刃部锋利、背部坚韧的使用要求，说明当时能够根据加工件的实际用途采取不同的热处理工艺。WB2017-16号铁刀，组织形态不同于WB2017-15号铁刀，正火冷却速度比退火冷却速度稍快，可以获得比退火组织更细一些的正火组织，其机械性能也有所提高。WB2017-17号合页，铁素体组织，较大等轴晶，符合合页需韧性较好的客观事实；WB2017-18号带銙属饰品类，具回火马氏体组织，具有一定的强韧性，在9件样品中较为特殊。WB2017-19号亦是箭镞，样品取自矢部，通常该部位比铤部需更多外力锻打，易产生加工硬化，利用退火处理细化晶粒，调整组织，减少变形与裂纹倾向（表六；图版五五）。

铁器基体纯度很高，并且质量稳定，说明当时虽沿用传统工艺，但冶炼与加工技术已日臻完善；夹杂物以氧化物和硫化物为主，在经受加工变形时具有良好的延展性。铁器应为块炼铁渗碳钢，含碳量属于亚共析钢范畴，制造技术成熟，能够根据不同用途分别施加多种中国古代金属热处理技术。

表六　出土铁器基本信息与金相组织观察结果

样品	名称	出土信息	时代	器类	取样部位	照片	金相组织	工艺	材质
WB2017-11	马蹄铁	09TZTG7④：52	5～7世纪	马具	端部残断处	图版五五，1	淬火马氏体组织	经过锻造加工，激冷淬火	块炼铁渗碳钢
WB2017-12	铁钉	09TZTG7④：22	5～7世纪	其他	尖部	图版五五，2	铁素体，亚共析钢粗大等轴晶组织	经过较大变形量的锻造加工后高温退火	块炼铁渗碳钢

续表

样品	名称	出土信息	时代	器类	取样部位	照片	金相组织	工艺	材质
WB2017-13	铁镞	09TZTG7④：7	5～7世纪	兵器	端部	图版五五，3	铁素体+珠光体，等轴晶组织	经过锻造加工变形后回火再结晶	块炼铁渗碳钢
WB2017-14	铁镞	09TZTG7④：6	5～7世纪	兵器	端部	图版五五，4	铁素体+珠光体组织，不均匀的等轴晶	加工变形后的回复再结晶	块炼铁渗碳钢
WB2017-15	铁刀	09TZTG7④：50	5～7世纪	工具	刃部及背部	图版五五，5	刃部：淬火马氏体组织 背部：回火马氏体组织	经过较大量锻造变形后激冷淬火 经过较大变形量的锻造加工后淬火，再低温回火	块炼铁渗碳钢
WB2017-16	铁刀	09TZTG8④：9	5～7世纪	工具	尖部	图版五五，6	铁素体，高温回火再结晶组织，不均匀的等轴晶。有过热的网状组织形成	大变形量锻造加工后的正火工艺	块炼铁渗碳钢
WB2017-17	合页	09TZTG8④：1	5～7世纪	其他	侧边部	图版五五，7	铁素体，较大的等轴晶	经过较大变形量的锻造加工后回火，恢复再结晶	块炼铁渗碳钢
WB2017-18	带銙	09TZTG8④：11	5～7世纪	饰品	端角处	图版五五，8	回火马氏体组织	经过锻造加工变形后淬火加低温回火	块炼铁渗碳钢
WB2017-19	铁镞	08TZTG3①：8	5～7世纪	兵器	尖部	图版五五，9	铁素体为主，不均匀的等轴晶组织	经过较大锻造加工变形后的退火工艺	块炼铁渗碳钢

附表一　房址登记表

编号	层位	形状	门向/（°）	尺寸	墙体（穴壁）	柱洞（础）	灶	烟道	烟囱
04TZF1	发现于①层下	长方形	208	长约7.7、宽约6.5米	残存部分墙基，夹杂大量碎石块，宽约1米	墙体上发现5处圆形柱洞（编号为D1～D5），均为墙间柱，北墙3处、西墙1处、东墙1处。D1位于房址东北角，口径0.21、深0.25米；D2位于北墙中部，口径0.31、深0.28米；D3位于东室西北角中部，口径0.27、深0.26米；D4位于西墙中部，口径0.3、深0.26米；D5位于东墙北部，口径0.27、深0.25米。D6位于东墙中部，贴近东墙，直径约0.27、深0.3米	灶址位于室内的东墙中部，保存较好，在靠近炕洞处为红色烧土，向外为灰白色灰烬，再向外灰烬中出现尚未燃尽的木炭，层次分明，迹象清楚	火炕为折尺形，靠近灶址一段为南北向，较短，烟道迹象不明显，长1.6米，然后呈直角折向西，沿北墙分布三条烟道（YD），南侧两条略宽，宽度为0.3米左右，北侧烟道较窄，宽度为0.2米左右，烟道深度为0.25～0.3米，整个炕面宽度为1.7米。烟道在房址西北角汇成一股直通烟囱（YC）	烟囱残存下部基础，包在西北墙角中
04TZF2	发现于①层下	被04TZF1打破，形状不明	210	被04TZF1打破，尺寸不明	残存西墙、南墙、北墙部分墙基，墙基宽约1.4米	西墙和南墙各发现一处柱洞（编号为D1、D2）。D1位于西墙南段，贴近墙体外缘，直径0.25、深0.2米。D2位于南墙中部，贴近墙体内侧壁，直径0.32、深0.3米。室内中部发现一处柱洞（D3），直径0.29、深0.22米	灶址位于室内东部，贴近东墙，残存少量红烧土	灶址北侧连接曲尺形火炕，连接处烟道迹象不明显，向西转折后发现残存的两股石砌烟道，向西直通向西北角的烟囱（YC）中	烟囱损毁严重，迹象已不明显

续表

编号	层位	形状	门向/（°）	尺寸	墙体（穴壁）	柱洞（础）	灶	烟道	烟囱
F1	发现于①层下	近方形	220	长6.9、宽6.8米	东、北、西三侧可见宽约0.4米的土石混筑墙基，下部有基槽。南墙仅存基槽	础石有两处（C1、C2），C1位于北室火炕和西墙连接处，C2位于南侧室靠近房址西南角	位于炕体西南角，灶坑损毁严重，仅保留部分烧结程度较高的红烧土堆积	三条用条状石块立砌的曲尺形烟道，每条宽约0.3米。烟道上部覆有片状石块作为炕面，多已遗失	烟囱仅存底部基座，由数块略经修整的石块垒砌
F2	发现于①层下	圆角长方形	220	长6.7、宽4.8米	墙体仅保留部分墙基，以碎石块筑成	南墙南侧约0.5米处发现从西向东分布的四块石块，间距约1.4米，可能为廊道础石（C1～C4）	灶址靠近西墙中部，仅保留部分红烧土残迹	三条平行分布的石砌曲尺形烟道，宽约0.3米	烟囱仅存底部石砌残基
F3	发现于②层下	圆角长方形	200	长6.82、宽4.94米	墙基宽近1米，以黄白色黏土夹碎石夯筑而成	柱洞四处（D1～D4），均为墙间柱，开口均为圆形。D1位于北墙偏西部，D2位于房址东南角，D3位于门道东侧，D4紧贴门道西壁偏向墙体外侧	发现灶坑（Z）1处残存底部，圆形圜底，直径约0.8、深约0.05厘米	烟道挖于生土层上，从灶址向东北侧（YD1）、东侧（YD2）各延伸出一条，宽约0.28、深0.02～0.05米，YD1向东北延伸约1.5米后转向东延伸3.1米；YD2向东延伸2.7米后圆弧状转向北侧，与YD1汇成一条，向东进入烟囱（YC）	烟囱仅余底端的小坑，位于房址东墙外；小坑为圆形圜底，直径约1.1、深0.2米
F4	发现于②层下	长方形	290	长11.5、宽5.1米	墙体以黄白色黏土和碎石块混筑而成，宽约0.9米	西墙发现圆形柱洞3处（D1～D3），均为墙间柱，贴近墙体内侧边，开口均为圆形。D1位于西北角，D2位于西墙北段，D3位于房址西墙中部	灶址自西向东有两处（Z1、Z2）。Z1残留下部的灶坑，灶坑为圆形圜底，口径约0.67、深约0.12米；Z2也仅残留下部的圜底形灶坑，口径约0.79、深约0.2米	灶址向北各连接一条烟道，烟道宽约0.36米。西侧的烟道（YD1）向北延伸7.8米后向东侧转折，与东侧的烟道（YD2）在房内北侧汇成一条，穿过墙体延伸至房外，先折向西再转向北进入距房址北墙约1.73米处的烟囱（YC）中	烟囱残存底部基础，平面为圆环状，直径约1.6米，圆环中心为烟囱底坑，直径约1、深约0.3米

续表

编号	层位	形状	门向/（°）	尺寸	墙体（穴壁）	柱洞（础）	灶	烟道	烟囱
F5	发现于②层下	圆角梯形	200	长8.2、宽6.5米	墙体以黄白色黏土夹碎石筑成，仅残存墙基痕迹，宽约0.9米	墙体上发现柱洞3处（D1～D3），开口均为圆形，D1位于北墙偏西部，D2位于房址东北角，D3位于东墙中部；室内发现两处圆形柱洞（D4、D5），D4位于室内正中，D5位于室内南部	灶址有两处，挖于生土层上，分列室内南部门道两侧。西侧灶址（Z1）临近西墙，仅存灶坑，圆形圜底，坑底和坑壁涂抹一层黄褐色泛白的黏土，坑口直径0.97、深0.15米；东侧灶址（Z2）靠近东墙，灶坑保存较为完整，圆形圜底，坑底和坑壁同样涂抹一层黏土，坑口直径0.85、深0.2米	烟道呈U形，挖于生土层上，宽约0.31米；东侧烟道从Z2向北延伸后呈U形转向南，与从Z1伸出的烟道汇合进入烟囱（YC）	烟囱仅余底部，位于房址西北侧室内，贴近西墙
F6	发现于②层下	圆角长方形	25	长6.29、宽5.07米	墙体以黄白色黏土夹杂少量碎石夯筑而成，宽约0.74米	墙体上发现圆形柱洞1处（D1），位于房址东北角。门道两侧墙头各发现一处圆形柱洞（D2、D3），D2位于东侧，西侧为D3	灶址有东西两处（Z1、Z2），Z1临近东墙，为双联灶，北小南大，呈葫芦形圜底，残留灶坑坑底，南北长1、深0.08～0.1米；Z2接近西墙，仅留灶坑，圆形圜底，直径0.64、深0.08米。东侧室外亦发现一处灶址（Z3），呈瓢形，长约1.08米，灶口向南，通过一道西向的烟道穿过房址东墙连入室内烟道	烟道宽0.32、深0.05米，挖于生土上。两处灶址各自通过向南的烟道连入房址南部的长环形烟道中，烟道向西汇为一条穿越西墙伸入房址西侧1.5米处的烟囱中	烟囱仅残余底部的小坑。坑口直径0.52、深0.15米

续表

编号	层位	形状	门向/（°）	尺寸	墙体（穴壁）	柱洞（础）	灶	烟道	烟囱
F7	发现于②层下	圆角长方形	220	长8.9、宽5.9米	墙体以黄白色黏土夹杂少量碎石夯筑而成，仅残存一部分，宽约1.08米	北墙上发现3处圆形柱洞（D1～D3），D1位于房址西北角，D2位于北墙中部，D3位于D2东侧。室内发现柱洞3处（D4～D6），D4位于Z2北侧，D5位于房址正中，D6位于D5东南侧	灶址有两处（Z1、Z2），东西并列，位于门道内口北侧，均开挖于生土之上，残留底部的圆形圜底状灶坑。Z1位于西侧，正对门道，直径0.55、深0.05米；Z2位于东侧略偏北，直径0.49、深0.06米	烟道宽约0.36、深0.08米，Z1向西延伸出一条烟道，烟道向北转约1.1米后分成两条（YD1、YD2），北侧一条（YD1）向东北转折，贴近北墙向东延伸至房址东部后向南转又融回YD2；YD2自分流处先向东北，再向东，后转东南至东墙；Z2向东侧呈V形延伸出两条烟道（YD3、YD4），YD3、YD4先向东延伸后转向东北汇入YD2；YD2汇合其他三条烟道后向东穿越东墙进入烟囱（YC）	烟囱一小半包在东墙墙体内，另一半露于房外，仅残留底部基坑，呈圆形圜底状，直径1.45、深0.25米
F8	发现于②层下	圆角长方形	120	长5.64、宽4.72米	墙体以黄白色黏土夹大量碎石筑成，宽约0.85米	室内发现圆形柱洞两处（D1、D2），D1正对门道内侧，直径0.27、深0.13米；D2靠近房址西北角，直径0.27、深0.14米	灶址（Z1）位于房址中部，仅存底部圆形圜底状小坑，直径0.66、深0.1米	烟道宽约0.28、深0.08米，分布不规则。自Z12分别向南（YD1）和向西（YD2）分别伸出一条烟道，YD1先向南，再以半圆形向西北方向延伸至西墙；YD2向西延伸一段后分出南向的YD3，主体仍继续向西，在西墙附近汇入YD1；YD3直接向南延伸分出向西与YD2基本平行的YD4，随后主体仍向南汇入YD1；YD4直接向西汇入YD1；YD1汇合了其他几条烟道，向西北进入烟囱（YC）	烟囱包于房址西墙中，仅残留底部的圆形浅坑，坑口直径0.89、深0.15米

续表

编号	层位	形状	门向/（°）	尺寸	墙体（穴壁）	柱洞（础）	灶	烟道	烟囱
F9	发现于②层下	圆角长方形	255	长6.9、宽4.32米	残存部分墙基，墙基下部基槽挖于生土之上，以浅黄色泛白的黏土残杂大量碎石块筑成墙体，墙体宽度约0.9米	室内东墙内侧发现柱洞4个（D1～D4），开口为圆形。D1位于室内东北角；D2北距D1约0.38米，紧贴东墙；D3靠近东墙中部；D4西侧正对灶址	灶址1处（Z1），位于房内东部，正对门道，残留圆形圜底小坑，坑壁和坑底涂抹一层浅黄色黏土，部分被烧成红色，灶坑直径0.6、深0.1米	两条烟道（YD）从灶址引出，围成环形汇成一条从北墙穿过，通入屋外的烟囱（YC）中	未发掘，形制不明
F10	发现于②层下	圆角长方形	220	长4.57、宽4.5米	浅地穴式建筑，穴壁外侧残存部分墙体，墙体以黄白色黏土夹杂碎石筑成，墙体宽约0.51米	墙体东北角发现一处圆形柱洞（D1）。室内中心发现圆形柱洞2个（D2、D3），东西排列，D2偏西侧，D3略偏东	烧火迹象1处，应为灶址（Z）位于室内中部偏西北	无	无
F11	发现于②层下	圆角长方形	220	长5.4、宽4.54米	北、东、南三侧墙体保留部分基础，西侧墙体被晚期堆积打破，仅内壁较为清晰。墙体以浅灰色黏土夹杂碎石块筑成，宽约0.65米	柱洞（D1、D2）2处，D1临近北墙中部，D2靠近西墙中部	灶址（Z1、Z2）两处，Z1位于室内东北角，残存圆形浅圜底坑，烧结严重，直径0.58、深0.05米，Z2仅存一片火烧痕迹和少量灰烬，靠近西墙中部	无	无
F12	发现于②层下	圆角长方形	220	长4.67、宽3.98米	地穴开凿于生土层上，北部较深、南部较浅，四周未见墙体，仅可见部分墙基痕迹，以土石混筑，宽约0.7米	未发现柱洞	灶址1处（Z1），位于室内正中，略呈椭圆形直径约0.65、深0.22米	无	无

续表

编号	层位	形状	门向/（°）	尺寸	墙体（穴壁）	柱洞（础）	灶	烟道	烟囱
F13	发现于②层下	圆角长方形	190	长4.05、宽3.2米	浅穴开凿于生土层上，深约0.16米。四周仅残余部分墙基，以浅黄色黏土混合碎石筑成，宽约0.5米	南墙东端发现一处圆形柱洞（D1）	室内西北角残留一处火烧痕迹，应为灶址（Z1），略呈椭圆形，西侧灶边以石块砌筑	无	无
F14	发现于②层下	圆角长方形	200	长5.6、宽5米	穴壁开凿于生土层上，深0.11米。四周均发现有土石混筑的墙基，宽约0.98米	东北墙角发现一处圆形柱洞（D1）	室内靠近东墙中部发现灶址一处（Z1），仅残留底部过火痕迹，灶边有石块垒砌的灶台。灶台台面遗失，下部残留Π形矮墙，西、北两侧矮墙以石块平砌，东侧墙体以片石立砌	无	无
F15	发现于①层下	圆角长方形	355	长6、宽5.5米	残余东侧墙体，以碎石和黄色黏土混筑，其余三面墙体仅残余地基部分，为黄色黏土筑成，宽约0.8米	未发现柱洞	灶址一处（Z1），位于室内中央，圆形圜底，残留下部红烧土堆积，直径约50厘米	灶址北部引出一条弯曲的烟道（YD），穿过房址西墙通入紧邻西北墙角的烟囱底坑内（YC）	烟囱底坑呈圆形，直径0.37、深0.18米。紧邻西北墙角

附表二　出土陶片统计表

07TZTG1①出土陶片统计表

纹饰＼陶质	夹砂								泥质					夹砂夹云母						合计
陶色	灰色	灰褐	黑皮	黑褐	红色	红褐	黄褐	小计	灰色	黑皮	红褐	黄褐	小计	灰色	灰褐	黑褐	红褐	黄褐	小计	
素面	4	62	56		5	4		131	15				15		8	6	7		21	167
凹弦纹															2				2	2
凸棱纹																				
绳断弦纹																				
波浪纹						1		1												1
暗纹																				
压印网格纹																				
附加堆纹																				
小计	4	62	56		5	5		—	15				—		10	6	7		—	—
合计	132								15					23						170
可辨器类	壶								圆形陶片					敛口罐						

07TZTG2①出土陶片统计表

纹饰＼陶质	夹砂								泥质					夹砂夹云母						合计
陶色	灰色	灰褐	黑皮	黑褐	红色	红褐	黄褐	小计	灰褐	黑皮	红褐	黄褐	小计	灰色	灰褐	黑褐	红褐	黄褐	小计	
素面		205	73			13		291	29	63			92		3				3	386
凹弦纹		2						2												2
凸棱纹																				
绳断弦纹																				
波浪纹																				
暗纹																				
压印网格纹																				
附加堆纹																				
小计		207	73			13		—	29	63			—		3				—	—
合计	293								92					3						388
可辨器类	敛口罐、瓮、盂、圆形陶片													瓮						

07TZTG2②出土陶片统计表

陶质	夹砂								泥质					夹砂夹云母						合计
纹饰＼陶色	灰色	灰褐	黑皮	黑褐	红色	红褐	黄褐	小计	灰色	黑皮	红褐	黄褐	小计	灰色	灰褐	黑褐	红褐	黄褐	小计	
素面		637	389				26	1052	37	147		7	191			27	13		40	1283
凹弦纹		5						5		4			4							9
凸棱纹																				
绳断弦纹																				
波浪纹																				
刻划纹							2	2												2
小计		642	389				28	—	37	151		7	—			27	13		—	—
合计	1059								195					40						1294
可辨器类	侈口罐、直口罐、横桥耳、纺轮								侈口罐					瓮						

07TZT1①出土陶片统计表

陶质	夹砂								泥质					夹砂夹云母						合计
纹饰＼陶色	灰色	灰褐	黑皮	黑褐	红色	红褐	黄褐	小计	灰色	灰褐	黑皮	黄褐	小计	灰色	灰褐	黑褐	红褐	黄褐	小计	
素面	5	75	97			7	67	251	9	7	76		92	6	4	12	4		26	369
凹弦纹	5		3					8		2	3		5							13
凸棱纹																				
绳断弦纹																				
波浪纹																				
暗纹																				
压印网格纹																				
刻划纹																				
小计	10	75	100			7	67	—	9	9	79		—	6	4	12	4		—	—
合计	259								97					26						382
可辨器类	侈口罐、瓮、盂、器底								侈口罐					瓮						

07TZT1②出土陶片统计表

陶质	夹砂								泥质					夹砂夹云母						合计
纹饰＼陶色	灰色	灰褐	黑皮	黑褐	红色	红褐	黄褐	小计	灰色	灰褐	黑皮	红褐	小计	灰色	灰褐	黑褐	红褐	黄褐	小计	
素面	337		67			13		417	1	49	115	35	200		12		32		44	661
凹弦纹			1			1		2		4	1	1	6				1		1	9
凸棱纹																				
绳断弦纹																				
波浪纹																				
暗纹																				
压印网格纹																				
刻划纹																				
小计	337		68			14		—	1	53	116	36	—		12		33		—	—
合计	419								206					45						670
可辨器类	侈口罐、敛口罐、瓮、盂								侈口罐					瓮						

07TZT2①出土陶片统计表

陶质	夹砂								泥质					夹砂夹云母						合计
纹饰＼陶色	灰色	灰褐	黑皮	黑褐	红色	红褐	黄褐	小计	灰色	黑皮	红褐	黄褐	小计	灰色	灰褐	黑褐	红褐	黄褐	小计	
素面	4	65	236	4		4	15	328	147	140			287		16	27	4		47	662
凹弦纹	7							7	4				4							11
凸棱纹			2					2	1				1							3
绳断弦纹																				
波浪纹																				
暗纹																				
压印网格纹																				
刻划纹																				
小计	11	65	238	4		4	15	—	152	140			—		16	27	4		—	—
合计	337								292					47						676
可辨器类	侈口罐、敛口罐、瓮、壶、盂、盘								侈口罐、敛口罐					瓮						

07TZT2②出土陶片统计表

陶质	夹砂								泥质					夹砂夹云母						合计
纹饰＼陶色	灰色	灰褐	黑皮	黑褐	红色	红褐	黄褐	小计	灰色	灰褐	黑皮	红褐	小计	灰色	灰褐	黑褐	红褐	黄褐	小计	
素面	2	5	6	2			2	17	1	1	2		4				15		15	36
凹弦纹											1		1							1
凸棱纹																				
绳断弦纹																				
波浪纹																				
暗纹																				
压印网格纹																				
刻划纹																				
小计	2	5	6	2			2	—	1	1	3		—				15		—	—
合计	17								5					15						37
可辨器类	侈口罐、敛口罐、盂、甑、腰沿釜								侈口罐、器底					瓮						

07TZT3①出土陶片统计表

陶质	夹砂								泥质					夹砂夹云母						合计
纹饰＼陶色	灰色	灰褐	黑皮	黑褐	红色	红褐	黄褐	小计	灰色	灰褐	黑皮	红褐	小计	灰色	灰褐	黑皮	红褐	黄褐	小计	
素面		214	75			7	6	302	39		47		86		5	4			9	397
凹弦纹		5	2					7												7
凸棱纹																1			1	1
绳断弦纹																				
波浪纹																				
暗纹																				
压印网格纹																				
刻划纹																				
小计		219	77			7	6	—	39		47		—		5	5			—	—
合计	309								86					10						405
可辨器类	侈口罐、瓮、器底、横桥耳								侈口罐					横桥耳						

07TZT3②出土陶片统计表

纹饰＼陶色＼陶质	夹砂								泥质					夹砂夹云母						合计
	灰色	灰褐	黑皮	黑褐	红色	红褐	黄褐	小计	灰色	灰褐	黑皮	红褐	小计	灰色	灰褐	黑皮	红褐	黄褐	小计	
素面	3	65	154				32	254		76	79		155		9	17	7		33	442
凹弦纹	4						1	5		3			3							8
凸棱纹																				
绳断弦纹																	2			2
波浪纹																				
暗纹																				
压印网格纹																				
刻划纹																				
小计	7	65	154				33	—		79	79		—		9	17	9		—	—
合计	259								158					35						452
可辨器类	侈口罐、甑								侈口罐											

07TZT4①出土陶片统计表

纹饰＼陶色＼陶质	夹砂								泥质					夹砂夹云母						合计
	灰色	灰褐	黑皮	黑褐	红色	红褐	黄褐	小计	灰色	灰褐	黑皮	红褐	小计	灰色	灰褐	黑褐	红褐	黄褐	小计	
素面		84	73	5		8		170	56		68	3	127		22	7	26		55	352
凹弦纹		2	1					3	5		2	1	8							11
凸棱纹																	2		2	2
绳断弦纹																	1		1	1
波浪纹																				
暗纹																				
压印网格纹																				
刻划纹																				
小计		86	74	5		8		—	61		70	4	—		22	7	29		—	—
合计	173								135					58						366
可辨器类	侈口罐、瓮、盂、甑								侈口罐											

07TZT4②出土陶片统计表

纹饰＼陶色＼陶质	夹砂								泥质					夹砂夹云母						合计
	灰色	灰褐	黑皮	黑褐	红色	红褐	黄褐	小计	灰色	灰褐	黑皮	红褐	小计	灰褐	黑皮	黑褐	红色	红褐	小计	
素面	60	386	76	2	2	27		553		50	58		108	36	1	6	4	25	72	733
凹弦纹	7	1	1					9		1	1		2	1				2	3	14
凸棱纹																				
绳断弦纹																				
波浪纹																				
暗纹																				
轮状纹									1				1							1
刻划纹																				
小计	67	387	77	2	2	27		—	1	51	59		—	37	1	6	4	27	—	—
合计	562								111					75						748
可辨器类	侈口罐、敛口罐、直口罐、瓮、盆								侈口罐											

08TZTG3①出土陶片统计表

纹饰＼陶色＼陶质	夹砂								泥质					夹砂夹云母						合计
	灰色	灰褐	黑皮	黑褐	红色	红褐	黄褐	小计	灰褐	黑皮	红褐	黄褐	小计	灰色	灰褐	黑褐	红褐	黄褐	小计	
素面		3	8			1	1	13												13
凹弦纹																				
凸棱纹																				
绳断弦纹																				
波浪纹																				
暗纹																				
压印网格纹																				
附加堆纹																				
小计		3	8			1	1	—					—						—	—
合计	13																			13
可辨器类	侈口罐、敛口罐、器耳、钵								侈口罐					侈口罐、钵						

08TZTG3②出土陶片统计表

纹饰＼陶色＼陶质	夹砂								泥质					夹砂夹云母						合计
	灰色	灰褐	黑皮	黑褐	红色	红褐	黄褐	小计	灰褐	黑皮	红褐	黄褐	小计	灰色	灰褐	黑褐	红褐	黄褐	小计	
素面	2	3	9	7		1		22						1					1	23
凹弦纹																				
凸棱纹																				
绳断弦纹																				
波浪纹																				
暗纹																				
压印网格纹																				
附加堆纹			1					1												1
小计	2	3	10	7		1		—					—	1					—	—
合计	23													1						24
可辨器类	侈口罐、瓮、器耳								侈口罐、瓮					壶						

08TZT0203①出土陶片统计表

纹饰＼陶色＼陶质	夹砂								泥质					夹砂夹云母						合计
	灰色	灰褐	黑皮	黑褐	红色	红褐	黄褐	小计	灰色	灰褐	黑皮	黄褐	小计	灰色	灰褐	黑褐	红褐	黄褐	小计	
素面		47	59			3	16	125	29		18	8	55	2	2	17	2		23	203
凹弦纹		1	1				1	3	1				1							4
凸棱纹			1					1												1
绳断弦纹																				
波浪纹																				
暗纹																				
压印网格纹																				
刻划纹																				
小计		48	61			3	17	—	30		18	8	—	2	2	17	2		—	—
合计	129								56					23						208
可辨器类	侈口罐、直口罐、瓮																			

08TZT0301①出土陶片统计表

纹饰＼陶色＼陶质	夹砂								泥质					夹砂夹云母						合计
	灰色	灰褐	黑皮	黑褐	红色	红褐	黄褐	小计	灰色	灰褐	黑皮	黄褐	小计	灰色	灰褐	黑褐	红褐	黄褐	小计	
素面	2	4	1					7	1	2			3							10
凹弦纹																				
凸棱纹																				
绳断弦纹																				
波浪纹																				
暗纹																				
压印网格纹																				
刻划纹																				
小计	2	4	1					—	1	2			—						—	—
合计	7								3											10
可辨器类	圆形陶片																			

08TZT0302②出土陶片统计表

纹饰＼陶色＼陶质	夹砂								泥质					夹砂夹云母						合计
	灰色	灰褐	黑皮	黑褐	红色	红褐	黄褐	小计	灰色	灰褐	黑皮	红褐	小计	灰色	灰褐	黑褐	红褐	黄褐	小计	
素面		64	28			9	13	114				2	2			4	7	4	15	131
凹弦纹																				
凸棱纹																				
绳断弦纹																				
波浪纹																				
暗纹																				
压印网格纹																				
刻划纹																				
小计		64	28			9	13	—				2	—			4	7	4	—	—
合计	114								2					15						131
可辨器类	侈口罐、敛口罐、直口罐													侈口罐						

08TZT0303①出土陶片统计表

纹饰＼陶色＼陶质	夹砂								泥质					夹砂夹云母						合计
	灰色	灰褐	黑皮	黑褐	红色	红褐	黄褐	小计	灰色	灰褐	黑皮	黄褐	小计	灰色	灰褐	黑褐	红褐	黄褐	小计	
素面	3	27	37			2	6	75	1		11		12		1	6	1		8	95
凹弦纹																				
凸棱纹											1		1							1
绳断弦纹																				
波浪纹																				
暗纹																				
压印网格纹																				
轮状纹											1		1							1
小计	3	27	37			2	6	—	1		13		—		1	6	1		—	—
合计	75								14					8						97
可辨器类	侈口罐、直口罐、器底								器底											

08TZT0304①出土陶片统计表

陶质	夹砂								泥质					夹砂夹云母						合计
纹饰　陶色	灰色	灰褐	黑皮	黑褐	红色	红褐	黄褐	小计	灰色	灰褐	黑皮	黄褐	小计	灰色	灰褐	黑褐	红褐	黄褐	小计	
素面	24	29	63			1	3	120	3	4	9		16		4	4	2		10	146
凹弦纹		3						3												3
凸棱纹																				
绳断弦纹																				
波浪纹																				
暗纹																				
压印网格纹																				
轮状纹																				
小计	24	32	63			1	3	—	3	4	9		—		4	4	2		—	—
合计	123								16					10						149
可辨器类	侈口罐、敛口罐、直口罐													瓮						

08TZT0310①出土陶片统计表

陶质	夹砂								泥质					夹砂夹云母						合计
纹饰　陶色	灰色	灰褐	黑皮	黑褐	红色	红褐	黄褐	小计	灰色	灰褐	黑皮	黄褐	小计	灰色	灰褐	黑褐	红褐	黄褐	小计	
素面	4	15	15	4	2	2		42	4		6		10				2	1	3	55
凹弦纹																				
凸棱纹																				
绳断弦纹																				
波浪纹																				
暗纹																				
压印网格纹																				
轮状纹																				
小计	4	15	15	4	2	2		—	4		6		—				2	1	—	—
合计	42								10					3						55
可辨器类	器座																			

08TZT0311①出土陶片统计表

陶质	夹砂								泥质					夹砂夹云母						合计
纹饰　陶色	灰色	灰褐	黑皮	黑褐	红色	红褐	黄褐	小计	灰色	灰褐	黑皮	黄褐	小计	灰色	灰褐	黑褐	红褐	黄褐	小计	
素面	5	4	6				6	21			6		6		1	1	2		4	31
凹弦纹			1					1												1
凸棱纹																				
绳断弦纹																				
波浪纹																				
暗纹																				
压印网格纹																				
轮状纹																				
小计	5	4	7				6	—			6		—		1	1	2		—	—
合计	22								6					4						32
可辨器类	罐													瓮						

08TZT0314①出土陶片统计表

纹饰＼陶色＼陶质	夹砂								泥质					夹砂夹云母						合计
	灰色	灰褐	黑皮	黑褐	红色	红褐	黄褐	小计	灰色	灰褐	黑皮	黄褐	小计	灰色	灰褐	黑褐	红褐	黄褐	小计	
素面	11	12	1	2		2	3	31									2		2	33
凹弦纹			16					16												16
凸棱纹		1						1												1
绳断弦纹																				
波浪纹																				
暗纹																				
压印网格纹																				
轮状纹																				
小计	11	13	17	2		2	3	—					—				2		—	—
合计	48													2						50
可辨器类	罐																			

08TZT0404①出土陶片统计表

纹饰＼陶色＼陶质	夹砂								泥质					夹砂夹云母						合计
	灰色	灰褐	黑皮	黑褐	红色	红褐	黄褐	小计	灰色	灰褐	黑皮	黄褐	小计	灰色	灰褐	黑褐	红褐	黄褐	小计	
素面	54	86	67	9		1	23	240								5			5	245
凹弦纹		1	4					5												5
凸棱纹																				
绳断弦纹																				
波浪纹																				
暗纹																				
压印网格纹																				
轮状纹		1						1												1
小计	54	88	71	9		1	23	—					—			5			—	—
合计	246													5						251
可辨器类	敛口罐																			

08TZT0413①出土陶片统计表

纹饰＼陶色＼陶质	夹砂								泥质					夹砂夹云母						合计
	灰色	灰褐	黑皮	黑褐	红色	红褐	黄褐	小计	灰色	灰褐	黑皮	黄褐	小计	灰色	灰褐	黑皮	红褐	黄褐	小计	
素面											1		1			1			1	2
凹弦纹																				
凸棱纹																				
绳断弦纹																				
波浪纹																				
暗纹																				
压印网格纹																				
轮状纹																				
小计								—			1		—			1			—	—
合计									1					1						2
可辨器类																				

08TZT0414①出土陶片统计表

陶质	夹砂								泥质					夹砂夹云母						合计
纹饰　陶色	灰色	灰褐	黑皮	黑褐	红色	红褐	黄褐	小计	灰色	灰褐	黑皮	黄褐	小计	灰色	灰褐	黑褐	红褐	黄褐	小计	
素面	11	4	13			1	1	30		2	3		5	1	6	3			10	45
凹弦纹	1							1												1
凸棱纹																				
绳断弦纹																				
波浪纹																				
暗纹																				
压印网格纹																				
轮状纹																				
小计	12	4	13			1	1	—		2	3		—	1	6	3			—	—
合计	31								5					10						46
可辨器类	侈口罐、敛口罐																			

08TZT0414②出土陶片统计表

陶质	夹砂								泥质					夹砂夹云母						合计
纹饰　陶色	灰色	灰褐	黑皮	黑褐	红色	红褐	黄褐	小计	灰色	灰褐	黑皮	黄褐	小计	灰色	灰褐	黑褐	红褐	黄褐	小计	
素面	10	11	37			7		65	7	1			8	2	1	1		3	7	180
凹弦纹									1				1							1
凸棱纹																				
绳断弦纹																	1		1	1
波浪纹																				
暗纹																				
压印网格纹																				
轮状纹																				
小计	10	11	37			7		—	8	1			—	2	1	1	1	3	—	—
合计	65								9					8						82
可辨器类	罐													瓮						

08TZT0415①出土陶片统计表

陶质	夹砂								泥质					夹砂夹云母						合计
纹饰　陶色	灰色	灰褐	黑皮	黑褐	红色	红褐	黄褐	小计	灰色	灰褐	黑皮	黄褐	小计	灰色	灰褐	黑褐	红褐	黄褐	小计	
素面	22	16	26	1		1	4	70	3				3		6		2	1	9	82
凹弦纹																				
凸棱纹																				
绳断弦纹																				
波浪纹																				
暗纹																				
附加堆纹																	1		1	1
轮状纹																				
小计	22	16	26	1		1	4	—	3				—		6		3	1	—	—
合计	70								3					10						83
可辨器类	侈口罐、器底								器底					横桥耳						

08TZT0502②出土陶片统计表

陶质	夹砂								泥质					夹砂夹云母						合计
纹饰 \ 陶色	灰色	灰褐	黑皮	黑褐	红色	红褐	黄褐	小计	灰色	灰褐	黑皮	黄褐	小计	灰色	灰褐	黑褐	红褐	黄褐	小计	
素面	14	8	24				4	50	2		1		3			4	2		6	59
凹弦纹							1	1												1
凸棱纹							1	1												1
绳断弦纹																				
波浪纹																				
暗纹																				
压印网格纹																				
轮状纹																				
小计	14	8	24				6	—	2		1		—			4	2		—	—
合计	52								3					6						61
可辨器类	侈口罐、直口罐、壶													叠唇深腹罐						

08TZT0503②出土陶片统计表

陶质	夹砂								泥质					夹砂夹云母						合计
纹饰 \ 陶色	灰色	灰褐	黑皮	黑褐	红色	红褐	黄褐	小计	灰色	灰褐	黑皮	黄褐	小计	灰色	灰褐	黑褐	红褐	黄褐	小计	
素面		8						8												8
凹弦纹		1						1												1
凸棱纹																				
绳断弦纹																				
波浪纹																				
暗纹																				
压印网格纹																				
轮状纹																				
小计		9						—					—						—	—
合计	9																			9
可辨器类	侈口罐																			

08TZT0504①出土陶片统计表

陶质	夹砂								泥质					夹砂夹云母						合计
纹饰 \ 陶色	灰色	灰褐	黑皮	黑褐	红色	红褐	黄褐	小计	灰色	灰褐	黑皮	黄褐	小计	灰色	灰褐	黑褐	红褐	黄褐	小计	
素面	2	2	26			4	8	42	4	6		10	20	4					4	66
凹弦纹							1	1		1		1	2							3
凸棱纹		1						1		1			1							2
绳断弦纹																				
波浪纹																				
暗纹																				
压印网格纹																				
轮状纹																				
小计	2	3	26			4	9	—	4	8		11	—	4					—	—
合计	44								23					4						71
可辨器类	侈口罐、盆								敛口罐											

08TZT0513①出土陶片统计表

纹饰＼陶质	夹砂								泥质					夹砂夹云母						合计
陶色	灰色	灰褐	黑皮	黑褐	红色	红褐	黄褐	小计	灰色	灰褐	黑皮	黄褐	小计	灰色	灰褐	黑褐	红褐	黄褐	小计	
素面	5	7	15				6	33			1		1	1	2	2	2		7	41
凹弦纹																				
凸棱纹																				
绳断弦纹																	1		1	1
波浪纹																				
暗纹																				
压印网格纹																				
轮状纹																				
小计	5	7	15				6	—			1		—	1	2	2	3		—	—
合计	33								1					8						42
可辨器类	侈口罐													瓮						

08TZT0514①出土陶片统计表

纹饰＼陶质	夹砂								泥质					夹砂夹云母						合计
陶色	灰色	灰褐	黑皮	黑褐	红色	红褐	黄褐	小计	灰色	灰褐	黑皮	黄褐	小计	灰色	灰褐	黑褐	红褐	黄褐	小计	
素面		13	36	1			1	51	4		4		8				3		3	62
凹弦纹		1						1												1
凸棱纹																				
绳断弦纹																	2		2	2
波浪纹																				
暗纹																				
压印网格纹																				
轮状纹																				
小计		14	36	1			1	—	4		4		—				5		—	—
合计	52								8					5						65
可辨器类	侈口罐								罐											

08TZT0514②出土陶片统计表

纹饰＼陶质	夹砂								泥质					夹砂夹云母						合计
陶色	灰色	灰褐	黑皮	黑褐	红色	红褐	黄褐	小计	灰色	灰褐	黑皮	黄褐	小计	灰色	灰褐	黑褐	红褐	黄褐	小计	
素面	4	4	19	2			3	32	2		3		5	2		2	1		5	42
凹弦纹																				
凸棱纹																				
绳断弦纹																				
波浪纹																				
暗纹																				
压印网格纹																				
轮状纹																				
小计	4	4	19	2			3	—	2		3		—	2		2	1		—	—
合计	32								5					5						42
可辨器类	侈口罐																			

08TZT0515①出土陶片统计表

纹饰＼陶质	夹砂								泥质					夹砂夹云母						合计
陶色	灰色	灰褐	黑皮	黑褐	红色	红褐	黄褐	小计	灰色	灰褐	黑皮	黄褐	小计	灰色	灰褐	黑褐	红褐	黄褐	小计	
素面		16	22			2	12	52	6				6		5	2	9		16	74
凹弦纹		1						1												1
凸棱纹			1					1												1
绳断弦纹																				
波浪纹																				
暗纹																				
压印网格纹																				
轮状纹																				
小计		17	23			2	12	—	6				—		5	2	9		—	—
合计	54								6					16						76
可辨器类	侈口罐、横桥耳													器底						

08TZT0515②出土陶片统计表

纹饰＼陶质	夹砂								泥质					夹砂夹云母						合计
陶色	灰色	灰褐	黑皮	黑褐	红色	红褐	黄褐	小计	灰色	灰褐	黑皮	黄褐	小计	灰色	灰褐	黑褐	红褐	黄褐	小计	
素面	20	25	19	2		1	4	71		3			3				2		2	76
凹弦纹							1	1		1			1							2
凸棱纹																				
绳断弦纹																				
波浪纹																				
暗纹																				
压印网格纹																				
轮状纹																				
小计	20	25	19	2		1	5	—		4			—				2		—	—
合计	72								4					2						78
可辨器类	侈口罐																			

08TZT0602②出土陶片统计表

纹饰＼陶质	夹砂								泥质					夹砂夹云母						合计
陶色	灰色	灰褐	黑皮	黑褐	红色	红褐	黄褐	小计	灰色	灰褐	黑皮	黄褐	小计	灰色	灰褐	黑褐	红褐	黄褐	小计	
素面	24	27	69	2		2		124	8		6		14		3	1	1		5	143
凹弦纹	1	3	2					6	1		1		2		1				1	9
凸棱纹																				
绳断弦纹																				
波浪纹																				
暗纹																				
压印网格纹																				
轮状纹																				
小计	25	30	71	2		2		—	9		7		—		4	1	1		—	—
合计	130								16					6						152
可辨器类	直口罐								侈口罐											

08TZT0604①出土陶片统计表

陶质 / 陶色 / 纹饰	夹砂								泥质					夹砂夹云母						合计
	灰色	灰褐	黑皮	黑褐	红色	红褐	黄褐	小计	灰色	灰褐	黑皮	黄褐	小计	灰色	灰褐	黑褐	红褐	黄褐	小计	
素面	6	10	19			2	5	42							1	2	1	1	5	47
凹弦纹																				
凸棱纹																				
绳断弦纹																				
波浪纹																				
暗纹																				
压印网格纹																				
轮状纹																				
小计	6	10	19			2	5	—					—		1	2	1	1	—	—
合计	42													5						47
可辨器类	侈口罐、甑、器座																			

08TZT0615①出土陶片统计表

陶质 / 陶色 / 纹饰	夹砂								泥质					夹砂夹云母						合计
	灰色	灰褐	黑皮	黑褐	红色	红褐	黄褐	小计	灰色	灰褐	黑皮	黄褐	小计	灰色	灰褐	黑褐	红褐	黄褐	小计	
素面	29	31	77	2		3	10	152	1	2	7		10		5	2	8		15	177
凹弦纹																				
凸棱纹																				
绳断弦纹																	3		3	3
波浪纹																				
暗纹	1							1												1
压印网格纹																				
轮状纹																				
小计	30	31	77	2		3	10	—	1	2	7		—		5	2	11		—	—
合计	153								10					18						181
可辨器类	侈口罐、敛口罐								敛口罐					瓮						

08TZT0615②出土陶片统计表

陶质 / 陶色 / 纹饰	夹砂								泥质					夹砂夹云母						合计
	灰色	灰褐	黑皮	黑褐	红色	红褐	黄褐	小计	灰色	灰褐	黑皮	黄褐	小计	灰色	灰褐	黑褐	红褐	黄褐	小计	
素面	6	4	8			2	2	22			1		1				1		1	24
凹弦纹																				
凸棱纹																				
绳断弦纹																				
波浪纹																				
暗纹																				
压印网格纹																				
轮状纹																				
小计	6	4	8			2	2	—			1		—				1			—
合计	22								1					1						24
可辨器类	侈口罐																			

08TZT0701②出土陶片统计表

陶质	夹砂								泥质					夹砂夹云母						合计
纹饰 \ 陶色	灰色	灰褐	黑皮	黑褐	红色	红褐	黄褐	小计	灰色	灰褐	黑皮	黄褐	小计	灰色	灰褐	黑褐	红褐	黄褐	小计	
素面	6	4	29				4	43	1				1			2	3		5	49
凹弦纹																				
凸棱纹																				
绳断弦纹																				
波浪纹																				
暗纹																				
压印网格纹																				
轮状纹																				
小计	6	4	29				4	—	1				—			2	3		—	—
合计	43								1					5						49
可辨器类	器座																			

08TZT0702②出土陶片统计表

陶质	夹砂								泥质					夹砂夹云母						合计
纹饰 \ 陶色	灰色	灰褐	黑皮	黑褐	红色	红褐	黄褐	小计	灰色	灰褐	黑皮	黄褐	小计	灰色	灰褐	黑褐	红褐	黄褐	小计	
素面	8	5	3			5	8	29			3		3			4			4	36
凹弦纹																				
凸棱纹																				
绳断弦纹																				
波浪纹																				
暗纹																				
压印网格纹																				
轮状纹																				
小计	8	5	3			5	8	—			3		—			4			—	—
合计	29								3					4						36
可辨器类	侈口罐													盆						

08TZT0711①出土陶片统计表

陶质	夹砂								泥质					夹砂夹云母						合计
纹饰 \ 陶色	灰色	灰褐	黑皮	黑褐	红色	红褐	黄褐	小计	灰色	灰褐	黑皮	黄褐	小计	灰色	灰褐	黑皮	黑褐	红褐	小计	
素面	10	19	53	2		4		88	2				2	8		3	7	4	22	112
凹弦纹			6					6	1				1	1					1	8
凸棱纹			2					2												2
绳断弦纹																				
波浪纹																				
暗纹																				
压印网格纹																				
轮状纹																				
小计	10	19	61	2		4		—	3				—	9		3	7	4	—	—
合计	96								3					23						122
可辨器类	侈口罐、横桥耳																			

08TZT0712①出土陶片统计表

陶质	夹砂								泥质					夹砂夹云母						合计
纹饰 \ 陶色	灰色	灰褐	黑皮	黑褐	红色	红褐	黄褐	小计	灰色	灰褐	黑皮	黄褐	小计	灰色	灰褐	黑褐	红褐	黄褐	小计	
素面	31	9	16	2				58	5				5	2		3	1	1	7	70
凹弦纹																				
凸棱纹			1					1												1
绳断弦纹														1					1	1
波浪纹																				
暗纹																				
压印网格纹																				
轮状纹																				
小计	31	9	17	2				—	5				—	3		3	1	1	—	—
合计	59								5					8						72
可辨器类	侈口罐													盆						

08TZT0714①出土陶片统计表

陶质	夹砂								泥质					夹砂夹云母						合计
纹饰 \ 陶色	灰色	灰褐	黑皮	黑褐	红色	红褐	黄褐	小计	灰色	灰褐	黑皮	黄褐	小计	灰色	灰褐	黑褐	红褐	黄褐	小计	
素面		23	42	1		1	6	73		9	3		12				3		3	88
凹弦纹							1	1												1
凸棱纹																				
绳断弦纹																				
波浪纹																				
暗纹																				
压印网格纹																				
轮状纹																				
小计		23	42	1		1	7	—		9	3		—				3		—	—
合计	74								12					3						89
可辨器类	瓮、盂																			

08TZT0714②出土陶片统计表

陶质	夹砂								泥质					夹砂夹云母						合计
纹饰 \ 陶色	灰色	灰褐	黑皮	黑褐	红色	红褐	黄褐	小计	灰色	灰褐	黑皮	黄褐	小计	灰色	灰褐	黑褐	红褐	黄褐	小计	
素面	4	7	34	2			5	52	1		2		3		4	3	1		8	63
凹弦纹	1		1					2												2
凸棱纹							1	1												1
绳断弦纹																	1		1	1
波浪纹																				
暗纹																				
压印网格纹																				
轮状纹																				
小计	5	7	35	2			6	—	1		2		—		4	3	2		—	—
合计	55								3					9						67
可辨器类	侈口罐													瓮						

08TZTG1①出土陶片统计表

陶质	夹砂								泥质					夹砂夹云母						合计
纹饰＼陶色	灰色	灰褐	黑皮	黑褐	红色	红褐	黄褐	小计	灰色	灰褐	黑皮	黄褐	小计	灰色	灰褐	黑皮	红褐	黄褐	小计	
素面	43	103	83	6		4	13	252	10		9		19			5	3		8	279
凹弦纹		3						3												3
凸棱纹			3					3												3
绳断弦纹																				
波浪纹																				
暗纹																				
压印网格纹																				
轮状纹																				
小计	43	106	86	6		4	13	—	10		9		—			5	3		—	—
合计	258								19					8						285
可辨器类	侈口罐、敛口罐、甑								敛口罐					瓮						

08TZTG1②出土陶片统计表

陶质	夹砂								泥质					夹砂夹云母						合计
纹饰＼陶色	灰色	灰褐	黑皮	黑褐	红色	红褐	黄褐	小计	灰色	灰褐	黑皮	黄褐	小计	灰色	灰褐	黑皮	黑褐	红褐	小计	
素面		179	523			25	18	745		35	57		92	3		2	2	8	15	852
凹弦纹		2	4			1		7		1			1							8
凸棱纹																				
绳断弦纹																				
波浪纹																				
暗纹																				
压印网格纹																				
附加堆纹			1					1												1
小计		181	528			26	18	—		36	57		—	3		2	2	8	—	—
合计	753								93					15						861
可辨器类	侈口罐、敛口罐、甑、瓮								敛口罐					瓮						

08TZTG2①出土陶片统计表

陶质	夹砂								泥质					夹砂夹云母						合计
纹饰＼陶色	灰色	灰褐	黑皮	黑褐	红色	红褐	黄褐	小计	灰色	灰褐	黑皮	黄褐	小计	灰色	灰褐	黑褐	红褐	黄褐	小计	
素面	12	41	24			1	1	79								2			2	81
凹弦纹																				
凸棱纹																				
绳断弦纹																				
波浪纹																				
暗纹																				
篮纹											2		2							2
轮状纹																				
小计	12	41	24			1	1	—			2		—			2			—	—
合计	79								2					2						83
可辨器类	侈口罐、直口罐、瓮、盂、盆													瓮						

08TZTG2②出土陶片统计表

陶质	夹砂								泥质					夹砂夹云母						合计
纹饰＼陶色	灰色	灰褐	黑皮	黑褐	红色	红褐	黄褐	小计	灰色	灰褐	黑皮	黄褐	小计	灰色	灰褐	黑褐	红褐	黄褐	小计	
素面	157	164	125			14	12	472	12			10	22	17		25	4	2	48	542
凹弦纹		5	3					8	2				2	5		1			6	16
凸棱纹		6						6												6
绳断弦纹																				
波浪纹																				
暗纹	5							5												5
压印网格纹																				
轮状纹																				
小计	162	175	128			14	12	—	14			10	—	22		26	4	2	—	—
合计	491								24					54						569
可辨器类	侈口罐、器底													瓮						

09TZTG1①出土陶片统计表

陶质	夹砂								泥质					夹砂夹云母						合计
纹饰＼陶色	灰色	灰褐	黑皮	黑褐	红色	红褐	黄褐	小计	灰色	灰褐	黑皮	黄褐	小计	灰色	灰褐	黑褐	红褐	黄褐	小计	
素面	15	22	12				5	54								5	3		8	62
凹弦纹							2	2												2
凸棱纹																				
绳断弦纹																				
波浪纹																				
暗纹																				
压印网格纹																				
轮状纹																				
小计	15	22	12				7	—					—			5	3		—	—
合计	56													8						64
可辨器类	侈口罐													瓮						

09TZTG1②出土陶片统计表

陶质	夹砂								泥质					夹砂夹云母						合计
纹饰＼陶色	灰色	灰褐	黑皮	黑褐	红色	红褐	黄褐	小计	灰色	灰褐	黑皮	黄褐	小计	灰色	灰褐	黑褐	红褐	黄褐	小计	
素面	365	419	379	55	4	11	33	1266	15	6	9	2	32	7	9	26	3	3	48	1346
凹弦纹	9	3	8					20				3	3	2	1				3	26
凸棱纹	5	6	6					17												17
绳断弦纹																				
篮纹			2					2												2
暗纹	9		5					14												14
压印网格纹																				
附加堆纹				1				1												1
小计	388	428	400	56	4	11	33	—	15	6	9	5	—	9	10	26	3	3	—	—
合计	1320								35					51						1406
可辨器类	侈口罐、敛口罐、直口罐								敛口罐					瓮						

09TZTG1③出土陶片统计表

纹饰＼陶色＼陶质	夹砂								泥质					夹砂夹云母						合计
	灰色	灰褐	黑皮	黑褐	红色	红褐	黄褐	小计	灰色	灰褐	黑皮	黄褐	小计	灰色	灰褐	黑褐	红褐	黄褐	小计	
素面	14	25	11	2		2	3	57								3	2		5	62
凹弦纹																				
凸棱纹			1					1												1
绳断弦纹																				
波浪纹																				
暗纹																				
压印网格纹																				
轮状纹																				
小计	14	25	12	2		2	3	—					—			3	2		—	—
合计	58													5						63
可辨器类	侈口罐													瓮						

09TZTG1⑤出土陶片统计表

纹饰＼陶色＼陶质	夹砂								泥质					夹砂夹云母						合计
	灰色	灰褐	黑皮	黑褐	红色	红褐	黄褐	小计	灰色	灰褐	黑皮	黄褐	小计	灰色	灰褐	黑褐	红褐	黄褐	小计	
素面	75	83	124	27		8	12	329						8	4	13	4	1	30	359
凹弦纹		2	1	1				4												4
凸棱纹			1					1												1
绳断弦纹																				
波浪纹																				
暗纹																				
压印网格纹																				
轮状纹																				
小计	75	85	126	28		8	12	—					—	8	4	13	4	1	—	—
合计	334													30						364
可辨器类	侈口罐、敛口罐、瓮、盂													瓮						

09TZTG1⑥出土陶片统计表

纹饰＼陶色＼陶质	夹砂								泥质					夹砂夹云母						合计
	灰色	灰褐	黑皮	黑褐	红色	红褐	黄褐	小计	灰色	灰褐	黑皮	黄褐	小计	灰色	灰褐	黑褐	红褐	黄褐	小计	
素面	16	22		18	7	19		82						4	4	2	11	1	22	104
凹弦纹	1			6		1		8												8
凸棱纹																				
绳断弦纹																				
波浪纹																				
暗纹																				
压印网格纹																				
轮状纹																				
小计	17	22		24	7	20		—					—	4	4	2	11	1	—	—
合计	90													22						112
可辨器类	侈口罐、叠唇深腹罐、瓮、横桥耳													瓮						

09TZTG2①出土陶片统计表

陶质	夹砂								泥质					夹砂夹云母						合计
纹饰＼陶色	灰色	灰褐	黑皮	黑褐	红色	红褐	黄褐	小计	灰色	灰褐	黑皮	黄褐	小计	灰色	灰褐	黑褐	红褐	黄褐	小计	
素面	12	25	5					42							2				2	44
凹弦纹																				
凸棱纹																				
绳断弦纹																				
波浪纹																				
暗纹																				
压印网格纹																				
轮状纹																				
小计	12	25	5					—					—		2				—	—
合计	42													2						44
可辨器类	壶、盆、甑、横桥耳																			

09TZTG2③出土陶片统计表

陶质	夹砂								泥质					夹砂夹云母						合计
纹饰＼陶色	灰色	灰褐	黑皮	黑褐	红色	红褐	黄褐	小计	灰色	灰褐	黑皮	黄褐	小计	灰色	灰褐	黑褐	红褐	黄褐	小计	
素面	112	74	87	35		1	12	321				1	1		3	17	5		25	347
凹弦纹	1		3	1			1	6							1				1	7
凸棱纹	1							1												1
绳断弦纹																				
波浪纹																				
暗纹	6							6												6
压印网格纹																				
轮状纹			1					1												1
小计	120	74	91	36		1	13	—				1	—		4	17	5		—	—
合计	335								1					26						362
可辨器类	侈口罐、纺轮													瓮						

09TZTG2⑤出土陶片统计表

陶质	夹砂								泥质					夹砂夹云母						合计
纹饰＼陶色	灰色	灰褐	黑皮	黑褐	红色	红褐	黄褐	小计	灰色	灰褐	黑皮	黄褐	小计	灰色	灰褐	黑褐	红褐	黄褐	小计	
素面	249	269	302	21	8		31	880	4		6		10	11	6	55	20		92	982
凹弦纹	18	6	14				1	39	1				1		2	1	2		5	45
凸棱纹			2					2												2
绳断弦纹																				
波浪纹																				
暗纹	6	3	14					23												23
压印网格纹																				
轮状纹																				
小计	273	278	332	21	8		32	—	5		6		—	11	8	56	22		—	—
合计	944								11					97						1052
可辨器类	侈口罐													瓮						

09TZTG2⑥出土陶片统计表

陶质 / 陶色 / 纹饰	夹砂								泥质					夹砂夹云母						合计
	灰色	灰褐	黑皮	黑褐	红色	红褐	黄褐	小计	灰色	灰褐	黑皮	黄褐	小计	灰色	灰褐	黑褐	红褐	黄褐	小计	
素面	343	65	255	67			28	758	3		5		8	43	1	46	8	2	100	866
凹弦纹	5		9	3			1	18						4		1			5	23
凸棱纹	2		1					3												3
绳断弦纹																				
刻划纹	3							3									1		1	4
暗纹			5					5												5
压印网格纹																				
轮状纹	1							1												1
小计	354	65	270	70			29	—	3		5		—	47	1	47	9	2	—	—
合计	788								8					106						902
可辨器类	侈口罐、直口罐、瓮、盂、盆、甑、钵													侈口罐、瓮						

09TZTG2⑦出土陶片统计表

陶质 / 陶色 / 纹饰	夹砂								泥质					夹砂夹云母						合计
	灰色	灰褐	黑皮	黑褐	红色	红褐	黄褐	小计	灰色	灰褐	黑皮	黄褐	小计	灰色	灰褐	黑褐	红褐	黄褐	小计	
素面	10	1	5	2			2	20							1				1	21
凹弦纹			1	1				2												2
凸棱纹																				
绳断弦纹																				
波浪纹																				
暗纹																				
压印网格纹																				
轮状纹																				
小计	10	1	6	3			2	—					—		1				—	—
合计	22													1						23
可辨器类	侈口罐													瓮						

09TZTG7①出土陶片统计表

陶质 / 陶色 / 纹饰	夹砂								泥质					夹砂夹云母						合计
	灰色	灰褐	黑皮	黑褐	红色	红褐	黄褐	小计	灰色	灰褐	红褐	黄褐	小计	灰色	灰褐	黑褐	红褐	黄褐	小计	
素面	276	363	243	19		9	21	931							3		2	3	8	939
凹弦纹	5	15	16					36												36
凸棱纹			7					7												7
绳断弦纹																				
波浪纹																				
暗纹	7							7												7
轮状纹	1							1												1
小计	289	378	266	19		9	21	—					—		3		2	3	—	—
合计	982													8						990
可辨器类	侈口罐、敛口罐、叠唇罐瓮、桥耳								侈口罐、瓮、钵											

09TZTG7②出土陶片统计表

陶质	夹砂								泥质					夹砂夹云母						合计
纹饰＼陶色	灰色	灰褐	黑皮	黑褐	红色	红褐	黄褐	小计	灰色	灰褐	红褐	黄褐	小计	灰色	灰褐	黑褐	红褐	黄褐	小计	
素面	95	147	175	21		9	25	472	5	3			8	3	14	7	8		32	512
凹弦纹	5	9	2					16									1		1	17
凸棱纹	3		2					5												5
绳断弦纹																				
波浪纹																				
暗纹	15							15												15
压印网格纹	1							1												1
附加堆纹																				
轮状纹	2							2												2
小计	121	156	179	21		9	25	—	5	3			—	3	14	7	9		—	—
合计	511								8					33						552
可辨器类	侈口罐、直口罐、瓮、甑、纹饰陶片、甑、圆形陶片、砚台																			

09TZTG7③出土陶片统计表

陶质	夹砂								泥质					夹砂夹云母						合计
纹饰＼陶色	灰色	灰褐	黑皮	黑褐	红色	红褐	黄褐	小计	灰色	灰褐	红褐	黄褐	小计	灰色	灰褐	黑褐	红褐	黄褐	小计	
素面		14	1	11			3	29	3				3		1			1	2	34
凹弦纹	3							3												3
凸棱纹																				
绳断弦纹																				
波浪纹																				
暗纹	32		36					68												68
压印网格纹																				
附加堆纹																				
轮状纹																				
小计	35	14	37	11			3	—	3				—		1			1	—	—
合计	100								3					2						105
可辨器类	侈口罐、瓮													盘、器底、器盖						

09TZTG7④出土陶片统计表

陶质	夹砂								泥质					夹砂夹云母						合计
纹饰＼陶色	灰色	灰褐	黑皮	黑褐	红色	红褐	黄褐	小计	灰褐	黑皮	红褐	黄褐	小计	灰色	灰褐	黑褐	红褐	黄褐	小计	
素面		6	9				1	16						1					1	17
凹弦纹																				
凸棱纹																				
绳断弦纹																				
波浪纹																				
暗纹																				
压印网格纹																				
附加堆纹																				
小计		6	9				1	—					—	1					—	—
合计	16													1						17
可辨器类	纺轮																			

09TZTG8①出土陶片统计表

陶质/陶色/纹饰	夹砂								泥质					夹砂夹云母						合计
	灰色	灰褐	黑皮	黑褐	红色	红褐	黄褐	小计	灰褐	黑皮	红褐	黄褐	小计	灰色	灰褐	黑褐	红褐	黄褐	小计	
素面	4		3					7						2			1		3	10
凹弦纹																				
凸棱纹																				
绳断弦纹																				
波浪纹																				
暗纹																				
压印网格纹																				
附加堆纹																				
小计	4		3					—					—	2			1		—	—
合计	7													3						10
可辨器类																				

09TZTG8②出土陶片统计表

陶质/陶色/纹饰	夹砂								泥质					夹砂夹云母						合计
	灰色	灰褐	黑皮	黑褐	红色	红褐	黄褐	小计	灰褐	黑皮	红褐	黄褐	小计	灰色	灰褐	黑褐	红褐	黄褐	小计	
素面		36	7			1	1	45							8		2		10	55
凹弦纹																				
凸棱纹																				
绳断弦纹																				
波浪纹																				
暗纹																				
压印网格纹																				
附加堆纹																				
小计		36	7			1	1	—					—		8		2		—	—
合计	45													10						55
可辨器类																				

09TZTG8③出土陶片统计表

陶质/陶色/纹饰	夹砂								泥质					夹砂夹云母						合计
	灰色	灰褐	黑皮	黑褐	红色	红褐	黄褐	小计	灰褐	黑皮	红褐	黄褐	小计	灰色	灰褐	黑褐	红褐	黄褐	小计	
素面	1	2	7	2				12		2			2							14
凹弦纹			4					4												4
凸棱纹																				
绳断弦纹																				
波浪纹																				
暗纹																				
压印网格纹																				
附加堆纹																				
小计	1	2	11	2				—		2			—						—	—
合计	16								2											18
可辨器类	壶																			

YL1①出土陶片统计表

纹饰 \ 陶质	夹砂								泥质					夹砂夹云母						合计
陶色	灰色	灰褐	黑皮	黑褐	红色	红褐	黄褐	小计	灰色	灰褐	黑皮	黄褐	小计	灰色	灰褐	黑褐	红褐	黄褐	小计	
素面	102	94	51	11		9	7	274	1	2	17		20	4	2		5		11	305
凹弦纹	3	2	2					7		1			1							8
凸棱纹																				
绳断弦纹																				
波浪纹																				
暗纹																				
压印网格纹																				
轮状纹																				
小计	105	96	53	11		9	7	—	1	3	17		—	4	2		5		—	—
合计	281								21					11						313
可辨器类																				

F1①出土陶片统计表

纹饰 \ 陶质	夹砂								泥质					夹砂夹云母						合计
陶色	灰色	灰褐	黑皮	黑褐	红色	红褐	黄褐	小计	灰色	灰褐	黑皮	黄褐	小计	灰色	灰褐	黑褐	红褐	黄褐	小计	
素面	175	43	324			5	13	560	6				6			14	6	2	22	588
凹弦纹			6					6	1				1							7
凸棱纹																				
绳断弦纹																				
波浪纹																				
暗纹																				
压印网格纹																				
轮状纹			1					1												1
小计	175	43	331			5	13	—	7				—			14	6	2	—	—
合计	567								7					22						596
可辨器类	侈口罐、直口罐、盘													瓮						

F2①出土陶片统计表

纹饰 \ 陶质	夹砂								泥质					夹砂夹云母						合计
陶色	灰色	灰褐	黑皮	黑褐	红色	红褐	黄褐	小计	灰色	灰褐	黑皮	黄褐	小计	灰色	灰褐	黑褐	红褐	黄褐	小计	
素面		10	16			3	3	32			2		2				4		4	38
凹弦纹						1	1	2									1	1	2	4
凸棱纹																				
绳断弦纹																				
波浪纹																				
暗纹																				
压印网格纹																				
轮状纹																				
小计		10	16			4	4	—			2		—				5	1	—	—
合计	34								2					6						42
可辨器类	瓮																			

F4①出土陶片统计表

陶质	夹砂								泥质					夹砂夹云母						合计
纹饰＼陶色	灰色	灰褐	黑皮	黑褐	红色	红褐	黄褐	小计	灰色	灰褐	红褐	黄褐	小计	灰色	灰褐	黑褐	红褐	黄褐	小计	
素面	1		47			5	3	56	2	5	5	20	32		2	3			5	93
凹弦纹			3					3		2			2							5
凸棱纹			1					1							1				1	2
绳断弦纹																				
波浪纹																				
暗纹																				
压印网格纹			1					1												
轮状纹																				
小计	1		51			5	3	—	2	7	5	20	—		3	3			—	—
合计	60								34					6						100
可辨器类	侈口罐、敛口罐													侈口罐						

F5①出土陶片统计表

陶质	夹砂								泥质					夹砂夹云母						合计
纹饰＼陶色	灰色	灰褐	黑皮	黑褐	红色	红褐	黄褐	小计	灰色	灰褐	黑皮	黄褐	小计	灰色	灰褐	黑褐	红褐	黄褐	小计	
素面	23	19				3	5	50	2		2		4	1	1	1	1	1	5	59
凹弦纹			1				2	3			1		1							4
凸棱纹																				
绳断弦纹																				
波浪纹																				
暗纹																				
压印网格纹																				
轮状纹																				
小计	23	19	1			3	7	—	2		3		—	1	1	1	1	1	—	—
合计	53								5					5						63
可辨器类	敛口罐、直口罐、壶								侈口罐、盆											

F6①出土陶片统计表

陶质	夹砂								泥质					夹砂夹云母						合计
纹饰＼陶色	灰色	灰褐	黑皮	黑褐	红色	红褐	黄褐	小计	灰色	灰褐	黑皮	黄褐	小计	灰色	灰褐	黑褐	红褐	黄褐	小计	
素面			1	1		1		3												3
凹弦纹																				
凸棱纹																				
绳断弦纹																				
波浪纹																				
暗纹																				
压印网格纹																				
轮状纹																				
小计			1	1		1		—					—						—	—
合计	3																			3
可辨器类	泥塑								圆形陶片											

F7①出土陶片统计表

纹饰＼陶色＼陶质	夹砂								泥质					夹砂夹云母						合计
	灰色	灰褐	黑皮	黑褐	红色	红褐	黄褐	小计	灰色	灰褐	黑皮	黄褐	小计	灰色	灰褐	黑褐	红褐	黄褐	小计	
素面	176	346	432	7		5	14	980	17		9		26	7		6	5		18	1024
凹弦纹	7	3	2					12												12
凸棱纹			3					3												3
绳断弦纹																				
波浪纹																				
暗纹																				
压印网格纹																				
轮状纹		1	2					3												3
小计	183	350	439	7		5	14	—	17		9		—	7		6	5		—	—
合计	998								26					18						1042
可辨器类	侈口罐、盆、甑、器耳、器底、圆形陶片、纺轮								侈口罐、直口罐					侈口罐、瓮						

F8①出土陶片统计表

纹饰＼陶色＼陶质	夹砂								泥质					夹砂夹云母						合计
	灰色	灰褐	黑皮	黑褐	红色	红褐	黄褐	小计	灰色	灰褐	黑皮	黄褐	小计	灰色	灰褐	黑褐	红褐	黄褐	小计	
素面	4	4	5					13			3		3							16
凹弦纹																				
凸棱纹																				
绳断弦纹																				
波浪纹																				
暗纹																				
压印网格纹																				
轮状纹																				
小计	4	4	5					—			3		—						—	—
合计	13								3											16
可辨器类									瓮											

F9①出土陶片统计表

纹饰＼陶色＼陶质	夹砂								泥质					夹砂夹云母						合计
	灰色	灰褐	黑皮	黑褐	红色	红褐	黄褐	小计	灰色	灰褐	黑皮	红褐	小计	灰色	灰褐	黑褐	红褐	黄褐	小计	
素面	274	326	468	15		12	36	1131	46		29	5	80			27			27	1238
凹弦纹	3		37					40	3		1		4							44
凸棱纹			9					9												9
绳断弦纹																				
波浪纹																				
暗纹																				
压印网格纹																				
轮状纹																				
小计	277	326	514	15		12	36	—	49		30	5	—			27			—	—
合计	1180								84					27						1291
可辨器类	侈口罐、瓮、圆形陶片								侈口罐											

F10①出土陶片统计表

陶质	夹砂								泥质					夹砂夹云母						合计
纹饰＼陶色	灰色	灰褐	黑皮	黑褐	红色	红褐	黄褐	小计	灰色	灰褐	黑皮	黄褐	小计	灰色	灰褐	黑褐	红褐	黄褐	小计	
素面	91	76	105	26			24	322	4		1		5		1	3	13		17	344
凹弦纹	5	3	5				2	15			1		1		1		1		2	18
凸棱纹		1						1												1
绳断弦纹																				
波浪纹																				
暗纹	2		2					4												4
压印网格纹																				
附加堆纹			1					1												1
小计	98	80	113	26			26	—	4		2		—		2	3	14		—	—
合计	343								6					19						368
可辨器类	瓮																			

F11①出土陶片统计表

陶质	夹砂								泥质					夹砂夹云母						合计
纹饰＼陶色	灰色	灰褐	黑皮	黑褐	红色	红褐	黄褐	小计	灰色	灰褐	黑皮	黄褐	小计	灰色	灰褐	黑褐	红褐	黄褐	小计	
素面	2	2	5					9							2				2	11
凹弦纹																				
凸棱纹																				
绳断弦纹																				
波浪纹																				
暗纹																				
压印网格纹																				
轮状纹																				
小计	2	2	5					—					—		2				—	—
合计	9													2						11
可辨器类	侈口罐																			

F12①出土陶片统计表

陶质	夹砂								泥质					夹砂夹云母						合计
纹饰＼陶色	灰色	灰褐	黑皮	黑褐	红色	红褐	黄褐	小计	灰色	灰褐	黑皮	黄褐	小计	灰色	灰褐	黑褐	红褐	黄褐	小计	
素面	75	48	112	14		29	33	311						2		25	6		33	344
凹弦纹	3	2	4				2	11									1		1	12
凸棱纹		1						1												1
绳断弦纹																				
波浪纹																				
暗纹																				
压印网格纹	1		1					2												2
轮状纹																				
小计	79	51	117	14		29	35	—					—	2		25	7		—	—
合计	325													34						359
可辨器类	侈口罐、圆形陶片													器耳						

F13①出土陶片统计表

陶质	夹砂								泥质					夹砂夹云母						合计
纹饰＼陶色	灰色	灰褐	黑皮	黑褐	红色	红褐	黄褐	小计	灰色	灰褐	黑皮	红褐	小计	灰色	灰褐	黑褐	红褐	黄褐	小计	
素面	2	21	1			3		27		4		2	6				2		2	35
凹弦纹		1						1												1
凸棱纹																				
绳断弦纹																				
波浪纹																				
暗纹																				
压印网格纹																				
轮状纹																				
小计	2	22	1			3		—		4		2	—				2		—	—
合计	28								6					2						36
可辨器类	器盖								敛口罐											

F14①出土陶片统计表

陶质	夹砂								泥质					夹砂夹云母						合计
纹饰＼陶色	灰色	灰褐	黑皮	黑褐	红色	红褐	黄褐	小计	灰色	灰褐	黑皮	黄褐	小计	灰色	灰褐	黑褐	红褐	黄褐	小计	
素面	5	3	4			5		17									6	2	8	25
凹弦纹																				
凸棱纹																				
绳断弦纹																				
波浪纹																				
暗纹																				
压印网格纹																				
轮状纹																				
小计	5	3	4			5		—					—				6	2	—	—
合计	17													8						25
可辨器类	罐底																			

H2①出土陶片统计表

陶质	夹砂								泥质					夹砂夹云母						合计
纹饰＼陶色	灰色	灰褐	黑皮	黑褐	红色	红褐	黄褐	小计	灰色	灰褐	黑皮	黄褐	小计	灰色	灰褐	黑皮	红褐	黄褐	小计	
素面	3	5	2	2				12	3	2			5	2	2	3			7	24
凹弦纹			1					1												1
凸棱纹																				
绳断弦纹																				
波浪纹																				
暗纹																				
压印网格纹																				
轮状纹																				
小计	3	5	3	2				—	3	2			—	2	2	3			—	—
合计	13								5					7						25
可辨器类	侈口罐、盂								侈口罐					盂						

H3①出土陶片统计表

纹饰＼陶色＼陶质	夹砂								泥质					夹砂夹云母						合计
	灰色	灰褐	黑皮	黑褐	红色	红褐	黄褐	小计	灰色	灰褐	黑皮	黄褐	小计	灰色	灰褐	黑褐	红褐	黄褐	小计	
素面	4	3	20	2		1	3	33							3		1		4	37
凹弦纹		1		1			2	4												4
凸棱纹																				
绳断弦纹																				
波浪纹																				
暗纹																				
压印网格纹																				
轮状纹																				
小计	4	4	20	3		1	5	—					—		3		1		—	—
合计	37													4						41
可辨器类	甑、腰沿釜、纹饰陶片								侈口罐											

H4①出土陶片统计表

纹饰＼陶色＼陶质	夹砂								泥质					夹砂夹云母						合计
	灰色	灰褐	黑皮	黑褐	红色	红褐	黄褐	小计	灰色	灰褐	黑皮	黄褐	小计	灰色	灰褐	黑褐	红褐	黄褐	小计	
素面	34	3	76	3		1	12	129		1	1		2				1	1	2	133
凹弦纹	1		4			1		6												6
凸棱纹																				
绳断弦纹																				
波浪纹																				
暗纹																				
压印网格纹																				
轮状纹																				
小计	35	3	80	3		2	12	—		1	1		—				1	1	—	—
合计	135								2					2						139
可辨器类	盅、腰沿釜、圆形陶片								纹饰陶片											

H5①出土陶片统计表

纹饰＼陶色＼陶质	夹砂								泥质					夹砂夹云母						合计
	灰色	灰褐	黑皮	黑褐	红色	红褐	黄褐	小计	灰色	灰褐	黑皮	黄褐	小计	灰色	灰褐	黑褐	红褐	黄褐	小计	
素面	12	27	11	5			21	76	3				3		2	6	44		52	131
凹弦纹			1	1			2	4								1			1	5
凸棱纹																				
绳断弦纹																				
波浪纹																				
暗纹																				
压印网格纹																				
轮状纹																				
小计	12	27	12	6			23	—	3				—		2	7	44		—	—
合计	80								3					53						136
可辨器类	器耳													罐、侈口罐						

H6①出土陶片统计表

陶质 陶色 纹饰	夹砂								泥质					夹砂夹云母						合计
	灰色	灰褐	黑皮	黑褐	红色	红褐	黄褐	小计	灰色	灰褐	黑皮	黄褐	小计	灰色	灰褐	黑褐	红褐	黄褐	小计	
素面		22					2	24	3		2		5		1			1	2	31
凹弦纹		2						2												2
凸棱纹																				
绳断弦纹																				
波浪纹																				
暗纹																				
压印网格纹																				
轮状纹																				
小计		24					2	—	3		2		—		1			1	—	—
合计	26								5					2						33
可辨器类									瓮、钵											

Abstract

This report presents the results of three successive archaeological excavation projects on the Zi'an Mountain City Site, in 2004, 2007-2009, and 2013. The chronology, status, and nature of the site are determined through detailed analysis and comparisons of the excavation data. Plants remains and iron objects have been analysed using archaeobotanical and paleometallurgy methods to better understand their nature and components, while developing multidisciplinary analysis. This research shows that this fortress was built no later than the 5th c. AD, and abandoned during the beginning of the 7th c. AD. It was a city site with both garrison and settlement functions. The excavations of the Zi'an Mountain City Site provides a large quantity of important materials for the research on Koguryo cities, especially important data to study Koguryo period architectural conceptions, construction techniques, productions and subsistence of the inhabitants. This report also offers new information on the military defensive system of the Koguryo, its power of expansion, the architectural specificities of mountain city sites, and the history of the middle and late phases of the Koguryo.

This book can be used as a reference by scholars specialized in archaeology, history, cultural relics, cultural heritage, as well as by professors and students.

后　　记

通化自安山城2004年为申报全国重点文物保护单位而进行了配合性清理，经过2007～2009年三年的主动性考古工作，以及2013年开始的本体保护工程的配合性考古工作，共经历了三个阶段的田野工作，获取了大量的实物、文字、影像资料。

当时先后参加自安山城测绘、调查、发掘的业务人员包括：吉林省文物考古研究所王志刚（领队）、徐坤（执行领队）、解峰、刘晓溪、谷德平、马洪、王新胜、王昭、郝海波、赵昕、张迪、苏作巍，通化市文物管理委员会办公室王志敏、杨立新、王晶、王东飞、刘志鹏、王珺、李洪飞、王晓光，四平市文物管理委员会办公室赵殿坤，集安市文物局王鹏勇，德惠市文物管理所孙东文，农安县文物管理所邢春光，吉林大学文学院考古学系在校研究生林森，东北师范大学历史文化学院在校研究生刘宁。参加资料整理的业务人员有：徐坤、王新胜、赵昕、于丽群、高秀华、段德强、吴辉，吉林大学文学院考古学系在校研究生王佳艺、聂璐铭、尚如春、潘静、谢静、肖湾、李珊珊、王琳、冯方涛、刘佳慧。

由于各方面的原因，自安山城的发掘资料一直未能进行系统性的整理。除2004年资料通过简报的形式刊布了一部分外，其余资料均未公之于众。

自2014年开始，在吉林省文物考古研究所的各位领导、老师的支持和督促下，编者开始对资料进行全面系统梳理，历时六年，编撰完成此考古发掘报告。

本报告由徐坤负责各章节文字的主撰。王志敏（通化市文物管理所）完成了2004年部分文字的撰写；王志刚完成了2007年部分文字的撰写；刘晓溪、张迪、杨立新（通化市文物管理所）完成了2008年部分文字的撰写；徐坤、邢春光（农安县文物管理所）、赵殿坤（四平市文物管理委员会办公室）、杨立新（通化市文物管理所）、林森（吉林大学边疆考古研究中心）完成了2009年文字的撰写；杨春负责植物考古方面的撰写；王金霞（中国社会科学院考古研究所）、高秀华负责铁器金相学方面的撰写；等高线地形图和遗迹的测绘由王昭、王晶（通化市文物管理所）完成；线图的绘制由王新胜、马洪、郝海波、王昭、杨立新完成；山城的数字正射影像和数字高程模型由顾聆博拍摄制作；山城全景、遗迹和出土遗物的摄影由谷德平、赵昕、王志刚、段德强完成；图版由段德强编排完成；器物修复由高秀华、林世香、于丽群完成；吉林大学文学院考古学系在校研究生王佳艺、聂璐铭、尚如春、潘静、谢静、肖湾、李珊珊、王琳、冯方涛、刘佳慧等承担了器物描述和插图的制作。本报告英文提要由史宝琳（吉林大学边疆考古研究中心）翻译。

在自安山城考古调查、发掘工作中，通化市文化局、通化市文物管理委员会办公室（2012年改称通化市文物管理所）给予了大力支持和多方协助，在此谨表谢意。

自安山城考古资料的整理和报告编写工作得到了吉林省文物考古研究所所长安文荣研究馆员、副所长王志刚副研究馆员的指导和大力支持。通化市文物管理所所长王晶研究馆员、王东飞副研究馆员，吉林市满族博物馆张寒冰馆长对报告的编写工作给与了支持和帮助，谨致谢忱。

由于报告编写者学术水平有限，故本报告纰漏错误之处定多，敬希读者指正。

编　者

2020年11月

自安山城正射影像

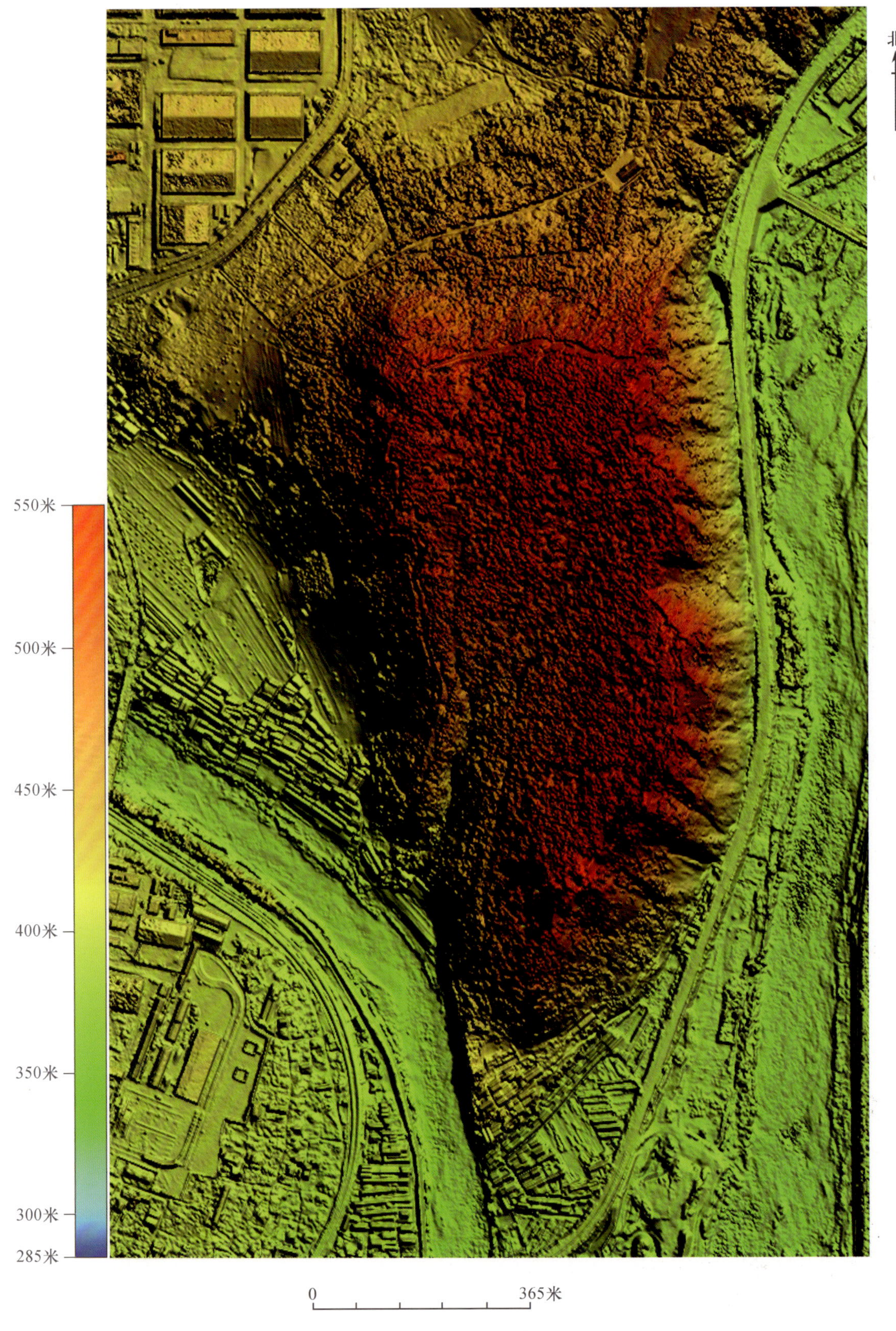

自安山城DEM影像

1. 全景（西向东）

2. 全景（东向西）

自安山城全景

1. 全景（北向南）

2. 全景（南向北）

自安山城全景

1. 西城垣c2段（09TZTG4北壁）夯土

2. 西城垣c2段（09TZTG4南壁）夯土

西城垣c2段

1. 西城垣d3段局部（俯视）

2. 西城垣d3段局部

西城垣d3段

1. 西城垣e2段外侧砌石局部

2. 西城垣e3段残存砌石

西城垣e段

1. 东城垣i段

2. 东城垣j段

东城垣局部

1. 一号城门址阶梯形清理情况

2. 一号城门址外侧冲沟

一号城门址

1. 一号城门址外侧土堆遗迹

2. 一号城门址外侧土堆清理

一号城门址外侧土堆

1. 二号城门址清理前情况

2. 二号城门址外侧石阶（西向东）

二号城门址

图版一二

三号城门

1. 三号城门址（北向南）

2. 三号城门址（西向东）

三号城门址

1. 三号城门址内侧挡墙（北向南）

2. 三号城门址南侧房址F15

三号城门址

四号城门址

1. 四号城门址晚期门道

2. 四号城门址门道地栿及门槛安放情况

四号城门址

1. 四号城门址各时期砌石叠压状况

2. 四号城门址瓮城

四号城门址

1. 四号城门址瓮城下部基础与转角

2. 四号城门址瓮城外侧转角砌石细部

四号城门址

1. 一号排水涵洞上部的城垣

2. 一号排水涵洞上部盖石

一号排水涵洞

图版二〇

1. 一号排水涵洞入水口

2. 一号排水涵洞出水口

一号排水涵洞

二号排水涵洞

1. 三号排水涵洞及上部城垣

2. 三号排水涵洞内侧铺石

三号排水涵洞

1. 三号排水涵洞入水口

2. 三号排水涵洞出水口

三号排水涵洞

图版二四

1. 南部发掘区全景（东向西）

2. 04TZF1细部

城内南部发掘区

1. 城内发掘区全景（南向北）

2. 城内发掘区全景（西向东）

城内中部发掘区

图版二六

1. 北墙局部

2. 南部

3. 东南角涵洞

4. 东南角外石臼

YL1（院落）

1. F1（南向北）

2. F1烟道（西向东）

F1

1. F2

2. F2与YL1南墙相对关系

1. F5

2. F6

F5、F6

1. F7（西向东）

2. F7、F10、F11、F12

F7、F10、F11、F12

1. F8（南向北）

2. F9

F8、F9

1. F10 ~ F12

2. F13（南向北）

F10 ~ F12、F13

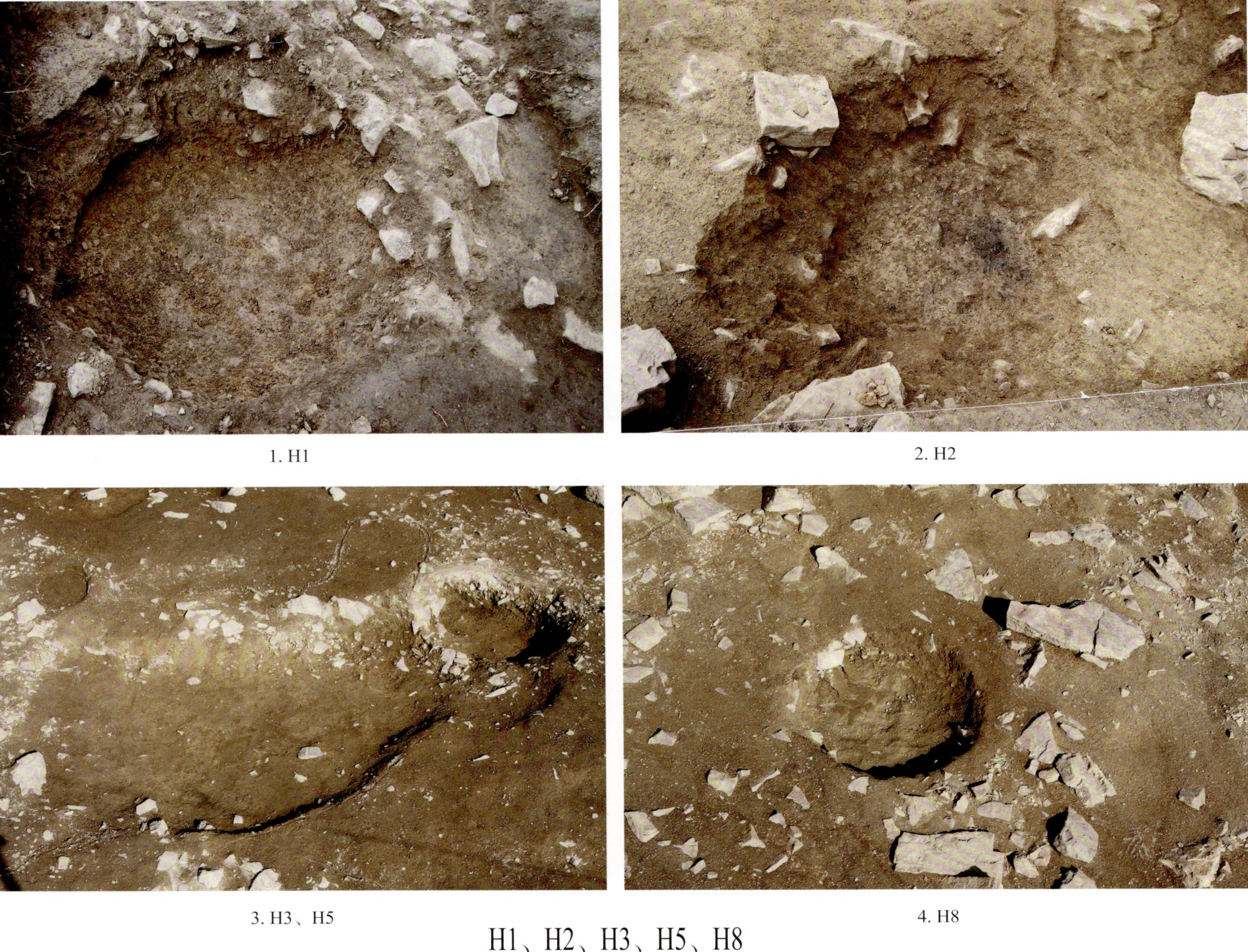

1. H1

2. H2

3. H3、H5

4. H8

H1、H2、H3、H5、H8

1. J1

2. J3

J1、J3

1. A型小口罐（F1①：9）

2. A型小口罐（F1①：15）

3. 子母口罐（04TZF1①：2）

4. 翁（04TZF1①：1）

陶器

1. 钵（08TZTG3①：7）

2. 盘（04TZF1①：3）

3. A型盘（F1①：8）

4. B型盆（09TZTG2①：3）

5. 甑（09TZTG2①：2）

6. 甑（09TZTG2①：2）

陶器

陶三孔器（08TZT0515①：1）

图版三八

1. 三孔器（F1①：10）

2. 三孔器（F1①：0）

3. 三孔器（F1①：10）

4. 三孔器（F1①：10）

5. 纺轮（07TZTG2②：10）

6. 纺轮（F7①：14）

图版三九

1. B型（08TZTG3①：10）

2. A型（09TZTG7①：10）

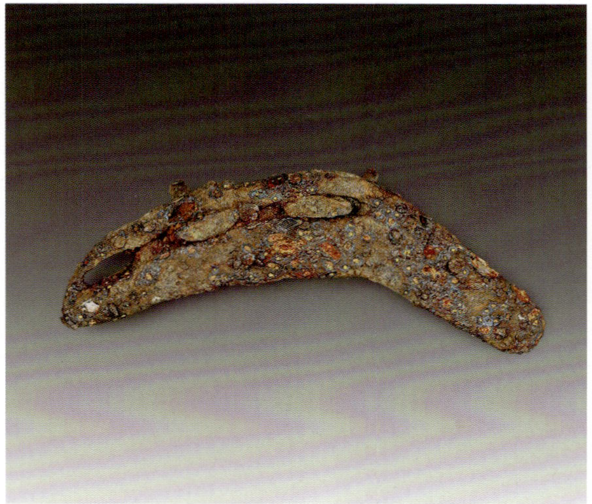

3. A型（09TZTG7②：20）

4. A型（F10①：2）

蹄铁

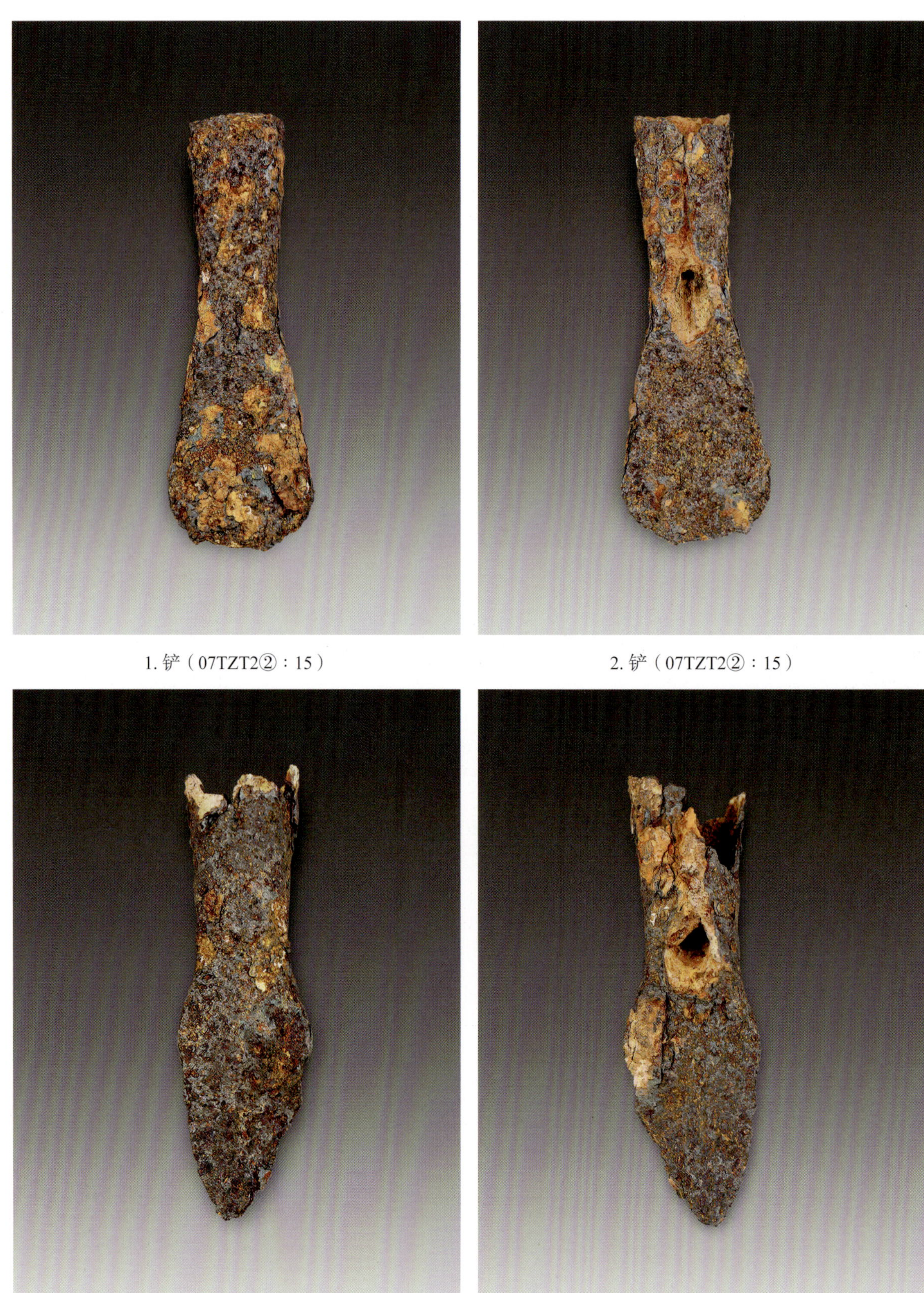

1. 铲（07TZT2②：15）

2. 铲（07TZT2②：15）

3. 矛（07TZT4②：14）

4. 矛（07TZT4②：14）

铁器

图版四一

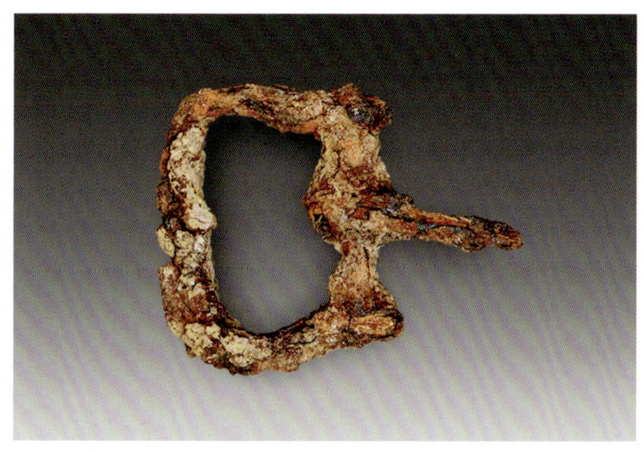

1. 带扣（08TZT0512②：1）

2. 甲片（09TZTG7②：16）

3. 带銙（09TZTG8④：11）

4. 带銙（09TZTG8④：11）

5. 刀（09TZTG8④：9）

铁器

图版四二

1. 马衔（H4①：2）

2. 环钉（08TZT0615①：2）

3. 梭形器（08TZTG3①：9）

4. 钎（F2①：2）

5. 镈（09TZTG8④：33）

铁器

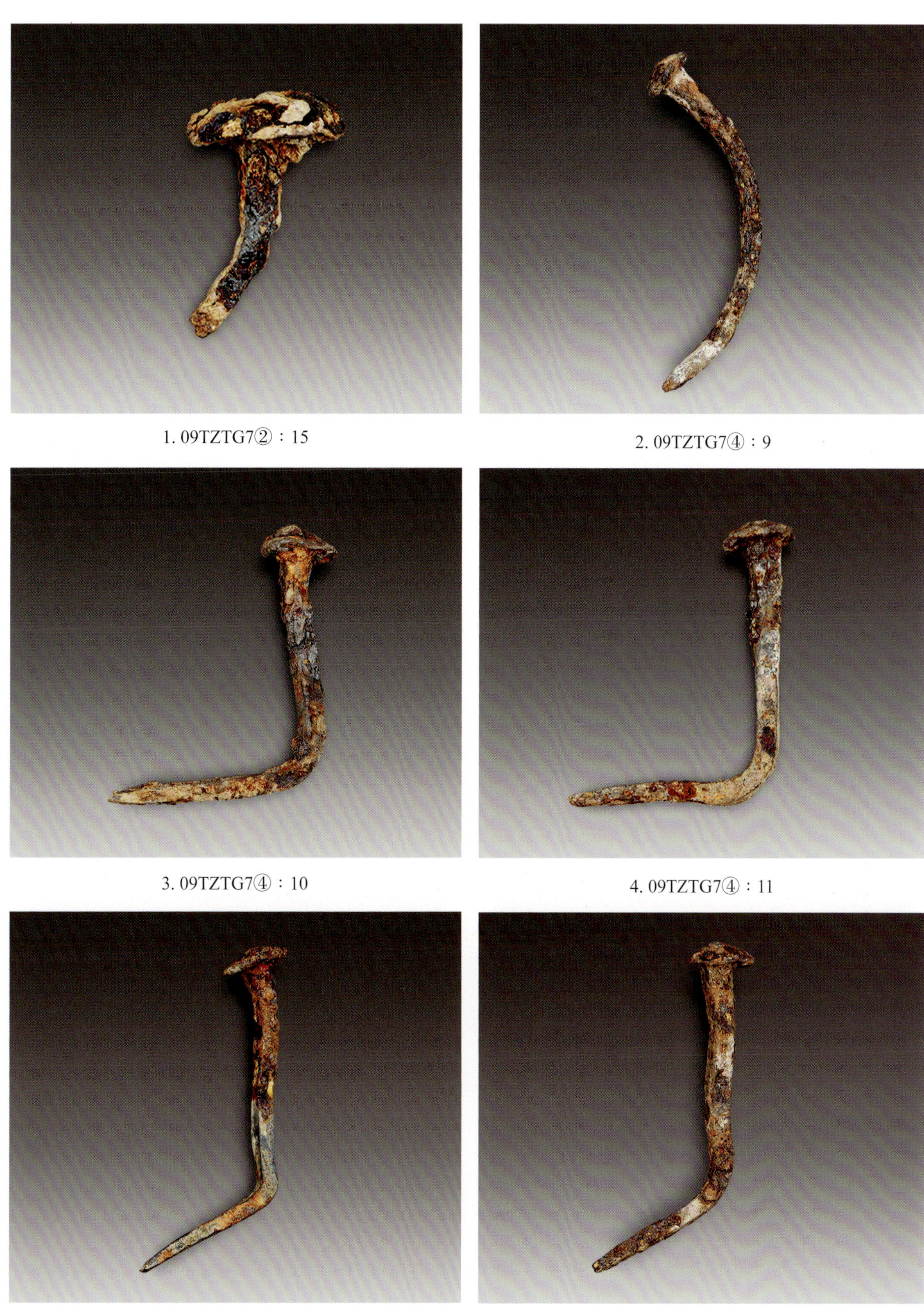

1. 09TZTG7②：15
2. 09TZTG7④：9
3. 09TZTG7④：10
4. 09TZTG7④：11
5. 09TZTG7④：17
6. 09TZTG7④：20

A型铁钉

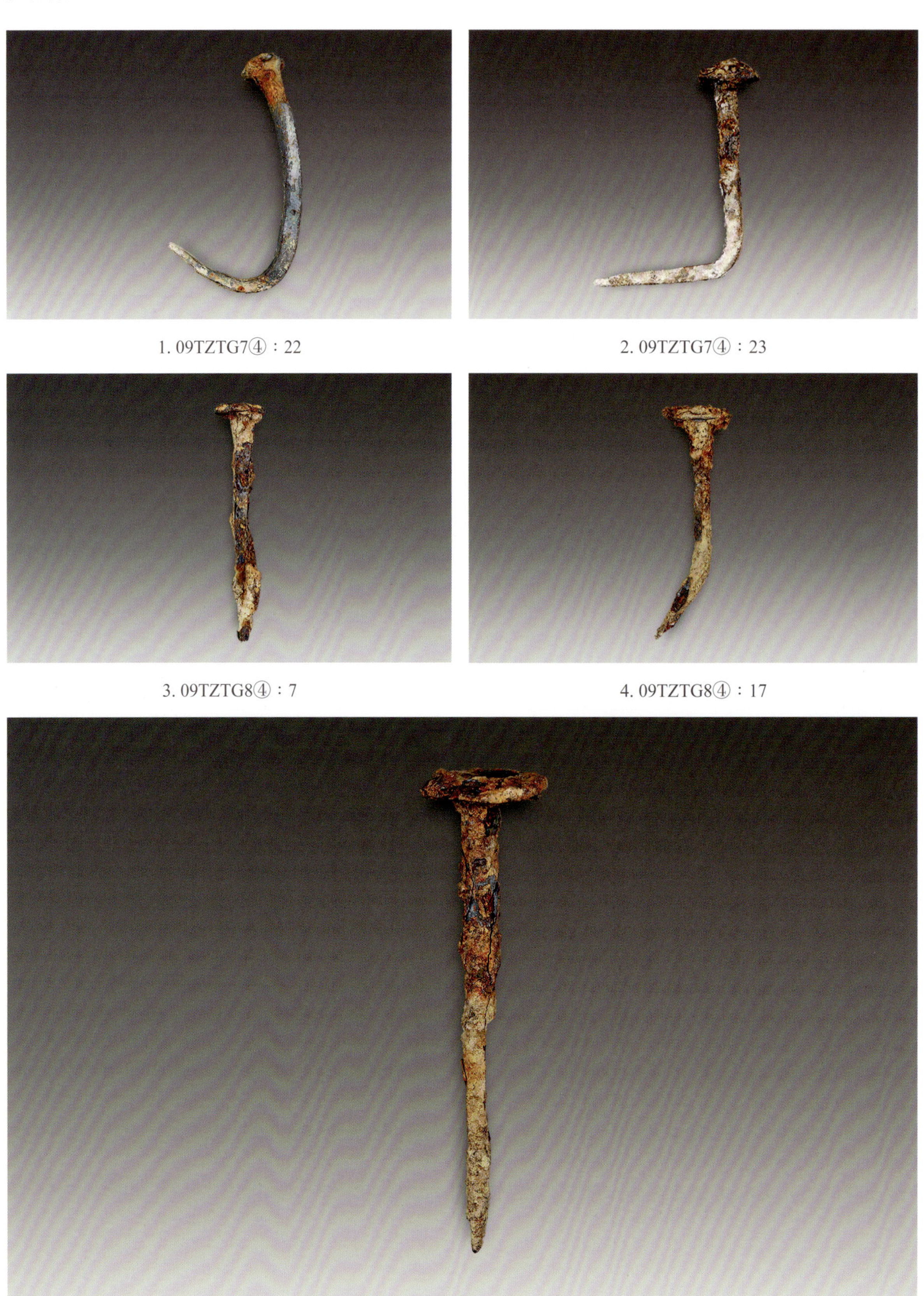

1. 09TZTG7④：22

2. 09TZTG7④：23

3. 09TZTG8④：7

4. 09TZTG8④：17

5. 09TZTG8④：20

A型铁钉

图版四五

1. 09TZTG8④：27

2. 09TZTG8④：29

3. 09TZTG8④：34

4. 09TZTG8④：37

5. 09TZTG8④：38

B型铁钉

图版四六

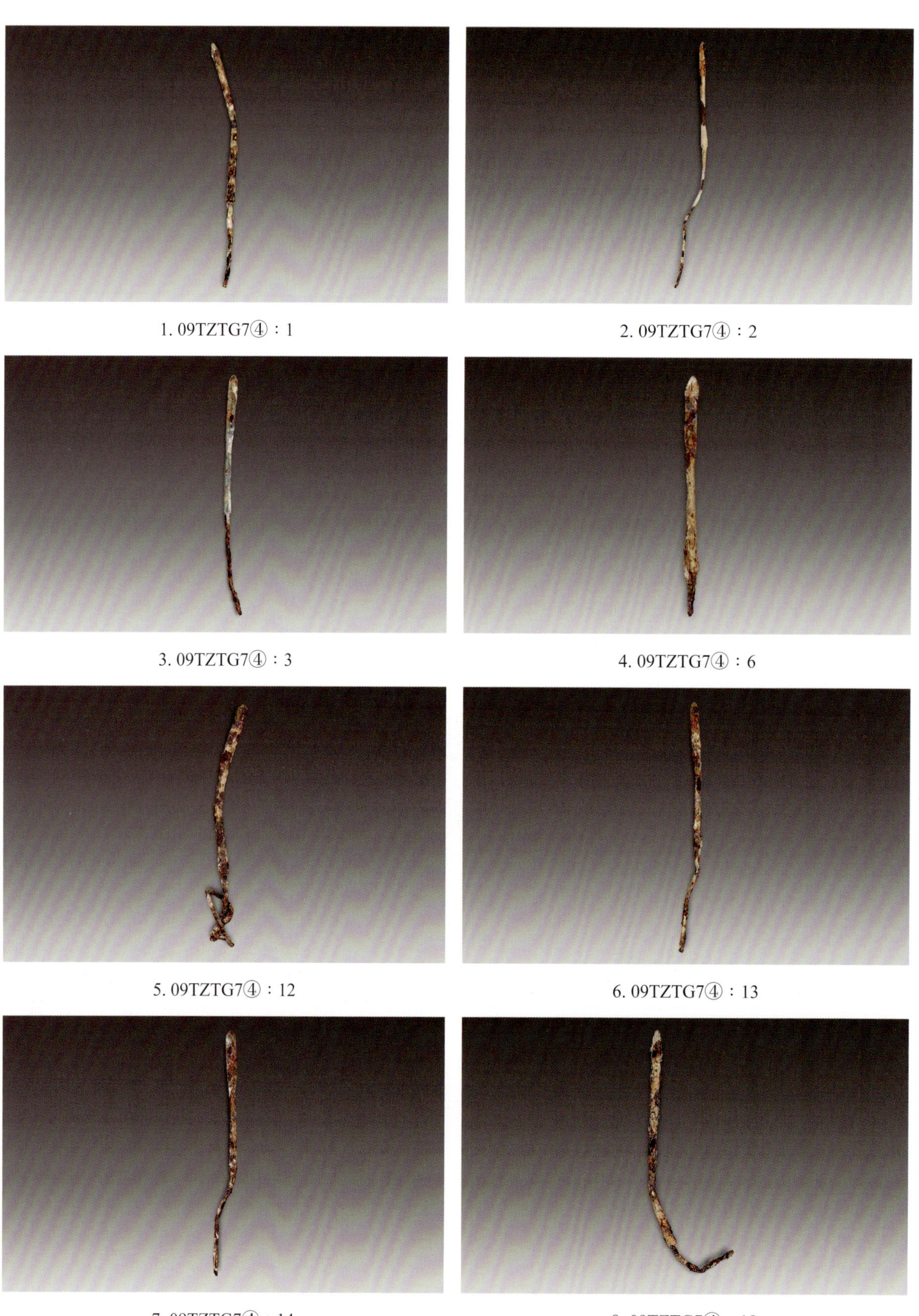

1. 09TZTG7④：1

2. 09TZTG7④：2

3. 09TZTG7④：3

4. 09TZTG7④：6

5. 09TZTG7④：12

6. 09TZTG7④：13

7. 09TZTG7④：14

8. 09TZTG7④：18

Aa型铁镞

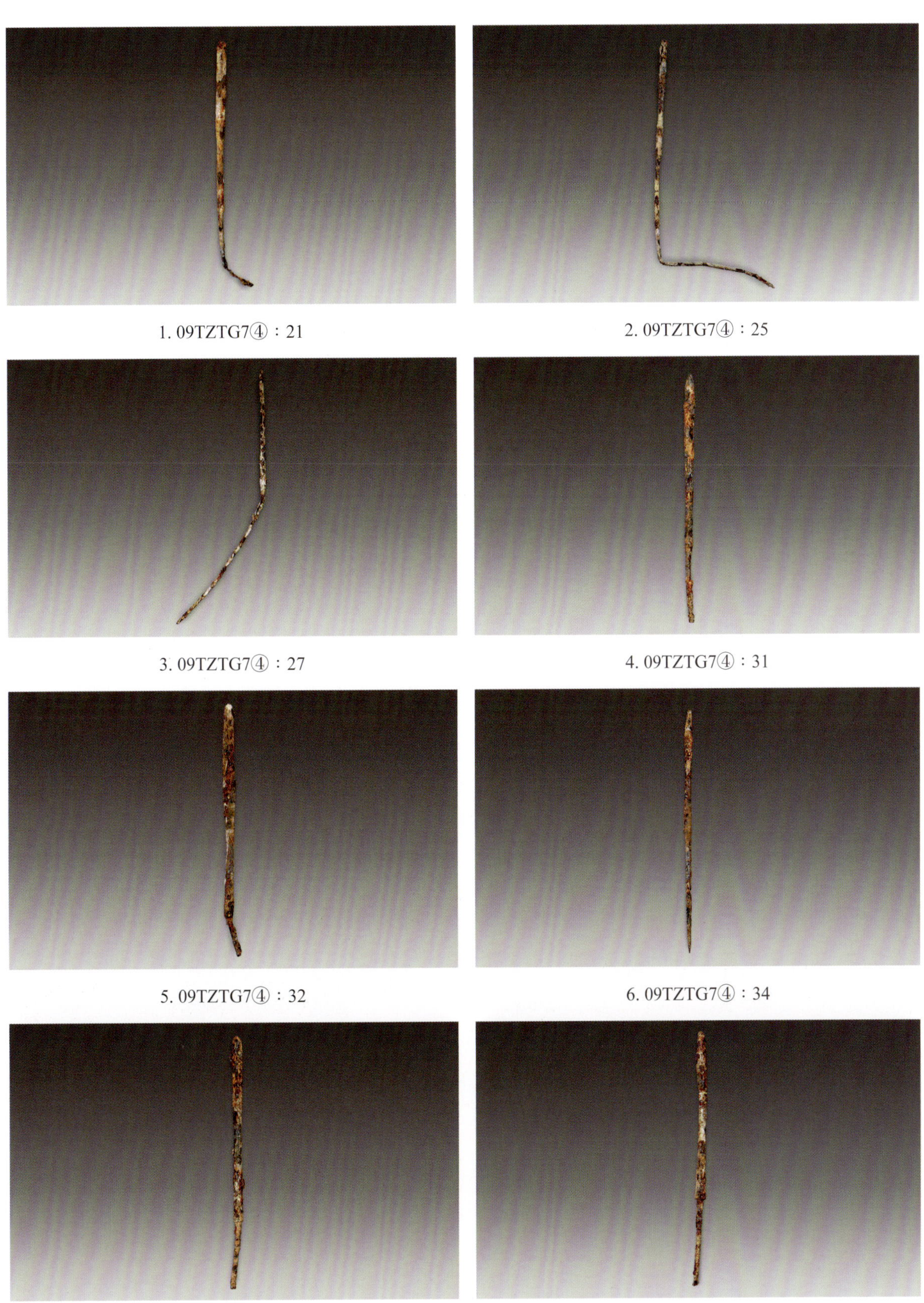

1. 09TZTG7④：21
2. 09TZTG7④：25
3. 09TZTG7④：27
4. 09TZTG7④：31
5. 09TZTG7④：32
6. 09TZTG7④：34
7. 09TZTG7④：35
8. 09TZTG7④：36

Aa型铁镞

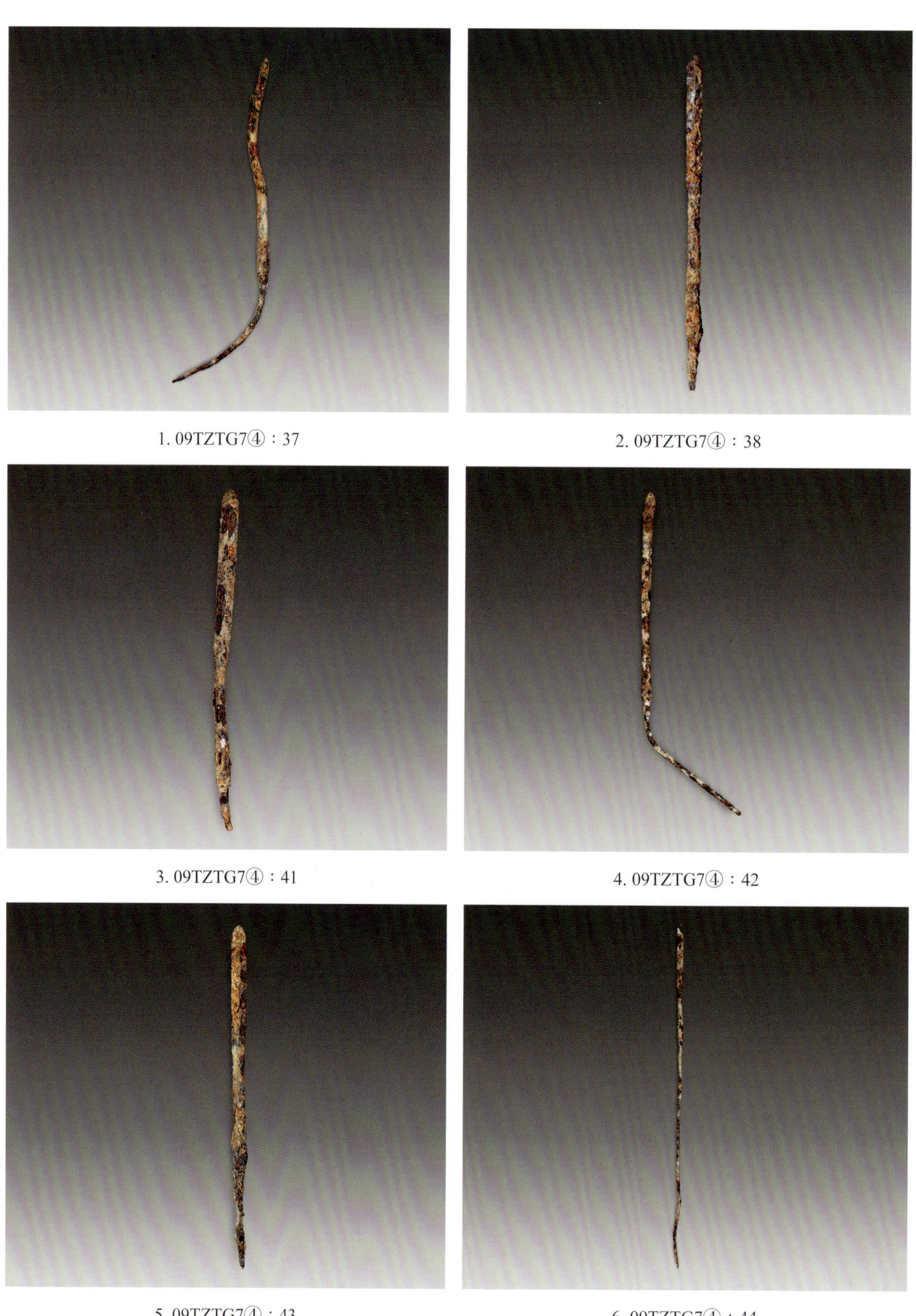

1. 09TZTG7④：37
2. 09TZTG7④：38
3. 09TZTG7④：41
4. 09TZTG7④：42
5. 09TZTG7④：43
6. 09TZTG7④：44

Aa型铁镞

1. 09TZTG7②：17　2. 09TZTG7④：5　3. 09TZTG7④：7　4. 09TZTG7④：8

5. 09TZTG7④：19　6. 09TZTG7④：24　7. 09TZTG7④：26　8. 09TZTG7④：28

9. 09TZTG7④：29　10. 09TZTG7④：33　11. 09TZTG7④：39

Ab型铁镞

图版五〇

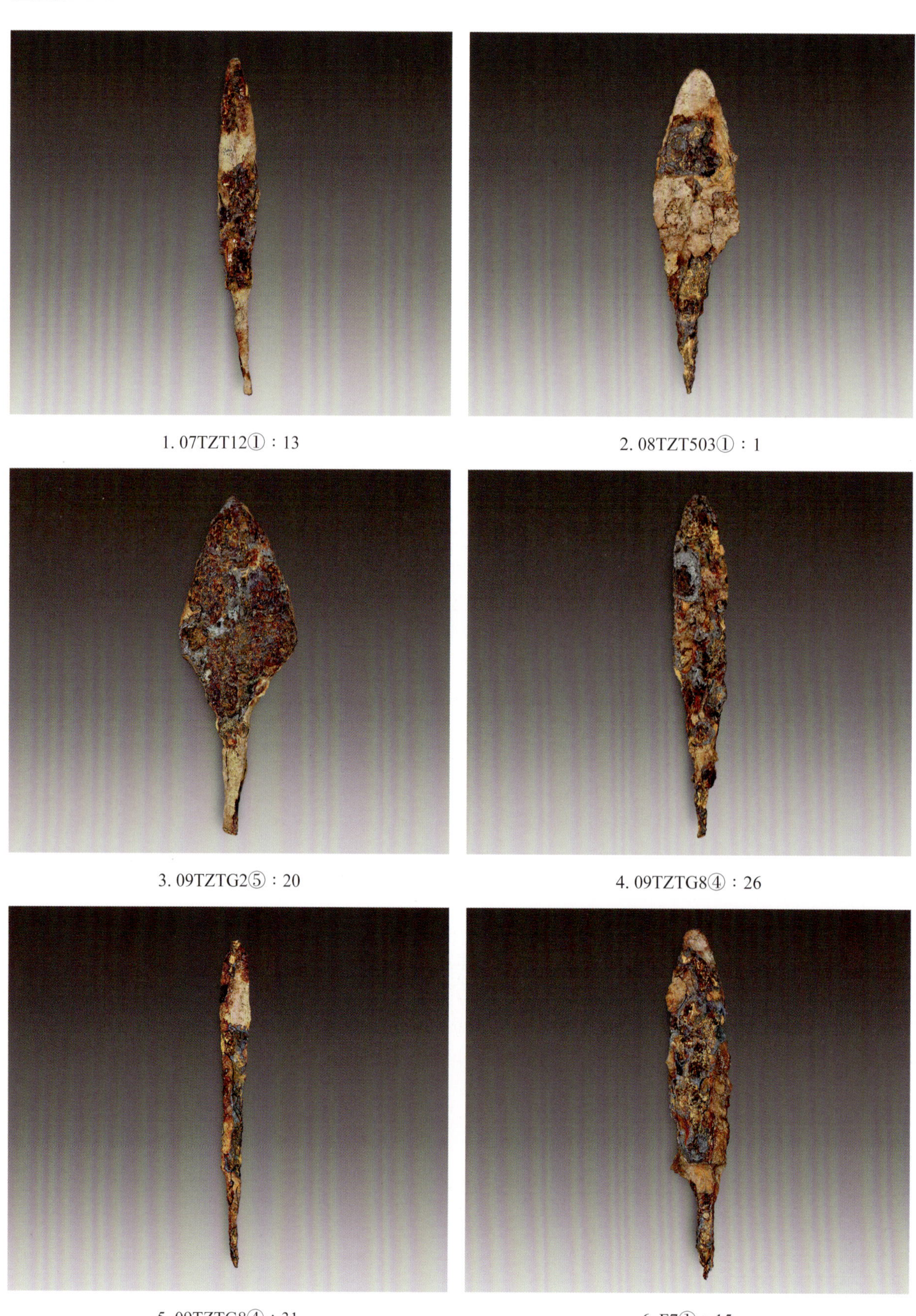

1. 07TZT12①：13　2. 08TZT503①：1　3. 09TZTG2⑤：20　4. 09TZTG8④：26　5. 09TZTG8④：31　6. F7①：15

B型铁镞

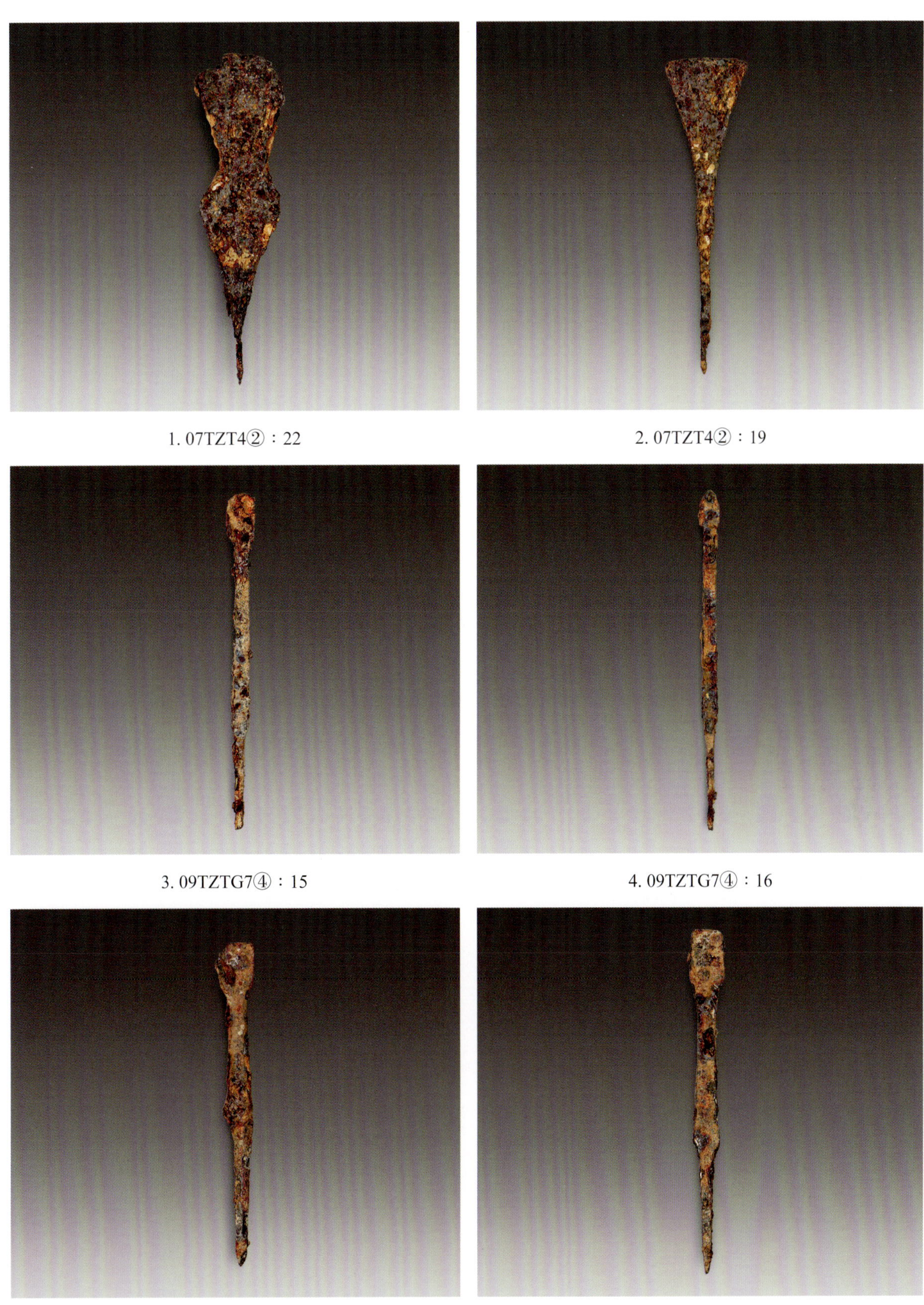

1. 07TZT4②：22

2. 07TZT4②：19

3. 09TZTG7④：15

4. 09TZTG7④：16

5. 09TZTG7④：30

6. 09TZTG7④：47

C型铁镞

1. D型（09TZTG7④：40）

2. D型（09TZTG8④：3）

3. E型（09TZTG2⑤：22）

4. F型（09TZTG7①：13）

5. F型（09TZTG7②：14）

6. F型（09TZTG7④：45）

D、E、F型铁镞

图版五三

1. 环钉（08TZT0603①：1）

2. 环钉（F6①：2）

3. 铜钱（09TZTG2⑧：1）

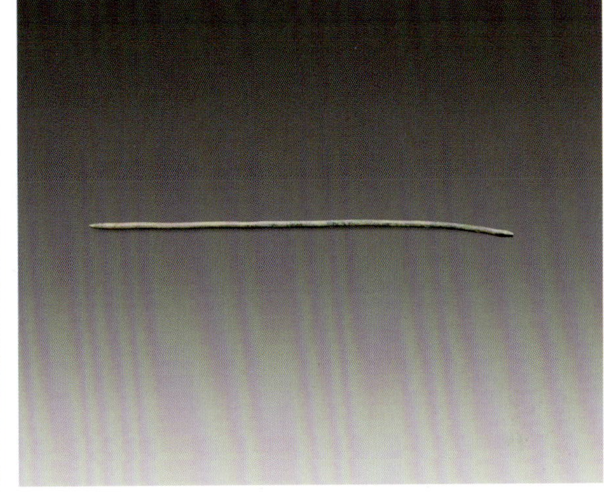

4. 簪（08TZT1321①：9）

5. 饰件（09TZTG7②：21）

6. 饰件（09TZTG7②：21）

铜器

图版五四

1. 石杈（07TZT1①：6）

2. 玉环（09TZTG7②：24）

3. 水晶珠（08TZT1321②：1）

4. 石纺轮（H5①：6）

5. 石纺轮（H5①：5）

6. 石纺轮（H5①：5）

玉、石器

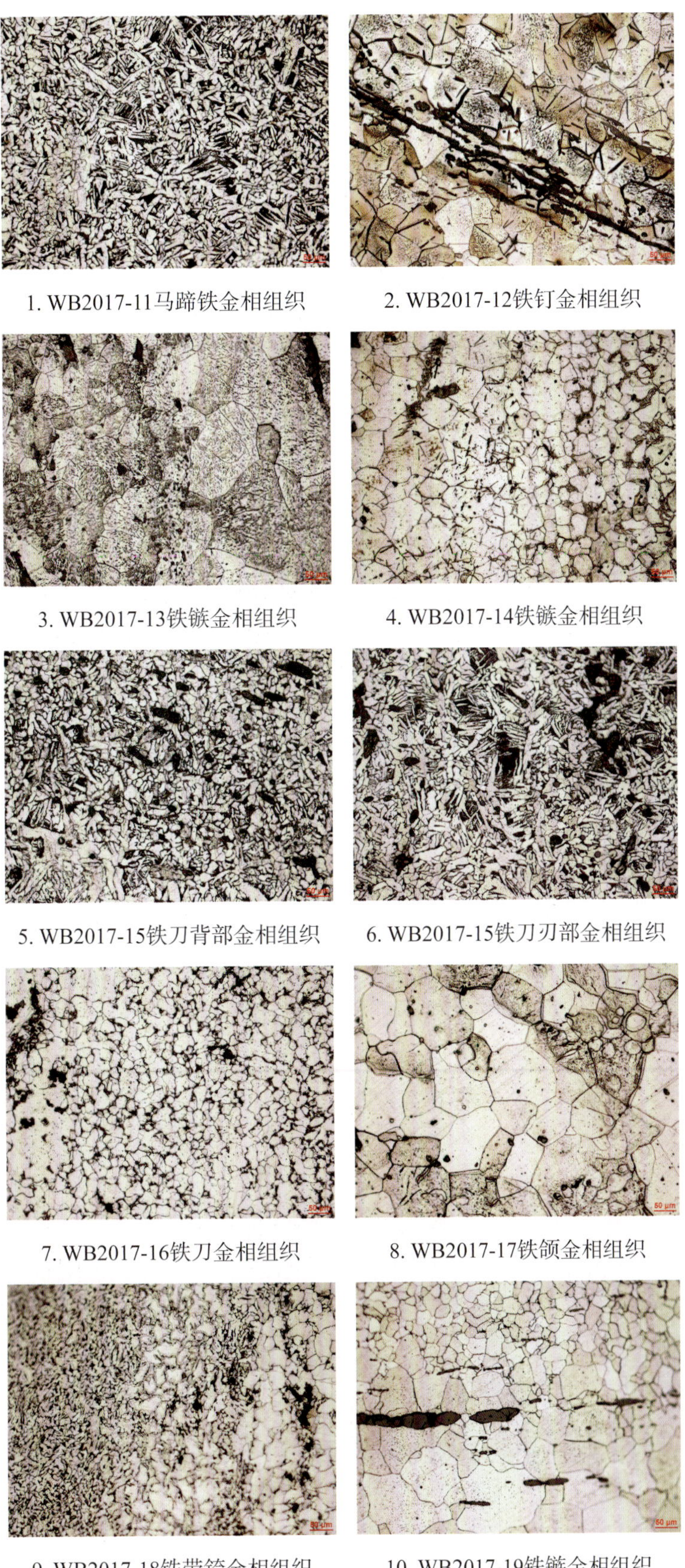

1. WB2017-11马蹄铁金相组织

2. WB2017-12铁钉金相组织

3. WB2017-13铁镞金相组织

4. WB2017-14铁镞金相组织

5. WB2017-15铁刀背部金相组织

6. WB2017-15铁刀刃部金相组织

7. WB2017-16铁刀金相组织

8. WB2017-17铁颌金相组织

9. WB2017-18铁带銙金相组织

10. WB2017-19铁镞金相组织

铁器金相

大豆遗存